搞定 III✓

平衡工作与生活的艺术

[美] 戴维·艾伦（DAVID ALLEN）◎著

梁卿◎译

中信出版集团 · CHINACITICPRESS · 北京

图书在版编目（CIP）数据

搞定.3，平衡工作与生活的艺术 /（美）艾伦著；梁卿译. --2 版. -- 北京：中信出版社，2016.5（2024.6重印）

书名原文：Making It All Work：Winning at the Game of Work and Business of Life

ISBN 978-7-5086-5481-2

I. ①搞… II. ①艾… ②梁… III. ①时间－管理－通俗读物 IV. ①C935-49

中国版本图书馆 CIP 数据核字（2015）第 208927 号

搞定 Ⅲ——平衡工作与生活的艺术（最新版）

著　　者：[美] 戴维 · 艾伦
译　　者：梁　卿
策划推广：中信出版社（China CITIC Press）
出版发行：中信出版集团股份有限公司
（北京市朝阳区东三环北路27号嘉铭中心　邮编　100020）
（CITIC Publishing Group）
承 印 者：北京通州皇家印刷厂

开　　本：880mm×1230mm　1/32　　印　　张：11.5　　字　　数：200 千字
版　　次：2016 年 5 月第 2 版　　印　　次：2024年 6 月第24次印刷
京权图字：01–2009–7071
书　　号：ISBN 978–7–5086–5481–2 / B · 193
定　　价：36.00 元

服务热线：010–84849555　　服务传真：010–84849000
投稿邮箱：author@citicpub.com

gtd

目　录

前　言

自我的前两本书《搞定Ⅰ》和《搞定Ⅱ》出版以来，我接触到成千上万名GTD方法和原则的热心实践者，收到数不清的读者来信和电子邮件，他们纷纷肯定了这套方法的效力。此后，我想得更多的与其说是继续充实这套方法的内容，不如说是站在全新的视角，思考这套方法何以效果这么好、适用范围这么广。这本书就是我的思考所得，希望与读者分享。另外，书中也补充了一些把它推广应用的方法。

在这里，我想照顾新老读者的要求，构建GTD方法的思想框架，难度可谓不小。不过我相信，这套方法本身的力量自会让新老读者受益匪浅。前3章认真分析了GTD现象、它的本质以及它何以在全世界迅速发展。其余部分探讨了自我管理的两个核心层面：第4~9章探讨了掌控的活跃要素，第10~17章分析了摆正视角的问题。书后添加了描述GTD方法基本模型的附录，仅供读者参考。

虽然这套方法的各个组成部分完全可以自成一体，但它们的总和却大于各部分简单相加之和。我建议你把它作为一个整体，以自己的节奏兼收并蓄地学习。它的模型不可能比现在更简单，效果全看你对它的主旨的洞悉和妙用。

gtd

引言　从《搞定Ⅰ》到《搞定Ⅲ》

进步的艺术是在变革中保持秩序，在秩序中持续变革。

——阿尔弗雷德·诺思·怀特海（Alfred North Whitehead）

阅世深者笼统地提到所谓现实世界的“复杂性”，其实多半不过是他们自己没把问题想清楚而已。

——托马斯·索厄尔（Thomas Sowell）

要让我们的生活高效，就必须保证事事顺利完成——即在工作和生活中，能够实现我们所追求的结果，获得我们所渴望的体验。而做出正确的选择，保证说到做到，始终是成功的必由之路。为了帮助人们高效地工作和生活，各类图书、研讨会、咨询和辅导活动可谓层出不穷，教大家如何制订计划、构思愿景、设定目标、树立价值观、激励自己和鼓励他人；而用来帮助人们做事有条理、管理时间和提高效率的办法也不胜枚举。

唯一的缺憾在于，人们对实现高效总的原理缺乏根本的认识和有效的模型，即怎么让它真正管用。有没有一种普遍适用的方法，既涵盖了总体，又可以随时用在局部呢?

办法是有的，本书要谈的正是这个问题。《搞定Ⅲ》(最新版)是一本让一切事务井然有序的手册——从塞得满满的电子邮箱，到严峻的职业挑战乃至下次休假，你都可以从容应对。同样的原则和方法可以用在所有事情上，你用它来处理工作和生活的方方面面时，神奇的整合效应发生了。工作的分量变轻了，而生活本身成了一项成功的事业。

把工作当成游戏，而且是好玩的游戏，只要我们牢记它的目标、界线、内容和规则就行。如果这些指标不够明确，就会产生不必要的压力，导致工作效率低下。但是，反过来，如果有现成的步骤放在那里，牢靠、可信，你知道必要时可以随时用它来理清思路，整合资源——不管眼下出了什么事都无妨，那么，你在工作中就会觉得得心应手、游刃有余。

同样，我们在处理其他日常事务时也要注重实际，提高效率，工作中的好办法可以用到所谓的“个人生活”中。把生活当作事业也不错，只要我们明白自己在干什么、要处理的事情是哪种性质，知道如何对待它们的结果和表现即可。矛盾的是，一旦我们不能有条不紊地处理日常活动，也就很难体现我们自己鲜明的个性。为了把家人照顾好，让自己保持健康、幸福，满足自己创造的需求，就要采取不少就事论事的行为。

把工作当作游戏，把生活当作事业，其实是一回事；它归根结底是一整套集中精力、培养专注的原则、行为和技巧。工作和生活两全其美并非遥不可及。把一套行为和反馈模式（它们总是很有效）内化成你的习惯，在工作和生活中时时运用，处处改进，就能做到两者兼顾。

2001 年我的处女作《搞定 I 》出版。它不仅被译成 30 多种语言售出上百万册，还受到了众多读者的广泛青睐，其中不乏企业管理者、大学教授、软件工程师、士兵、音乐家、学生和牧师等。书中讨论的方法——GTD 由此广为人知，还成了自我管理的标准术语，你可以在网上搜到上百万条相关信息。

引 言
从《搞定Ⅰ》到《搞定Ⅲ》

《搞定Ⅰ》出版几年来，每逢有热情实践的读者问我“接下来怎么做？”我的回答都很简单：“把《搞定Ⅰ》再看一遍！”它把“事情”分成5步，拆成具体的结果和行动，把你所付出的努力记下来以供事后总结。这个办法现在是、将来也是你掌控周围环境、调节心情的最好办法。同样，把你决心去做和初步打算去做的事情分别归入六层次法（Horizons of Focus），这么做过去是、现在是、将来也永远是你决定取舍的好方法。不过，经验告诉我，明白其中的道理和真正做到还有一段距离。如果能把这些模型长期、有效、全面地运用到生活和工作中去，每个人都能从中受益。世界上一些见识广博的读者觉得GTD方法新颖、效果显著、蕴涵深刻寓意，不过，它也应该是我们每个普通人对待工作（当作游戏）和生活（当作事业）的方法。

把GTD抽丝剥茧，条分缕析，就会发现它内涵丰富，很难穷尽。虽然身体力行GTD的部分精英们以为自己真的“懂了”，并且精益求精，不断在细微之处把它推到极致，却未必达到其力量的广度和深度。有经验的实践者“懂了”：他们仍有很多“不懂”的地方。人们使用我的方法以后，所激发的自我控制、专注、精力和创造力往往超乎他们的意料。多年来我语重心长地勉励GTD的实践者们：你们越是自觉地运用它，就越容易把它的用途推广，越能长期坚持运用它。它改善个人生活和工作环境的潜力十分巨大，现在不过刚开始显现而已。

不难看到，它的原则和步骤并非简单地劝诫人们看到事物积极的一面，而是更进一步，提出了一种实用的方法，帮助人们认识并减缓被迫承受的压力。《搞定Ⅰ》中没有点破这条宗旨，但它值得我们深入探讨。那些日理万机的人们，使用几种基本的、相当平常的GTD方法，立刻可以减缓由于工作太多、变化太快造成的痛苦。由于这种减压的需求亟待满足，我的模型才会在一夜之间风靡全球。即便只是有一个妥当的办法，能让人们避免被电子邮件淹没，就已经功德无量了。而现实世界的问题比电子邮件的困扰复杂得多，解决起来也绝非易事。

人们"忙得焦头烂额"，迫切渴望在黑暗的隧道尽头看到光明；他们希望有个简单管用的向导，指引自己走出隧道。许多读者看了我的处女作，采用了GTD方法。他们说，自己才刚入门，只做到了一半。在把它奉为圭臬的读者当中，不少人觉得坚持不下去，很容易"回到老样子"。

他们纷纷表示，希望作者对GTD原则做出更为全面的阐述，以便读者彻底领悟，长期实践它。身为作者，我收到了关于《搞定Ⅰ》的大量积极的反馈，读者对它好评如潮，接触过我的培训材料的上万名学员也反响热烈，让我对这本书的体会和认识提高了一个层次，特别是书中提到的隐含在具体的工作流程管理和集中精力背后的内容。我渐渐领悟到，这些方法隐含的原则大有深意，超越了单纯的"个人组织整理系统"（personal organizing system），完全可以推而广之。这些年来，我看到，主动采用GTD方法的个人也好、机构也好，本身实力就很强大。直到这十几年，我才开始领悟到为什么会这样。我举办过为期一天的培训课程，叫作"GTD路线图"，在课上明确阐述了我的理解，并传授了一些普遍适用的方法来发挥它的效用。本书就是它们在现实操作层面的实践。

此前的《搞定Ⅰ》是一本基础读物、一本简单的手册，这本书则是一幅路线图，希望它可以增强你应对工作和生活的能力。开车和修车的技术不一样，同理，能领你上路和能带你抵达目的地的方法也不一样。会开车当然好，如果你还懂得汽车的机械原理，你在驾驶时就会更加从容、自信。

《搞定Ⅲ》（最新版）不是《搞定Ⅰ》的补充或修正。相反，它是在《搞定Ⅰ》的基础上，对GTD原则和用途的进一步深化。采用GTD方法（不管在哪个层面），都能产生积极的自我管理效果——自主性增强，看问题的角度也更具建设性。它对处理各种问题都行之有效，从收拾办公室里堆得到处都是的文件，到安排与其他部门的合并，甚至承受伴侣去世的打击，效果都很显著。人们觉得一切都在自己的控制之下，觉得自己能把事情引向正确的方向，才会从容不迫。人们必须有掌控感，才能在保证生存的基础上建设性地考虑问题；而想到眼下的事务，也必须觉得它们是方向明确、有意义的，并且值得花费心血、投入资源的。

掌握主导、摆正看问题的视角，在许多情况下可以取得建设性的效果，这在节奏快、变化多的当今时代显得尤其重要。上午也许最适合整理工作篮[①]，吃过午饭，就该动脑筋考虑某个大项目了。在组建团队前，也许应该首先明确它的主要目标。在制订

① 一切你认为没有完成的事情，都必须置于一个客观可靠的体系中，我们称之为“工作篮”。

下次全家出游的计划前，先完成另外几件重要的事也许更有成就感。换句话说，在某个具体的时间点，你没必要也不愿意全神贯注、面面俱到地考虑工作和生活中的每件事。不过，搞清楚哪些办法对哪些问题最管用，哪种视角在哪种情况下效果最好，是大有益处的。

我在这本书里提出了几个模型，共分成 11 个部分，各个部分都可以全面运用到生活中。各个部分都有简单实用的步骤，每个步骤也都自成一体，可以随时随地用来处理各种棘手的情况。你用不着制订“系统执行”计划，也能体会各章提出的具体方法的好处。我想大家会同意我的话：它们的总和大于单个相加之和。但依然存在一个不容忽视的事实：很多人不肯采用它，因为他们以为这套方法必须统一使用，拆分则无效。也有些读者接触了GTD模型，认为这套完整详细的方法本身太过烦琐，用起来太麻烦。其实，这套方法中的任何一个环节，都够大家广泛讨论和认真研究的。

GTD的原则环环相扣，这一点除了对“日理万机的专业人士”（他们深受我的前期著作的吸引）有好处之外，对广大读者也益处良多。举个例子，掌控工作流程的第一步，是想一想引起你注意的每件事，把它们逐一写下来，再分门别类归到一个可靠的“工作篮”里，然后再决定每件事的意义，考虑你该怎么做。把心里想到的事一一列出，消除紧张情绪（外在和内心），这条原则对你希望掌握主动的其他各项社会事务也很管用，比如跟孩子谈话、出席商务委员会议等。如果你彻底领会了这些提高工作效率、减轻压力的基本原则，把细枝末节抛在脑后（而不是放在心上），就会受益无穷。如果你明白了GTD原则隐含的意义，搞懂它们的作用原理，就能做到随心所欲，驾轻就熟。

写给那些熟悉GTD的读者

就我的经验而言，欣然采纳GTD的读者基本上可以分成3大类：

1. 以为自己懂了，其实似懂非懂。
2. 有一定的领悟，但是知道自己还没有充分发挥GTD的效用。
3. 掌握了它的精髓，在一定程度上真正做到了“高水平”的运用。

（也许你说还有一类读者：懂是懂了，但他们认为不值得去做。说实话，我还没听说过有这样的人，也许压根儿不存在吧。）自《搞定Ⅰ》初次出版以来，这么多年我从没听到有人抱怨GTD模型不管用。我听到的无一例外都是说：“太棒了，真好，真有种举重若轻的感觉。我才刚入门，我觉得效果很好，可是我不知道怎么把它发挥到极致。”以及诸如此类的话。

第一类读者：自以为实践了GTD方法，他们采用了其中一部分方法且效果显著。如果你属于这一类，我想请你再把这个高效工作的模型完整地好好看一遍。人们对GTD的普遍印象是，它提出了处理电子邮件和文件归档的顶呱呱的好办法（的确是这样）；这些方法取得了立竿见影的效果，许多人就此止步，不再继续前往下一步，比如，解决重要性排序问题的层面。他们也不再深究这些办法为什么管用，背后有什么道理。技术领域的GTD方法实践者大多很喜欢列清单的方法，比如列出各项事务，再加以归类和组织，至此也不再继续进到下一步，比如再想一想清单上的事务是怎么想出来的，为什么不能有遗漏。而这些问题才是提高效率的关键。

第二类读者：他们认识到GTD极具价值，却难以长期坚持运用。对这类读者，我想对GTD模型做出全新的深入阐述，提出运用这些原则的更多渠道和可能性，重新点燃大家的热情。GTD的实践者大多表示，他们希望能把它“坚持”下去；这本书会给你鼓劲，帮你做到这一点。

第三类读者：领悟到了GTD的精髓，也真正把它的原理用到了实处。这类读者属于极少数人。他们已经发现，GTD方法具有更深、更广泛的用途。如果你属于这一类，那么，我想用更多、更高级的方法，推广它的效力，巩固你的成功。你是能够坚持终身学习的楷模，你知道自己在学习一门改变生活方式的课程。

写给那些不了解GTD的读者

《搞定Ⅲ》（最新版）的目的是加深读者对GTD根本原则的理解，搞清楚这些原则为什么起作用，在无穷的应用范围内可以产生哪些正面结果，如果无视它们，又会引发什么样的不良后果。

你用不着先读过前一本书，也能从这本书中汲取智慧；不过，你可以把《搞定Ⅰ》(最新版)当作这本书的有益补充。《搞定Ⅰ》(最新版)内容扎实，条理清晰，它一步一步教你为自己量身打造提高效率的系统。书中还包含了大量实用的细节和方法，本书不再重述。不过我在这本书里总结了GTD模型的基本要素，还把读者的实践经验跟大家分享。经验证明，书中的方法是有效的，它们的运用范围还可以进一步扩大。

这里我将重点论述GTD行之有效是哪些基本要素使然，它为什么在各行各业引起众多读者的广泛共鸣。你会发现，它所包含的许多智慧，在当前和未来生活的广阔天地中大有用武之地。

我将把由GTD产生的一些普遍适用的方法告诉大家，这些方法今后还可以继续改进。新的方法也必然会出现。比如，如果《星际迷航》(*Star Trek*)[①]中的计算机研制出来，它能识别你在一般环境下的语音，程序也极容易设定，你只需对它喊一声，就可以发出语音指令：

"电脑！"

"我在，戴维。"

"我想要酵母面包。"

下个星期，食品店就按时把你要的东西送到了家门口。

---

① 《星际迷航》改编自同名电视剧，30年来不断被搬上银幕，2009年这个系列推出电影版第11部。它描述了一个乐观的未来世界，在那时人类已经战胜了地球上的疾病、种族、贫穷、偏执与战争。主角们探索银河系，寻找新世界并且与新的文明相遇，同时也帮助传播和平与理解。——译者注

“电脑！”

“我在，戴维。”

“关注层面——游玩，下次去纽约——雕塑展。”

你的日程表上一出现“纽约”，就会收到一封电子邮件，提醒你纽约当天举办的雕塑展。你重点关注的对象、兴趣和职责范围内的自动查看系统每6个星期在电脑屏幕上显现一次，其中就有“纽约的雕塑展”一项，在你预先列好的“游玩”一栏。

我写这本书的时候，这种计算机技术已经研发出来了，只是暂时还无法推广。但它所暗示的高效行为模式，让我想到一个主意，把它用可靠的系统记下来，经过适当的处理、组织，在适当的时候反馈给你，现在和将来都是完全可行的。这时候，你要做的事（如果你觉得值得一做），就是想一想怎么独立完成这套“知识型工作者的高难度动作”。

如何使用本书

我强烈建议你在读这本书时，手头备一个记事本和一支钢笔，或其他录音设备也行。准备好这些东西，你就已经在运用书中的一项根本原则了——把注意力提升到意识层面，一有想法就马上记下来，其中也许有些事值得一做。记下来的事项可以引发各种相干或不相干的念头，有的也许包含重大信息，对你的将来影响深远。从现在起到你看完这本书为止，其间你的思绪会任意驰骋，天马行空，那么，千万不要错过这个机会，这里有一座蕴藏丰富的金矿呢！

手头常备一个小本子，想起什么就随手记下来，这是个好习惯，即便这个本子只是放在那里。你把它放在手边，这就是一种“假设的肯定”（assumed affirmation）[①]。它唤醒你的意识，让你对潜在的价值保持敏感。你的心态是“万一它有价值呢”，那么，也许后来它果真有价值呢。

《搞定Ⅲ》（最新版）也能帮助你开展自我培训，你也可以把这个经过实践检验的高效模型教给别人——和你有关的人、你所属的团体。随着生活和事业的推进，我经常提醒自己别忘了这些方法的教益，因为我也要在各种情况下抓住重点，完成工作。我写这本书，不是因为GTD方法的奥秘已经挖掘殆尽（绝对不是！），我只是想把我对一些高效方法的认识与读者分享，因为我们都想、都能、都应该发挥它们的作用，让自己和他人受益。

我敢保证这本书能为你提供丰富的思想养料。迄今为止，我还没有遇到一个自觉的、心态开放、极具创造力的人，表示不想提升自己，不想站在最佳视角，全面掌控自己的世界。这本书没有给出最终答案，但是你可以通过可信赖、可操作的步骤找到最终答案。更重要的是，《搞定Ⅲ》（最新版）提供了一幅路线图，它指引你找出该问的问题，找到执行最佳解决方案的时机和方式。

① “假设的肯定”是心理学用语，指在意识中先给以肯定。——译者注

巩固成功

奥运会运动员早就知道，在参加比赛前，幻想自己夺得冠军时的情景，能大大地鼓舞士气，取得好成绩。为了取得类似的效果，我建议你现在先把这本书放下，在脑子里幻想一件你希望在读过《搞定Ⅲ》（最新版）之后真的会发生的事情。

首先，想一想你为什么买这本书。书店里各类书籍琳琅满目，你完全可以买另外一本；现在你也完全可以做另外一件事。这本书究竟哪一点吸引了你？你希望从书中学到什么？

让我来猜猜你这么选择的理由。你希望在自己事务冗杂、力不从心的时候，能控制局面，分清轻重。你想让自己在必要的时候，有个万全之策，让你始终把握方向，胸有成竹，成为同辈中的佼佼者。过去你不敢冒险，但是如果有了合适的工具和技巧，你很想冒险做几件事。有了这样的信心，你也许就能获得辉煌的成功。我猜得对吗？

我保证，只要你善于学习，懂得抓住重点，并且有一定的自控力，那么，掌握一些简单的技巧，上述愿望甚至更加高远的梦想都是可以实现的。在本书中，我将带你穿梭于工作和生活的诸多层面。一部分有待改进的重要领域其实很平常，就像处理电子邮件、关心家庭事务一样平常。我想勉励你牢记终极目标，那就是，掌握这本书的精华，并不断修正自己，长期追踪各项事务，让它们有条不紊地进行。

本书没有现成的答案，而是让你自己寻找到答案

不要指望《搞定Ⅲ》（最新版）能明确地回答你提出的一些具体问题，例如：我该不该换一份工作？我要不要重新开始谈恋爱？我应不应该买下这家公司？我们该养一只狗吗？但是，使用书中的方法，你可以自信地得出自己的答案。

《搞定Ⅰ》（最新版）让我们看到希望，这正是全世界近年来翘首企盼的东西。它告诉我们，跟随正确的向导，走出隧道就是一片光明，每个人都可以从容地超脱于信息太多、变化太快、选择太多的喧嚣尘世。

《搞定Ⅲ》（最新版）交给读者一把相信自己的决定的钥匙，这正是读者所需要、所渴望的。是啊，每个决定、每次行动都是一次冒险。你永远不知道，此时此刻，你是不是在做最该做的事。这个世界上从来就没有什么魔法能消除一切顾虑，以后也不会有。但是，我们可以通过几个具体的步骤来降低风险，提升做事的意愿和能力。在意识全面提升的状态下，对自己做的事情很自信，就可以做到从容不迫、游刃有余。

在这个物欲横流的时代，没有什么是完美、永恒、亘古不变的。如果你相信它们存在，一定会大失所望。我们努力在瞬息万变的世界找到一些隽永可靠的事物。要想以不变应万变，我们所能拥有的就是一套万无一失的方法。而洞悉我们自己和宇宙存在的真谛，才能让人释然，才可以找到最终的答案。不过，有句阿拉伯谚语说得好：相信真主的同时，请把骆驼拴好。

gtd

第 1 章　GTD 现象

屯，刚柔始交而难生，动乎险中，大亨贞。[①]

——《易经》

---

① 这句话大意为：初生，阳刚阴柔开始结合，艰难也随之产生。在艰险中变动，如能坚持正道是极为亨通的。——译者注

为什么《搞定Ⅰ》（最新版）中提出的简单方法造成如此轰动效应？这套熟悉的、简单易懂的概念和行为当中究竟包含着什么，竟然引起这么强烈的反响？

可能有些原因我不大明了。有时候，的确有些潮流和现象突如其来地涌现，又莫名其妙地消失。不过，我知道GTD广受好评有4个原因：

第一，它提出的所有概念都行得通，且简单易懂，并合乎逻辑。

第二，它易于实践，任何人可在任何时间、任何地点运用；它的辅助工具很常见，人人都有。

第三，GTD所解决的问题和人们对这些问题的认识，在全世界范围内呈现稳步增加的趋势。

第四，它提出的模型契合了人类心理多个层面的更深刻、更出于本能的东西。

GTD真的有用

GTD模型由普通人在真实情形下进行了研究、检验和改进。我当初主要是想发明几套行之有效的自我管理方法，后来才开始深入思考它们见效的原因。我认为，如果我能发现一个卓有成效的办法背后隐藏的原则，就能举一反三，把这些原则运用到其他方法中，从而更加轻松地抓住重点，高效工作。

比如，我把脑子里想到的事情一一罗列出来以后，我对眼前工作任务的感觉顿时起了变化。还有，我再想这些问题时，觉得思路清晰多了。个中原因让我好奇。我的世界本身并没有变，我只不过是客观地把它们罗列出来而已。于是我提出这样一个假设：我之所以心情变轻松了，是因为如果一件事始终搁在心上，我就得时不时想着它，提醒自己去做，这本身就给我造成了压力，导致工作效率低下；而当我把它写下来以后，至少从心理上减轻了它们对我的压迫。这个道理对其他事、其他人也适用吗？也能起到相同的效果吗？

我把它举一反三，得出了构成GTD的一整套核心原则。然后我又想，有没有什么东西揭示了这些方法管用的方式和原因，能让我加深理解，进而将其推广应用，提高办事效率呢？

事实证明，原来的那套方法果然屡试不爽，因为它揭示了高效工作根本而深刻的奥秘。处理工作篮里的信函文件，是你与身边出现的新事物建立合作关系的最佳方式。定期整理和检查你列出来的未尽事宜，不仅可以让你总揽全局掌控工作流程，还能有效地管理重大项目，乃至协调你和家人的关系。理清你在工作中的核心内容和责任范围，可以有效地突出工作中的重点；当你把这些办法全面运用到生活中去时，可以有效加强平衡，全面兼顾生活的诸多层面。GTD 模型各部分的用途好像永无止境。

GTD 风靡高科技领域

我想，最能体现 GTD 实际效果的，莫过于它在科技领域、IT 界和博客圈令人惊奇的快速传播。在本书写作之际，平均每天有 50 篇新发的博客文章（只包括英语博客）提到 GTD。而 GTD 的原则本身跟软件、电脑以及新推出的、充斥市场的高科技产品没有特殊关联。所以，我对它在这些领域如此受欢迎的原因做了些许猜想。

我本人绝对算不上勤快，我认识的电脑奇才也一个比一个懒。编程的工程师们加班加点地工作，就是想设计出一些产品，让他们不用再加班。计算机行业的本质就是让运算变得更简单、更快捷、更高效、更可靠，换句话说，就是少费力气多办事。既然用最少的投入获得最大的产出，既是高效工作也是 GTD 原则的根本所在，那么，计算机行业的人迷上 GTD 就不足为奇了，因为 GTD 跟他们的目的是一致的。

电脑程序必须建立一整套规则，在预先设定的系统内处理各种可能出现的情况。同样，GTD 给出的方法也没有漏洞，没有故障，没有含糊不清或者考虑不周之处。这个模型为你提供了一套公式，你可以用它来处理日常生活中可能遇到的每件事情，即如何接收、评价并整合、组织以及重新评估你遇到的情况。一名爱上GTD的技术人员对我解释说："戴维，你的方法包含了所有可能的情况，不管系统出现什么情况，它都能正常运行。"

科技界也有很多人早就开始运用GTD。因为它用全新的方法来解决时间管理和组织整理这个长期困扰人们的问题，而且它给出的承诺是大多数人从来没有尝试过的，即没有压力地高效工作。所以，一个人必须具备开放的心态和一点儿冒险精神，才能接受它的理念。

GTD也是一套独立的系统，意即个人信息管理软件都可以采用它的原则。我教给大家的其实不是一个系统，而是一套系统性方法，你可以稍加调整，把以前很少有人问津的软件应用派上用场，从中受益。流行的操作系统软件比如微软研发的Outlook和Lotus Notes等软件，它们的Task或To-Do功能平常很少被用到。人们看到，一旦这些软件转化成GTD方法，它们顿时焕发出新的生命。GTD还建立了思考和组织的平台，愿意开动脑筋、施展自己才华的科技人员用它开发出了成百上千种软件的用途。

为什么其他系统和模型做不到这一点

人们发现GTD具有立竿见影的效果，主要原因可能是，它是第一个真正管用的模型：同样的问题，其他办法解决的效果简直连差强人意都算不上。过去采用的方法大多不是过于简单化，虎头蛇尾，就是用起来很别扭，要么这些缺点占全了。

人们想"有条理"地工作，一般来说，是指他们希望对周围的环境和自己的节奏有所掌控。只用简单的一步行动当然做不到掌控一切。你必须先把你所面对的所有事情抓出来，然后把不清楚或者脱节的环节一一理顺，然后才能做到有条理；即便你完成了这几步，也还得定期查看和追踪。GTD 是首创的可供公众使用的系统，它教会人们先把眼下想到的事情客观地一一罗列出来，然后再对它们做价值判断。

相反，其他系统没能包含对掌控局面、理顺关系至关重要的所有要素。如果一个模型重点解决的是事务重要性排序问题，那么，它通常就考虑不到怎么尽量高效地把不重要的事务暂时搁置，这些事务也许就被彻底忽略了。即便它强调确立目标的价值，往往也不会对各种目标加以区别；目标其实是分为不同的类型和层次的，必须用各种不同的结构让它们各就各位。

总的来说，我研究过的模型或系统，好像都假定你可以以当前精确而全面的视角，从第一步做起，运用理性而明智的思考，理顺各种事务和结构的头绪；不慌不忙、井然有序地做你关心的每件事，轻松潇洒地实现预订的目标和计划。你见过有人是这么简单从容地生活吗?

实际情况要复杂得多。我们在社会生活中，很清楚在多个层面什么对自己最重要；我们想掌握主动，尽量抓住重点。我们的活动不仅常被外界的意外情况和事件打断，而且我们的看法也会随着成长和阅历而发生改变。如果你过于刻板地遵照一个澄清重点、加强条理的模型做事，而这个模型没有考虑到事物是在发展变化的，也不能让你根据情况的变化随时做出调整，它就不可能一直行得通。GTD就不存在这个问题。

好的设计等于消除拖沓

要想搞清楚为什么GTD如此有效，最好的办法也许是思考和设计消除拖沓。

多年来，我一直不明白，为什么那些最用不着GTD的人，反倒对它兴趣最大，积极性最高。他们聘请我们的培训师去为他们培训，改善他们以一般标准而言不算低下的工作效率；他们往往已经是遥遥领先的生产商、雷厉风行的领导者和日理万机的大忙人。为什么？因为这个群体往往对系统的拖沓、烦冗感触最深。

如果有人满足于现状，不关心是否能让程序更加流畅、取得更好的结果，他可能就对提高业绩的可能性缺乏敏感，甚至认为毫无必要，毫无价值。GTD之所以受到青睐，在很大程度是因为越来越多的高效工作者，渴望有一套可以运用在工作和生活中的系统，它能真正减少摩擦，增进流畅性。GTD提供了可以兼收并蓄的充分结构，而它的组织特点又很灵活，可以在变幻莫测的成长、变化和意外情况下保持稳定。

它的原则简单易行

你用不着特意购买某种产品，或专门学习某项技能，也能立刻开始实践GTD。它的步骤全都是常见的行为，简单且来源于基本常识。唯一具体的要求是有一个可以写字的记事本，一颗善于思考的头脑，然后要有个地方可以把你写下来的东西存放好。

GTD之所以在不断发展，关键的因素是，它的方法建立在基本的、普遍的人类原则基础之上，不受文化、职业背景和心理差别的影响。多年来，我和我公司的职员一直在用这套方法开展工作。迄今为止，我们还没有发现，GTD对某一类人效果好，对另一类人效果不好。我们把它用在儿童、大型企业首席执行官、艺术家、项目经理、生产一线的工人、家庭成员、学生、牧师和退休人士身上。我们为财富 50 强企业、全球性非营利组织、高科技创业公司、私家小店和政府机构的人员做过培训。我们把GTD引入各行各业：金融服务、公共事业、医疗卫生、能源、交通、航空、消费品、高科技和教育等领域。我们发现在德国、沙特阿拉伯、爱沙尼亚、波多黎各、加拿大和巴西等国家，它不约而同地受到热烈欢迎。我们发现，人们接受GTD，不受性格类型、学习方法和性别的制约。

问题在加剧，人们对解决问题的需求日益迫切

如果GTD只能解决某个特殊问题，只对一小部分人奏效，那么它的受欢迎程度就会大打折扣。同样，如果它解决的问题无关宏旨，在人类活动的广阔天地不足挂齿，那么它也不会被广泛采纳。而实际情况却是，数量庞大的人群日益感受到越来越大的压力，力不从心，不能充分集中精力工作。针对这种情况，在世界范围内，人们越来越强烈地认识到，要重获平衡、掌握主动。

说到底，我们渴望的是更多的自由，而不是更多的工作。与此同时，我们还希望能够及时应对突发状况，如今的突发状况比历史上任何时期都频繁得多。简而言之，我们迫切地想要学会自我管理，不是管理信息，而是洞察事物的意义以及它们之间的关系。

太多的意外

人们常常问我："戴维，在科技、通信和信息领域有什么新东西，造成了这么多的压力？"我的回答很简单："没有什么新东西，只不过一般来说每样东西都是新的。"

变化总会导致某些形式的压力，因为我们的整个世界是希望保持静态的。新事物出现以后，得把它纳入现有的系统和数据当中，其他东西就要给它腾地方。具有讽刺意味的是，甚至连积极的变化也常常导致沉重的压力和痛苦。变化要求重新调整人际关系以及改变自我形象，变化迫使家庭结构和模式发生剧变。

情况一直是这样的。今天的世界还有一点不同：在过去 3 天里你收到的导致产生变化、创造项目和改变重点的信息，也许超过你的父母在 1 个月内收到的信息……超过有些老辈人 1 年内收到的信息。如此快节奏的变化在老辈人那里很少发生，所以他们尚能承受这些压力。而这对你来说却是生活的常态。你采用新技术，五花八门的东西源源不断地进入你的电子邮箱和语音留言机，每条信息都足以改变你对事务重要性的排序。

是否善于处理源源不断的新情况，关系到你能不能用积极的、可持续的态度自信地处理它们，不让它们把你和你的系统淹没，关系到你能不能在忙碌的日程中重新调整所有活动，把它们吸收到对你有意义的事物中。反过来，如果你做不到这些，就会感到焦头烂额，无所适从。

问题不在于信息，而在于意义不明的超负荷

大部分自助类读物都想解决两个其实算不上真正问题的问题：时间管理和信息管理。解决办法不外乎把恰当的设计引入一套既定的系统，利用日程表（和手表），提出速度、空间概念，使用归类整理和选择的方法和手段。

时间和信息其实并不是压力产生的来源。时间是无法管理的，它自顾自地流走。你能管理的只有你自己——你关注的事和你采取的行动。时间让人意识到紧迫性，把主要问题凸显出来，它考验你什么时候把资源分配到哪里。如果你把自己管理得很好，很有效，时间就消失了。你忘记了时间。你感觉不到匮乏、冲突或者失衡。

真正要解决的问题是意义不明的超负荷。大自然是我们身边一种极其复杂的环境，我们却觉得它让人放松，因为我们的大脑喜欢无穷无尽的变化和复杂性。大自然的信息基本上是一目了然的：光的意义，熊、蜜蜂和浆果的声音，只要接触过一次，就全明白了。而类似电子邮件这样的信息就麻烦得多，你得把它打开、读完、分析、评价，然后把所有隐含的信息和变量考虑进去，变成一个连贯的整体。这就相当于你每天遇到 100 多种不同的熊、蜜蜂或者浆果类植物。

一个人承受压力的能力就看他会不会用高效的思考方法来快速地应对每件事，然后再想出一套办法，把它们归到适当的工作篮里。这就是GTD教给大家的，也是它在紧张忙碌的现代社会尤其管用的原因所在。

GTD是可以学会的流程，不是生来就有的技能

GTD的广泛传播还有一个因素，那就是社会越来越要求高效率。社会越来越期待人们能够事事顺利，把工作搞定。灵感和创新固然重要，可是如果企业和个人不能把计划、目标、愿景落实，不能把最好的想法和战略付诸实践，再好的计划也是徒劳的。

但是你能训练一个人提高工作效率吗？一整套行为模式能让人变得多才多能吗？普遍的看法依旧是，有些人天生工作效率高，有些人天生工作效率低。推销界曾经有过类似的成见，直到某一天，有人恍然大悟，认识到其实有一整套典型的、可以总结出来的推销流程。有些人本能地悟到了它，并自觉地加以运用；它其实是一整套特殊的流程，可以传授，可以学会，可以运用。

类似的现象也出现在创造和创新领域。过去，创造者和创新者被认为独具天赋。错！其实创造和创新也有一套流程。如果有人遵照恰当的行为模式，他就能提出一些创新的想法和解决方案。

提高工作效率同样也就不足为奇了，这就是GTD提出的流程。人们越来越认识到，这个流程是可以学习、分析和运用的，与个体和文化背景无关，所以它在世界范围内引起广泛的反响。

它将基本原理与本能相结合

GTD得到日益广泛的认可，还有最后一个原因，不知道我能不能用简单明了的语言把它说清楚，因为这个原因涉及心理学、美学和灵性的深奥领域。我不敢说我在这些领域有多高的造诣，不过GTD的某个层面和它的表达方式似乎触及了一些意义深刻的本质，超越了它所探讨的工作高效的主题和内容的具体方法。我要斗胆说一句，GTD认识世界的方法与艺术、心理学和灵性有异曲同工之妙：作为一个框架，它可以让人们在全新的层次和深度认识和理解现实世界的真相。

我们与我们的世界的互动通常并不是预先设定好的，并不是线性、合乎逻辑、按部就班的。我们当然会思考和分析，但我们常常被迫面对跟我们所设想的不一样的现实，各种事情都在发生，可它们并不符合理性、清晰的分类方法。

泛泛地说，我们身上似乎有一种动力，一种冲劲，这是激励和引导我们的内心和外在行为的一种基本力量。可是对大部分人而言，多数时候这种动力似乎没有一个自觉的、客观的计划。你回想自己走过的路，也许会发现，你好像一直都有前进的方向，可是你走在路上的时候，并不觉得这个方向清晰、明确。

是的，你一直在经历各种各样的事，大部分是没有计划、意料之外的事。但是你很快就明白了这些经历的意义，也就是说，你在它们的内容之间建立起联系。在这个过程中，你在自己内心憧憬和外界真实遭遇之间建立起了联系。

假定我们都想提高工作效率，那么，先选好几种工具和方法，再利用它们来支持和实现这个愿望，就是最具实际效果的行动。GTD既涵盖了外界的所有新情况，又具备对内心的方向和冲动的敏感和认可。它不要求你一开始就把什么都想好。我们和世界发生联系，就是通过接收信息，将其分类、整理，并思考和行动；GTD只不过认识到了人类经验的这条隐含的公式，并把它上升到理论层面，让你能够积极主动地利用这种理论，并从中受益。

揭开隐含的真相

GTD从没有号称它是开天辟地的大发明，也从不承诺能让你的生活大变样。它只是帮助你发现你已经拥有的东西。我们都有很多事要做。我们想做的事太多了，长着三头六臂都未必完得成。这个模型假定你已经具备了必要的创造力、动力、灵感和智慧。你只要养成这样的习惯，认识到自己已经具备的能力，把它们推向更深、更广，扫除让它们真正发挥效用的障碍，运用工具抓住、形成并在这个世界上更加充分地表现你的天赋即可。GTD之所以引起广泛的兴趣，是因为它没有提出任何日程表，它只提供了最好、最简便的办法，把一种自主掌控的感觉和全面看问题的视角注入你的生活，以免你理不清头绪，迷失方向。

它有一种风格……

GTD具有一定的复杂性，它提供了一种情境，交给你一张地图，不管你走到哪里，都能告诉你前面是什么。我再说一遍，记住，它不是一个系统，而是一套系统性方法。系统的寿命往往有限，因为形式容易受制于功能，你期待的结果在质和量两个方面总在变化，实现这些结果的系统也必须相应地变来变去。而一套方法，如果正确的话，它是灵活的，可以随着时间的推移加以调整，添加新的、扩展的内容。GTD模型的独特之处在于，它对你在生活中可能遇到的问题给予一视同仁的分量。什么事都要紧，也可以说什么事都不要紧。你的生活目标是什么？很好。该买猫粮了？非常好。只要是引起你注意的事，就可以用它来处理。如果事情没有引起你的注意，就不要费神来考虑它。

GTD值得一提的还有它的巧妙，它虽然简单，却常常触及你的活动和兴趣范围内非常敏感的部分。有时候，莫名其妙的问题引起你的注意，拨动你情感深处的琴弦，分散了你的精力。GTD提供了一个理顺思路、把它们提升到意识层面的锚。比如，如果你敢把像“父亲和临终关怀”这样的问题列出来，放进工作篮里，你能坦然地想好结果，朝着这个结果选择下一步行动，那么，你就成功地运用了GTD，还可能把GTD运用到你的意识中深不可测的敏感和复杂层面。

究竟什么是GTD？

对不熟悉GTD的读者，在这里有必要描述一下GTD的几条主要原则；接触过GTD的读者可以把它看作是对GTD的全面总结。

这几年，许多人乃至某些行业（特别是软件行业）在全公司范围内，在他们的产品、服务和价值提案中运用GTD，为GTD的影响扩大做出了贡献。为此，2006年我在我们的网站上写了一篇文章，尽可能地描述了这种方法的特点。

> GTD虽复杂却不至于让人犯怵，它的显著效果全部基于常识：只要你把目前自己要做的事列成清单，系统地加以整理和查看，你就能抓住重点，站在最佳视角看待自己的世界，在任何时候都能自信地做出下一步做什么（和不做什么）的决定。GTD方法简单，步步推进，效果显著，可以让你达到得心应手、驾轻就熟的状态。它包括：
>
> 写出你注意到的所有事情；
>
> 分别把可以采取行动的事情变成结果和具体的后续步骤；
>
> 有条不紊地整理尚待处理的事务和信息，根据你具体处理它们的方式和时间，把它们适当归类；
>
> 经常检视你的诸多事务的6个层面（宗旨、愿景、目标、责任范围、项目和行动），及时跟踪和“保持警觉”。
>
> 采用GTD方法可以使你避免焦头烂额，树立自信心，充分激发你的创造力。它的结构没有限制条件，你可以最大限度地灵活处理具体事务。这个系统恪守高效工作的根本原理，在“方法”层面留出很大的自由发挥的空间。GTD唯一“正确”的做法是用最少的注意力和精力来完成有意义的事情。我们用GTD方法在工作现场培训过成千上万名学员以后，积累了在工作（和生活）中提高效率的丰富经验。

GTD 的简便性、灵活性和实用性是它的魅力所在。它能激发、启迪和帮助人们提高能力，这就是它的魔力所在。那么究竟什么是GTD？一句话很难说清楚……

GTD 说难不难，说简单也不简单；然而任何对它的断章取义的理解都可能背离这套方法的真谛。

3 种 GTD 模型

我上面描述的这种包罗万象的方法最终被叫作GTD，它其实是我根据多年从事员工和企业培训的经验，发明并综合起来的 3 种模型的协调统一。这些公式不是我在书上或者狭义的课堂上学到的（虽然现在也开始采用上课培训的方式传播），基本上我是在普通的日常工作生活中，在跟他人（他们需要清晰的视角、方向和积极的行动）打交道的过程中发明的，并对它们进行了实践检验。

我花了很长时间才发现，这个过程对理顺和应付大量工作和项目，分清轻重缓急，是最有效的办法。这些问题伴我一同成长，我认为为它们排序也很重要，因为就是在工作量、项目（情景管理）和优先选择这条线上，对它的认识和运用取得的效果最好。

接下来我要简单地描述一下这 3 种模型；本书的其余章节将探讨它们如何有效、为何有效，以及具体怎么运用。

掌控工作流程

“掌控工作流程”（Mastering Work Flow）模型分为5步：[①]

收集阶段（Collect）

处理阶段（Process）

组织整理（Organize）

检查回顾（Review）

执行阶段（Do）

基本上，这个办法是收集、思考、组织整理和管理我们日常生活中该做、想做、不得不做的诸多事务的最好办法。它要把所有的原始信息一一列出，对每件事做出恰当的决定，把结果进行恰当的归类，必要时对部分和整个系统进行评估，做出该怎么办的恰当选择。这部分内容反映了我所称的自我管理的“层次”，它与GTD的关系最为紧密，因为它的运用最简单，马上可以见到成效。这个“工作流程模型”的要素建议读者用列清单的办法来安排待处理的事务，这也成为GTD软件运用的基础和关键组成部分。

合乎自然的规划

工作流程模型提到了一个问题，却没有给出解答，它就是项目规划和管理。“处理”你“收到”的信息（电子邮件、工作篮、

① 详细概括见附录4。

会议记录等），要在项目一出现就一一列出，并想好接下来的具体行动。对于大部分事务，这样做足以获得一种掌控感。可是，还有许多情况和你希望实现的结果需要加以更加细致的考虑，比如你的婚礼、网站、著作乃至下次休假。要规划和执行更为复杂的项目，我提出了一个简单有效的 5 步模型。

在我早年从事管理咨询时，但凡觉得自己承诺或负责监管项目的客户，都对“项目规划”表现出浓厚的兴趣。（在我看来，只要一个人参与的活动要分几步才能完成，实际上他就在管理项目了。不过大多数人心目中“项目”的定义没有我想的这么宽泛。）这些人常常问我：“什么是最好的项目规划模型或软件？”好像可以运用的办法不是太简单，就是太复杂。我当年没什么经验，但是我渐渐意识到，其实在不知不觉中，我们做的每件事都是有规划的。

还有一种情况，我们想让有些事必须完成，大多数时候果然能把它们高效地完成，不过却不明白为什么会这样。即使出门、外出就餐或者打理花园，也都需要规划；我们几乎没有一天做事不需要计划。

要把意向变成现实，不管事情大小，都要在大脑中自然而然地经历 5 个步骤：①

- 目标和原则
- 愿景

① 见附录 2 和附录 3。

- 头脑风暴
- 组织整理
- 明确下一步的行动方案

产生一个愿景或目标，我们对它的想法和行为由我们的价值观决定。接着我们幻想这个愿景如果实现会是什么样。然后，为了降低幻想的愿景和眼前的现实之间的落差，我们自动开始考虑一些相关的念头，考虑怎么实现它（头脑风暴）。然后我们把这些念头转化成条件、步骤和轻重缓急的判断（组织整理），这样我们就有了可以真正采取行动（下一步行动）的着眼点，着手把它们付诸实施。

这个规划模型（详见《搞定Ⅰ》最新版第3章）是自发的，在较为正规或复杂的环境下它并不是标准程序。但它可以明确重点，尽量减少精力和心血的耗费，生活中人们也的确在使用这套方法。它就是对项目、情况、问题和主题的“纵向”考虑。

我们把这些工作流程和规划步骤引入实际应用，显著地提高了效率。此外，还有一个动态的要素必须说明，即重要性排序问题。

关注层面

我们在任何时候，对自己选择做的任何事情，都应该从战略和战术两方面进行思考，这在我看来是不言而喻的，特别是担任管理顾问多年以后。管理，顾名思义，就是在分配有限的资源时做出明智的选择，换句话说，分清事情的轻重缓急。可是所谓的时间管理，甚至战略咨询所描述的取舍步骤大多不是适用性不强，就是不能把影响行动的所有因素考虑周全。

我采用了与发明规划模型大致相同的做法，从一个基本前提入手，也就是既然人们自发地懂得权衡和取舍，那么，我们当然能从这些自发行为中找出规律。我认真研究了真正影响人们做决定的因素以后，提出 6 个层面和它们的用途。

这些概念的提出纯属偶然。有人请我去给华尔街一名高管做咨询，他面临的主要问题是“会务繁忙”。他的助理每天费尽口舌，替他推掉四面八方涌来的请他出席各种会议的邀请，因为他几个月以后的日程也早已排满。

我走进他的办公室，他关上门，几乎恳求道：“我这个日程表究竟该怎么办？”我完全没有头绪，不知道怎么切入解决他的问题，于是决定把问题返回到他身上，先了解一下情况再说。我走到墙上的一块白板前，写了下面几行字：

- 目标和原则
- 愿景
- 长期目标
- 责任范围
- 项目
- 行动

我知道这几条内容，每一条都与接下来要解决的会务繁忙的问题有关。当然，我刚写完这几行字，他就转过身对我说："我明白了！"

"明白什么了？"我问。

"问题不在于开会。是我的孩子们！"

原来，他去出席各种会议，初衷是让别人看到他工作很卖力。现在他猛然醒悟，认识到因为开会，自己错过了陪伴几个处于青春期的儿子成长的宝贵时机，太不值得。

类似他这样的顿悟并非个例，会务繁忙的情况也并不特殊。我只不过找到了一个相当简单的办法，在考虑该做的事情时，找到全面看待问题的视角，把它当作思考和抓住重点的工具，从而快速有效地工作。

我再说一遍，这不是什么高深的学问（不会比火箭专家的学问高深）。我们一般在6个层面处理问题，它们之间彼此关联，虽然很多时候大多数人只是隐约意识到这一点。我们有目标和价值观。我们都朝着预想的方向发展（有积极的和消极的预想）。我们想做大事，想实现愿景。我们要把几个关键的工作和生活领域保持在能让我们实现目标的层面。我们在各个层面都有要完成的项目、要兑现的承诺。我们根据自己在这6个层面的事务安排采取行动。

我们的行动越接近最高层面，它就越要紧，至少本质上是这样。换句话说，你越清楚即将采取的行动是实现目标的最佳行动，它对你的价值就越大。

我在《搞定Ⅰ》（最新版）里解释过，但我要在下文再谈一谈关于轻重缓急的排序问题。你决定明天下午 3 点一刻要干什么时，关注层面并不是唯一的考虑因素：你还得考虑时间、精力和地点之类的具体问题。不过这 6 个层面的框架仍然提供了扎实有用的工具，让你认真考虑自己的情况，这比简单孤立地教你“要紧的事先做”更加全面。

这些模型如何统一起来

近几年来，我逐渐意识到，我揭示和传授的这些知识无不触及加强掌控和摆正视角这两个方面，受时间、对象、情况的影响不大。我把GTD归结为这两个主要因素，它们比我最初提出的“横向”和“纵向”的两层意思更好理解和运用。“横向偏离”（out of horizontal）有点晦涩，“失去掌控”却好懂得多；“我没有摆正视角”也比“纵向偏离”（out of vertical）顺耳得多。

收集、处理、组织整理、检查回顾和行动，用这套程序来掌控工作，是掌控局面的主要组成部分。而“合乎自然的规划”（Natural Planning Model）和关注层面则提供了看问题的视角。

你也许注意到“合乎自然的规划”和关注层面有相似之处。关注层面其实是把规划模型运用到全景，比如你的人生、整个公司或者一件事上，它是分级分步、层层推进的思考方法，是明确问题、用最好的态度抓住重点的方法。为什么我们做自己在做的事？成功的结果是什么？为了达到目的，哪些内容需要管理和完成？下一步行动是什么？

一定要抓住重点

或许你已经明白，GTD的主要内容是抓住重点，去除无谓消耗精力的事，即利用GTD法把注意力以必要的方式、在必要的时候引向必要的地方，提高你的能力。如果你对局面失去了掌控，就没法分清主次，只能处理手头的紧急事务。因此，GTD法的关键内容就是掌控局面。

同样，如果你对自己在各个层面该做什么毫无头绪，重新审视全局就对抓住重点十分关键。这是GTD第二个要掌握的主要领域：采取适当的回顾和思考步骤，查看和更新在多个层面引起你关注的事情。

这两条在具体行动中统一起来，你就可以在给定的时间决定做什么。具体行动是掌控局面的5个步骤的结果，也是你在生活和工作各个层面的操作的最后落实。不管你对这几个层面有没有意识，你都一直在行动。重要的不在于你一直都在做对自己而言最正确的事情（怎么才能肯定是最正确的呢？），而在于你牢牢地掌握主动，用一套行之有效的程序来做出决定，并坚持把它完成。

GTD：思想基础

这些年，人们对“情商”（emotional intelligence）的概念表现出浓厚的兴趣。学术界也证明了这种常识是有道理的：一个人克制和掌控自己情绪的能力跟他的办事能力和职业成就存在一定关联。如今，人际沟通、团队工作、合作和妥善经营的家庭关系日益成为影响企业生活的重要因素，这种对情感因素的关注是可取的。

不过，我要指出，还有一种经过验证、其实早已被证明的观念，那就是心商（mental intelligence）。我们需要全面理解、管理和强化思考的过程。不是人们不具备思考的能力，而是他们不去思考，或者思考得不够透彻，因为他们的思路没有打通。如果你拒绝有效地思考，哪怕是你收到的一封电子邮件或一个电话留言，它也会对你的办事效率产生负面影响，你的反应要么不够重视，要么小题大做。

事实上，依我的经验看，掌控思考的过程在这类情况下可以发挥更大的效用。心情会影响人们考虑问题的态度，而怎么考虑问题对心情的影响更大。广义的“思考”包括脑子里想到的一切引起你重视的真实或者假想的事物，以及逻辑和理性判断的认知过程。这意味着心情受到想法的影响，胜过想法受到心情的影响。

大脑是个坏主人

大多数人大多数时候似乎听任头脑里各种杂乱的念头轮番登场。这里我要区分一下“思考”和“大脑”。当然，我不想涉足哲学和心理学的深奥领域。不过就我的经验而言，智力和意图相结合的时候，人就开始了思考：动脑子，并且运用其他本能的反应来判断是非，做出决定。如果一个人改变了主意，显然是他的某个部分凌驾于大脑之上，在创造性的、有意识的专心思考以后，修正了大脑。大脑是个好仆人，却是个坏主人。

大脑提醒你想起各种事情，你对其中的很多事情根本无可奈何。想起让人操心的事，不等于你能推进它。往往是人们被动地受各种念头摆布，而不是主动地思考让他们操心的事情，至少不是在有效地考虑怎么解决、推进或者管理头脑里想到的事情。不过，搞清楚这个具有反应性的和机械的大脑程序是怎么回事，是赢得游戏的一大关键。

我们不是生来就会

没有人生来就会思考："这里有什么真理？我们想取得什么成绩？接下来干什么？谁在做这件事？"如果我们有这种倾向，那它一定早已成了大脑机能的遗传特征被保存下来了。我见到过几个人，他们思考上述问题已经成了一种习惯，通常是在所从事领域的孤立范围内。不过，即便是这群人，大部分人也好像没有意识到他们用了什么方法来进行这个思考过程，而且也不能把这种行为转移到生活的其他重要领域。某软件公司的项目经理很擅长主持会议，也知道如何有效地推出新产品，却完全处理不好自己跟母亲的关系，也不擅长个人理财，虽然相同的办法能够而且应该是适用的。

一名高管在美国某大型公司管理着一个在业内声望很高的管理培训中心。他碰巧看到了我的材料，说我"揭开"了他的企业文化高度重视、却不知道怎么传授给员工的"真理"。他的培训中心只是建立了一些行为模型，并期待员工有这样的行为，比如开会之前有明确的目标、会议结束时必须明确下一步行动、明确由谁负责等等。GTD使这些做法简单地上升到意识层面，使之可以理解，可以传授，构成了一个统一的模型。

这些分清主次的做法对高效应对我们的工作和生活十分关键，而且越来越关键，因为社会和个人事务正变得越来越微妙和复杂。为了让它奏效，我们要更多地考虑怎么把这种意识运用到日常生活的方方面面。

对注意力的关注

大脑如何集中注意力，人们如何掌控这个集中注意力的过程，这些问题近年来引起了广泛的兴趣和研究。注意力不集中可以达到相当严重的程度，我遇到的大部分人也多多少少存在这个问题。虽然很少有严重到寻求专业帮助的地步，程度不等的注意力分散却是普遍现象。

对注意力的关注还没有引起企业效率层面的注意，这很奇怪。因为像电子邮件、黑莓、即时短信、手机等新科技，使亚健康状态的精力分散造成的潜在危害已经引起人们的注意。诸多研究项目都试图记录精力分散现象对企业绩效的消极影响。它们造成的经济损失很难测算。不过，我们可以用平均的注意力集中时段的缩短和干扰增多的统计数据做出大致的推算。于是，企业试着推行诸如“星期五无电子邮件日”、“关闭有声通信时段”之类的规定，不仅为了降低噪声造成的工作效率低下，也想给重内省的创意思考留出足够的空间，因为有些聪明的老板认识到了它们对知识型员工的战略重要性。

多数研究提出的问题和解决方案都围绕外部环境，如电子邮件泛滥、干扰频繁、沟通太多或者太少、变化太快等等。它们把重点放在减少信息流入的数量和速度，这类解决办法顶多在短时间内有效，有时反而会造成工作的不便和停滞。我们要学会在日益密切交织的思考和行动的世界游刃有余地穿梭，这才是一劳永逸的办法。

思考不是人类与生俱来的天赋，伴随着人类的成长，世界变得日益复杂，而思考是从容应对复杂世界的必要条件。我们与生俱来的，是一个一不留神就会开小差的大脑。它最爱去的一个地方是我们生活中“要做的事”，并且烦琐详尽，达到令人匪夷所思的地步。有时候胡思乱想是健康的、有用的，大多数时候却只会分散精力，造成压力，消耗能量，削弱我们保持精力集中、创造力活跃、高效工作的能力。

GTD的一大好处是，它把创造性的思考和胡思乱想区别开来，这样，你就可以在打开积极思考的通道、探索大脑潜能的同时，把消极面排除在外。这个过程不要求深奥的科学训练或者神秘的顿悟（虽然科学界和相信顿悟的人都对GTD如获至宝）。搞清楚并培养大脑的理性思考，把注意力集中在该集中的地方，就像照着菜谱烹饪一样有章可循。你照着一些步骤做就行，不照着它做就会失败。

GTD的逻辑

清空冗杂的念头可以使力量倍增，这个原则是我在练武术时悟到的，并深有感触。修炼“心如止水”（mind like water，这个词借自空手道的说法，形容一种澄明开放的状态）的境界，成为与GTD有关的常见话题。就像水不管遇到什么都能迎刃而解，没有压力，没有紧张感，也不会浪费能量。如果我们能集中精力，就可以用恰到好处的能量、反应和投资来应对周围世界。一旦注意力转移，我们也可以轻松把前面的事情丢开，重新集中精力处理手头的下一项活动。灵活性和专注是力量的源泉，削弱这两者就会降低效率。

用电子邮件跟你的老板交流，处理你刚才的想法；搞清楚孩子为什么一反常态，沉默寡言；解决你刚刚意识到的部门危机；清空这些冗杂的念头对你而言都有最佳反应方式，就看你的世界在某个特定时刻是由哪些要素构成的。如果你把精力过多地放在于事无补的念头上，而不是认真考虑怎么有效应对它，那么你就不会达到“心如止水”的境界，你在毫无必要地耗费精力。如果你把这些想法和心情从一个会议带到另一个会议，如果你带着家里的问题去上班，把工作中的问题带回家，结果就是效率既不高，又无乐趣可言。坦率地说，如果某个想法你想了不止一次，每次都没有变化，你也许就在做无用功，在消耗自己的创造力。

那么，GTD模型是怎么回事呢？它的步骤有什么逻辑呢？

力量 = 精力集中

精力集中就可以做到高速运转，成效显著。如果你不能集中精神，不管是弹钢琴、练习空手道、训练宠物狗、学外语还是和处于青春期的儿子进行一次重要谈话，都收效甚微。

精力集中 = 不分心

你的脑子开过小差吗？工作效率受到了什么影响？

什么事情最让你分心？我敢肯定，有些日子你心神不定，外界的庞杂事务让你不能放松，也不能把事情顺利完成，比如很大的噪声，比如有人突然闯进你的办公室，比如电脑死机等。不过老实说，你独自一人在安静的房间里，就没有心神不宁的时候吗？肯定有。我们的思绪容易被别人打断，但我们的思绪本身也容易陷入天马行空的胡思乱想中。

分心 = 事务处置不当

如果你读这本书的时候，不知不觉走神了，很可能是想起了一件事，这件事你觉得必须去做、去完成、不得不处理。还有，不管什么事打断了你的思路，很可能都是因为你没把它处理好。你的某些决定还没做出，某些事情需要后续跟踪。这里并不是想对你做负面评价，只是描述实际情况而已。

我在这里要讨论的，不是让你有意识地把注意力从眼前这本书转向别的事情。此刻，你可以决定改变事情的先后顺序，先做事再看书，因为你读到的或者看到的东西提醒了你，你想起来过几天要去一趟纽约，你打算考虑一下去纽约要做哪几件事。也可能你只是想换换脑子，让大脑休息一下，随便想想心事。

如果一件事引起你的注意，而且通常是在你不愿意想起它的时刻，这才是真正的干扰和分心。实际上，大脑明白，这件分心的事情还没有处理妥当，它只不过想替你把它做好。大脑作为你的“中央处理器”，这个程序按照你的要求运行的时间太长了。

大脑不能自己把事务处理好

前面几节我提到，与理性自主的思考相比，大脑本身是不够聪明的。问题在于它处理事务的能力十分有限。不过奇怪的是，因为它是一个忠实、勤劳的仆人，一旦它意识到某件事做得不够妥当，就会牢牢地抓住不放。你的事务需要跟踪和处理，如果它们没有纳入某个系统，就会久久地压在你的心头。

不过大脑在记忆、提示和自动思考并做出决定方面的能力实在有限。如果大脑拥有这种能力（似乎好多人相信它有），你也相信它，而不是相信一个外在的系统，那么，它应该只在你该做某件事而且能做这件事的时候提醒你。

举个例子，此刻，你家里是不是至少有一块电池该换了？如果是，大脑在什么时间、什么地点会提醒你购买新电池？当你看到旧电池，当电用光的时候！这不够聪明。如果大脑有自己的智慧，就应当在你看到商店里型号匹配的新电池时提醒你！“嗨，主人，你该买几个 7 号电池了——这里的货架上就有！”如果大脑真的很管用，你就不需要建立外在的系统了。

今天早上你一睁眼，有没有想起几件该做还没做的事？是不是不止一次想到？反复想起它们，对推动它们的进度有帮助吗？大概没有。最终结果是纯粹在浪费时间，耗费精力。

大脑的提示功能也很有限。研究表明，短期记忆至多只能保存十几件事，再多的话大脑就把它们统统忘记了。如果你把过多的负担交给它，它就左耳进右耳出，干脆放弃了有意识的掌控。

大脑也是个糟糕的办公室。你脑子里堆积的最直观、最要紧的事往往是最新的、最情绪化的事情。很可能在某个特定的下午，你在考虑“买面包”和考虑“买房子”时花了一样多的心思。甚至可能考虑“买面包”比“买房子”还费心，因为你担心回到家才发现忘了买面包的后果。

大脑在跟踪各项事务时，不能把过去和未来区分开。这意味着你脑子里一想到要做某件事，大脑的某个部分就一直在想着这件事。即便你的意图很简单，只想记住和处理两件事，也会给你造成一定的心理压力，并最终导致失败，因为你做不到同时处理两件事。

除非有一个更好的系统，否则大脑不会自动走开

一般情况下，大脑的意识层面会把其他事情丢开，专注于你此刻专心致志的工作。潜意识的层面会记录每件外在系统没有记录的事。你可以骗别人，但却骗不了自己的大脑。它清楚地知道你有没有把要做的事情记下来，会不会在该查看的时候查看。如果你既没有记下来，也没有查看，它就会紧紧地抓住这些事不放。没有记下来的任务很容易在莫名其妙的时候冒出来，比如你凌晨1点正躺在床上，突然想起来：噢，不行……我要记得告诉朱厄妮塔，下星期我要去趟新加坡！

好像很多人都喜欢让潜意识来操心那些没做完的事，大脑就想一下子把它们全做完，可这是办不到的。于是产生了一个矛盾的结果：你不断地想要减缓未完成的工作造成的压力，结果却把事情搞得更加复杂了。

那么，怎么打破这个怪圈呢?

如何释放承诺未兑现时的压力

要想减轻承诺未兑现时的压力，你必须意识到：

- 你要捕捉、明确所有层面的事情并把它们条理化。
- 你自觉地在必要的时候查看、追踪它们的进展情况。

记在日程表上的事务安排对多数人构不成干扰。比如，你下周四上午 10 点有件事要做，它也许不会让你焦虑。为什么? 因为你相信这个提示系统，相信你能兑现承诺。当然，前提是你知道，你要做的事在日程表上并一一做了标注，必要时可以随时拿来查看，确保你在需要的时候能够看到要看的东西。

实际上你并未完成日程表上的预约，还有可能你并不喜欢做这件事，但这项未来的活动不会让你分心，不会影响到你现在专注做的事情。你用不着去完成它，甚至用不着喜欢它，就可以把它抛在脑后。

如果你突然发觉日程表不见了，你会怎么样? 你会感到压力顿时如潮水般向你涌来，因为你的大脑意识到，现在，它得努力回忆这个记录和追踪系统。高度依赖助理或秘书替自己安排事务的管理者，如果秘书或助理哪天突然没来上班，他就会产生这种不知所措的感觉。

你摆脱了承诺无法兑现时的风险，让大脑获得了解放，因为你使用了一个万无一失的系统；但如果你没有这样的系统，负面结果就会接踵而至。你在生活和工作中对自己许下了很多承诺，有的记在日程表上，有的没有，它们之间有区别吗？没有。

不得不做的事几乎不会对你构成压力，这种状态是有可能存在的，但是你必须依赖日程表之所以起作用的相同要素：你要确信它们都列了出来，你能在必要时对它们进行查看。

那么，为什么几乎每个人都在完成日程表上记录的事，却没有人把生活中的其他大事也记在什么地方，全部列出来，养成及时追踪查看的习惯呢？

原因有 3 个：

首先，记在日程表上的是已经想好、已经做出决定的事；它已经转化到具体事务的层面。你答应星期一下午给吉姆打电话；你无须再多考虑自己该干什么；什么时间、什么地点做这件事也不再有疑问。其次，你知道该把这些事临时搁在什么地方（日程表上），日程表是个常用且方便的工具。再次，如果你一时疏忽，没有做好日程表上标记的活动，受你重视的人很快就会给出直接而负面的反馈。你对自己许下了承诺，却没有做到，这是一码事；可是如果你忘了接孩子，忘了会见未来的客户，或者在约好跟老板面谈时爽约，你马上就会想起这个疏忽并且懊恼不已，这就是另一码事了。

但是，对于大部分其他事务，这 3 个因素很可能部分缺失甚至全部缺失。用来追踪的线索很模糊；没有熟悉或者标准的系统来追踪它；即便疏忽了，也不容易马上察觉，并且不会感到懊悔。比如，你知道暑假要来了，你得安排好孩子们这几个月的活动，但你也许没把这件事当作“一件事”，特别是没有好好想一想要怎么安排这件事，接下来该干什么。即便你想到先跟妻子商量一下，再做全家人共度暑假的打算，也可能不知道该把这个提示信息记在哪里。而如果你压根儿没有动脑子，那么不会立刻产生负面结果。

如果所有引起你注意的事情都井然有序，结果和行动一目了然（无须多想），如果我们制定并运用直观而好用的工具来追踪和检查它们的进度，如果这个系统一有疏漏就让我们感到懊恼，那么，“心如止水”的境界就是常态而非特例了。

有一次我把自己的系统给别人看，就是我列出来的好多张“项目”、“行动”、“等待”、“将来/也许”清单，还有我的工作职责、长远目标、愿景和价值观清单等，人们很是诧异：他们觉得不可思议。“你的清单这么多！”（他们的表情显示他们很不以为然。）我的回答是：“好吧，把你的日程表给我，我们把它扔掉看看！”多数人想不到这一点。在我看来，这就相当于“学术欺诈”。既然一张清单可以在小范围内消除压力、提高效率，为什么不扩大它的用途，用很多清单把生活中的很多压力去掉呢？

完成思考过程

然而，要把这种做法运用到广阔的人生舞台，还缺少一样东西，那就是训练自己完成思考的过程。日程表是把想好的结果记下来，是思考的结果，是关于具体行动的决定。它也许不是思考的最佳结果（比如你安排召开一次错误的会议，讨论错误的议题），可是在它自己的小范围内，无须再对它进行思考或决定。

除了像安排预约这样的事，大部分事务仍然需要我们做出决定。比如母亲的老年看护、即将到来的假期、个人预算、有人提出与你结盟、一名团队骨干的问题，这些事要着手处理，就得先变成具体的、明确的、可见的行动。

这类事务的问题在于，它从你的脑子里冒出来时，似乎十分模糊、复杂、难以捉摸，于是你不肯再多想下去。你担心太费神，眼下你没有那么多时间和精力。多数人没有意识到，其实你无须把它们彻底想明白、理顺并制订出确切的计划，也可以把它们抛在脑后。“完成思考”的意思很简单，就是想清楚朝向目标迈进的下一步该做什么。想到一半就不想了，这是没有对你该注意的事情给予适当关注的典型例子。你要比实际上你想的多费点心思，然后你会发现，它其实不像你担心的那么费心思。

一旦你想好这些事的下一步该干什么，并把用来提醒自己的信息搁在一个必要的地方，你就可以把它们抛开，朝着既定的方向努力即可。就拿我的经验来说，95%的时候我有时间和精力做事，却没有时间和精力考虑做什么事，它们应该是已经想好的事。比如你偶尔开车经过一家五金商店，你当时想不起来家里缺哪些需要在这里买的东西。你也许有时间和精力买 5 样东西，却没工夫考虑是哪 5 样东西。如果你没有想好在什么地方需要什么东西，你的 GTD 系统内部就出现了严重的脱节。

这种未能充分调动智力的做法，是在生活和工作的坎坷道路上达到游刃有余、从容应对状态的一大障碍。

全局视角是你最宝贵的财富

把生活当事业，把工作当游戏，你看待它们的正确视角是实现生活、事业双丰收的最终钥匙。你可以身处看似可怕的困境，却仍然胸有成竹，只要你拥有正确的视角。你也可以过着看似完美富足的生活，却站在错误的视角，仍然念念不忘想要自杀。视角是关键因素，但它很容易偏离。它可以在一念之间全盘颠覆。

GTD 原则和方法的宗旨是尽量让你保持正确的视角，一有偏差就马上予以纠正。我们在关注琐事的同时也要把握全局。但是你得用一套可靠的步骤，把不确定的事务理顺，解除它们给我们施加的沉重的心理压力，这样的压力也许就是由 20 分钟内收到的 3 封电子邮件和接听的两个电话造成的。正确的视角是你要形成的最重要的心理框架，用以支持它的工具和方法极其宝贵。

大脑需要延伸

最近，心理学领域的研究初步证明，在一种情境下制定一套捕捉、明确和妥善组织整理的系统是有效的，甚至是必要的。人的大脑可以发挥的创造力，超过了功能最强大的计算机。它能把特定情况下几乎无穷无尽的变量考虑进去，能力堪称神奇。给它一个确定的问题或项目，它能接受的复杂程度、它能激发的创造力着实惊人。可是如果让它同时考虑两个问题，它就懵了。

如果我们把注意力集中在一件事上，事情就能做得很漂亮。而如果我们要考虑的两件事或几件事没有明确的界限，就会出问题。好像一旦我们在某个层面（不管是大是小，是工作还是生活，是复杂还是简单）对自己做出了承诺，没有立即兑现，这个“开放式回路”（open loop）就会留在我们的脑子里，大脑就会不断地想要推动它。就好比我们钓到一条鱼，它不断地拉着钓竿，除非我们把它钓起来或者干脆放走它。如果我们的思维不能全神贯注于一件事，而是同时想做几十件乃至上百件事，大脑就会呈现出一种持续短路的状态。

为了应对这种复杂性，你得有个办法、有个地方把各种想法暂时搁置，就像你把想好的事记在日程表上一样。多数人用日程表而不是用脑子来记事。他们知道日程表上写着要开的会和约好的会谈，知道自己在必要时随时可以查看，就不会在房间里踱来踱去，考虑什么时候该做哪件事。他们查看日程表的时候，大脑是自由的，可以活跃地思考与实际会谈相关的具体细节、会谈的前期准备和后期跟进以及会谈本身的意义等。浏览一天或一周的活动也可以激发活跃的思想，在更大的背景下考虑到无穷多的相关事宜。现在，你可以浏览一下日程表，看看你已经做过的事和将来要做的事，我敢打赌你一定会产生一些不看日程表就想不到的念头，特别是如果你最关心的是记住自己在各个时间安排了哪些事务和活动。

日程表可能是人们自己想出来的把大脑延伸的最好例子，还有很多别的例子也可以让人心情放松：高速公路上的标示牌告诉我们从哪个出口出去，钟表告诉我们现在几点钟，汽车仪表盘的刻度告诉我们什么时候该去加油、汽车有没有出现机械故障。这些系统下面隐含的关键原则都在发挥作用，都得到了我们的接受和认可。

应该引起你的注意、却没在日程表上标记的活动，比你写在日程表上的事务要庞杂、重要得多。多数事务不像约见一个人这么具体和明确，也不像汽车仪表盘的加油指示灯这么直观明显，可是支配这些活动的基本原理全都一样。如果你能想出一件事对你意味着什么，你打算怎么做；如果你把自己该关心的事情的提示信息搁在某个地方；如果你养成习惯，经常追踪查看它们的进度——那么，就没有理由让意外情况困扰你的意识。

你对个人财务状况缺乏安全感，母亲的健康和生活状况让你担忧，这些问题当然比“星期一下午 2：15 开车去接乔茜”或者“寻找高速路标”难办得多。但是，只要你有了一整套可靠的处理办法，面对它们你也能感到安心。

这当然说起来容易做起来难。很少有人需要别人教他怎么预约和使用日程表，怎么看高速公路的标示牌，但人们却好像不能自然而然地想好怎么有效处理必须面对的许多模棱两可的复杂情况。这就是为什么用GTD模型来掌控局面和调整视角，乍看只是一般常识，却需要学习和实践的原因；这也是在一个新信息不断涌现、世界瞬息万变的时代，GTD引起如此轰动的原因。

gtd

第 2 章 步 骤

很长一段时间，我一直觉得生活就要开始了……可是路上总有障碍。一些要先处理的事情，一些未完成的工作，时间还是不够用，金钱依然没赚够，然后，生活就开始了。后来我明白了，这些障碍就是我的生活。

——艾尔弗雷德·索扎（Alfred Souza）

混乱不是问题；用多长时间发现规律，才是真正的妙趣所在。

——多克·奇尔德（Doc Childre）、布鲁斯·克赖耶（Bruce Crier）

你时不时地会感到一筹莫展或者失去方向。如果你没有这种感觉，那么，你的生活可能陷入了停滞。

在大的人生层面，比如你的事业发展，在小的日常琐事层面，比如手忙脚乱地准备一顿招待朋友的晚餐，都会遇到这种情况。你在车库干活，在家里、团队中、工作中、公司里、学校中做事，甚至你在处理人生大事的时候，也会遇到这种情况。不管原动力是什么，你会发觉事情有点儿“不顺”，你得把它理“顺”。

可是，眼下怎么才能把手头的事情理出头绪来呢？怎么摆脱僵局，让事情有所进展呢？怎么保证你采取的举措能让它向前发展呢？

《搞定Ⅲ》（最新版）将要解答这些问题。当你置身纷繁复杂的处境时应如何前进，如何在暴风骤雨、惊涛骇浪中让自己的船只平稳前行，这本书不会给出具体的答案；但它会一步一步指引你，让你自己找到答案。

从“不顺”到“顺”，可以发生在几秒之内，也可能历时几年。而理清思路、获得掌控的过程却完全相同。顺与不顺不是命运的捉弄，虽然很多时候看上去是这样。它是采取一整套可以洞悉、可以理解、切实有效的举措的结果，主要看我们怎么以特定的方式把精力集中到特定的事情上。理解和运用这些相关的原则和步骤是本书要传达的主要内容。

一筹莫展、看不清方向的主要症状发生在各种情况下，用自我管理的术语至少可以叫作“未达到最佳标准”。过去20多年来我与各行各业的人打交道，我问他们为什么对我的关于提高效率的著作感兴趣，他们告诉我大同小异的目的：

- 缓解压力
- 停止拖延
- 增进平衡
- 拥有更多精力、活力和动力
- 发挥潜力
- 明确重点
- 高效管理项目、时间和人力
- 激发和表现创造力
- 提高自由度

这些是个人的强烈愿望和提升机遇，企业层面也有类似的愿望。这本书的多数材料都在企业层面的运用当中得到了检验和修正。人们对自己的企业和企业文化进行评估以后，用类似的语言明确了企业的目标：

- 提高员工、团队和企业的效率
- 加强沟通
- 减轻压力
- 增进工作和生活的平衡
- 改善执行情况
- 重点一致
- 分清主次
- 加强时间管理
- 积极创新、激发创造力

简单地说，你和你的团队或公司只要做好两点，就可以实现上述孜孜以求的结果：组织整理好各项事务和抓住重点。把它们的顺序调换也可以：你可以先把事情归拢在一处，再考虑它们的优先级别；也可以先明确优先级别，再围绕目标做出有条理的安排。掌控局面和抓住重点，这两个步骤对你的人生、对类似烹饪这样简单的事情，都可以发挥作用。

不过，取得和保持平衡，毕竟说起来容易做起来难。那么，到底怎样才能做到有条理呢？怎么决定事情的轻重缓急呢？工作和生活中的新情况、新信息源源不断地向我们涌来，不等我们用这个基本公式取得平衡，它就已把我们抛在后面了。简单的办法往往太简单，以至于不起作用。

事实上，“有条理”的概念应该变成“掌握主动权”，因为组织整理只是解决问题的一小步，而且也不是第一步。同样，“明确优先级别”的内涵要扩展，变成“在适当层面明确目标”，这比单纯制订战略计划要更深刻。

现在，人们提出了一些极其复杂的系统和工具，帮助大家在广泛的自我学习和发展领域减轻压力，明确方向，其中就有时间管理、个人组织和管理咨询等系统。但他们提出的解决办法不是适用范围很窄，就是刻板笨拙，不能适用于多数人所面对的日新月异的现实生活，所以，这类模型和工具很少能得到广泛长期的使用。

而且这类模型只解决了问题的一部分，即要么掌控局面，要么摆正视角，做不到两者兼顾。其实，掌控局面和摆正视角虽然采用的步骤不同，两者却是相辅相成的，实际情况中缺了哪一项都不行。没有明确方向的掌控会导致管理不善，而缺乏掌控的全局视角又容易漫无边际，不知所终。

核心步骤

这里有一条中间道路。它不是一把万能钥匙，而是一整套行之有效的行为模式，基本上是用一套方法帮你有条不紊地明确思路。效果不错，而且屡试不爽。办法很简单，却并不肤浅。说它简单，儿童也可以学会和运用；说它复杂，跨国企业的老总也能在其中领悟到无穷的奥秘和玄机。

多年来我用这套材料做咨询和培训工作，一直都想发现一个普遍适用的简单公式，任何情况都可以套用。《搞定Ⅲ》(最新版)

就是这番求索的结果。我个人认为，任何有用的方法不可能比你在这儿看到的更简单。比它更简单的，也许不起作用；比它更复杂的，则可能矫枉过正，也行不通。一套系统，其结构具有一定的复杂性，允许它延伸和自由发挥，却又不至于烦琐到束缚手脚，这中间存在一个平衡点。尽管我的模型貌似不太复杂，但要搞清楚什么时候、怎么使用它，使用它的哪个部分效果最好，并且形成意识，养成在恰当的时候运用恰当部分的习惯，却要花些时间来练习。我的本意是启发你认识到它的潜在价值，尽量把它变得简单易行，让你体会到运用它的满足感，即便你只用到它的一小部分。

切实做到掌控全局，要运用 5 个步骤，并通盘考察和评估 6 个层面，才能有效地进行权衡和取舍。忽略了任何一个步骤、任何一个层面，都不能充分发挥这个系统的潜力。你要捕捉、理清和组织整理引起你关注的每件事，其间还要适时查看和追踪清单列举的事务的进度。你的行动要与你的关注层面和职责范围相吻合，要以你设定的确切目标为前进方向，要由你的长远目标和价值观来指引。

这里费了不少笔墨，其实它描述的是非常具体的思考和行动。只要你能做到，就能胸有成竹地做出选择，无论是你的人生，还是你给朋友们准备的晚餐。

《搞定Ⅲ》(最新版）详细描述了这个模型的各个部分，告诉你什么时候采用哪个部分，还教给你一些实用的执行方法。它为你提供了对待孩子、项目、团队，当然还有你自己的不少好点子。

我要与你分享的，其实是人人都知道的常识。不过，常识也有被忽视的时候，也许你很乐意有人提醒你这些常识吧！

生活和工作中的地图

我喜欢地图，也常常使用地图。在下面5种条件都具备时，我不看、不用看、不想看地图：

1. 我知道自己在哪儿。
2. 我知道自己想去哪儿。
3. 我知道怎么从现在的地方前往想去的地方。
4. 路上我没有遇到需要绕行或者别的突发情况。
5. 我知道路上还可以选择哪些好玩、好走、有创意的便道。

缺少上面任何一条，我都想拿出地图看一看。我也许知道自己在洛杉矶，却不知道索诺马的确切位置。我得看一下地图。我想去埃菲尔铁塔，可是不知道我们现在在巴黎的哪个方位，请把地图给我。我还是在洛杉矶，也知道索诺马在哪儿，可是走哪条路去索诺马最近呢？让我看一下地图。我上了101号公路，听到收音机里说，途中发生大火，得绕行很远一段路，还有哪几条路可走？我知道自己在洛杉矶的具体方位，也知道索诺马在加利福尼亚北部，我也想好了走哪条路最有意思。不过，路上有没有好玩的地方可以顺道去旅游一下呢？把地图拿来。

要是生活和工作中也有类似的地图，可以发挥类似的作用，那该多好！你曾有过这样的感觉吗？不知道自己在哪里，不知道什么是真什么是假，不知道周围正在发生什么事情；你不知道自己想去哪里；你有明确的目标，却苦于没有一个计划或者一条途径实现它；你不知道自己在预先设定的路径以外错过了哪些机会。如果你有过上述经历，那么，采用我在这里要告诉你的模型，就再合适不过了。

《搞定Ⅲ》（最新版）就是要交给你一幅生活的地图。你可以用它给孩子举办生日宴会、组建家庭办公室、招聘营销副总裁。如果你希望掌控全局，抓住重点，它就可以帮助你。

没有头绪是知识型工作者经常面对的困境。你得再三思考自己究竟该做什么。身处现代社会，工作的性质一直在变，一不留神就会迷失方向。你遇到过这种情况吗？一封不期而至的电子邮件让你花了足足 45 分钟还是没有理清头绪，还有其他很多事情你不知道该怎么处理；它们相对于这封电子邮件的重要性发生了改变，让你无从入手。你碰到过这种情况吗？你惦记着该给某人打个电话，结果这个电话成了一次深入的、成效显著的交谈，进而激发了许多新创意、好点子，等你考虑和处理？

在发挥创造力、高效工作的同时，局面失去掌控、视角出现偏差是很常见的现象。问题不是如何避免这种情况发生，而是如何缩短一筹莫展的时间。

这些变来变去的任务，我们把它们称作“工作”的事务，并不只限于传统的办公环境。这一点对你的营销总监和你 12 岁的儿子、教堂牧师、单亲的上班族同样成立。不信你去问问，就他们的活动和兴趣范围来说，是不是百分百确信自己正在做的是应该做的事。他们也和别人一样，都需要一张地图。

并不是地图上标示的每个地方我都必须去。同理，谈到我这里要描述的一些领域，在生活的某个时刻，你没必要、也不想把所有的事情都完成。比如，我后面要谈到“3 万英尺”的思考，指的是你可能在未来 3~24 个月想要达成的目标。你心里也许对这些目标很清楚，或者在那个特定层面，对做别的新的事情毫无兴趣。虽然眼下你用不着留心地图上的那个点，不过，很可能晚些时候，你会把注意力转向它。到时候，你手里握着我交给你的地图，就能很快找到前进的道路，游刃有余地穿行其中。

不过，如果你此刻心里存有疑问，不知道你是不是已经把困扰你的各种因素、各项事务、各类兴趣，都纳入当前的关注和活动范围内，那么，这张地图绝对能立即派上用场。

如果你认为自己已经达到了明朗、自由和方向的平衡点，那最好不过了。不过，如果你有意识地认真想一想我描述的 6 个关注层面，你也许会惊讶地发现，有些隐秘的角落其实一直在敲响你内心的警钟。你没有察觉到它们，因为外界断断续续的喧哗和噪声吸引了你的全部注意力。

比如，我跟企业管理者打交道的时候，让他们把项目和事务清单列出来。几个小时以后，很多人都说：“就这些，再想不起别的来，全齐了。”我又请他们划出工作的责任范围（我们管它叫“2 万英尺”的问题），他们却又想起诸如招聘新员工之类也属于自己的责任范围内的问题。有些人又想了想，想到自己跟弟弟对怎么对待父母存在分歧（“5 万英尺”的问题），这也是在他们心里一直悬而未决的问题。即便是看似琐碎的事，比如“你知道，我一直在想，是不是该学一学跳舞”，也可能蕴涵着意义深刻的萌芽，影响到今后的人生。

让什么管用?

Work 这个单词有两层含义，有“工作”也有“管用”的意思，本书就体现了这两层意思。如果我们把要做的事都叫“工作”，不光指为了赚钱养家的正式工作，也不光指难搞定的事情；如果我们把在海边悠闲度假，看得跟挖一口浅油井、起草一份提案一样重要，会怎么样呢?

这本书里的“工作”的定义是广义的：凡是你想做还没有做的事情，都是工作。从安排孩子们即将到来的暑期活动、去海边度假，到招聘新的营销总监、回复老板的电子邮件，都是工作。

有意思的是,“工作”这个词常常带有贬义。比如我们说：“这不是闹着玩，这是工作。”可是，与此同时，如果什么东西真的“管用”（work）了，我们也很高兴。

你自己是工作还是管用?

不要被文字游戏搞糊涂了。我们这里要做到的是，达到一种深信不疑的状态，任何时候都确信自己正在做的就是应该做的事情。实际上，我们甚至想全神贯注地做一件事，达到胸有成竹、行云流水的状态。就“work”的两层含义来说，这才是真正的

“工作”状态。

可是，在生活和工作中，很少能有人告诉你什么时候该做什么事。的确，有时，工作的性质和环境让眼前的任务一目了然。你被请来操作一台机器，它有一套预先设定的程序，你手头备有操作它的所有工具，你的工作就很清楚。马上要开会了，你得把一份文件装订成几份，在会上发给大家，这个任务也很清楚。你两岁的孩子把玻璃杯打碎了，碎片撒了一地，你也很清楚自己该做什么。

可是，在生活中，有多少事情可以做出如此明确的选择呢？你难道不是经常面对左右为难的选择吗？我们生活在这个世界，大多数人不知道自己的选择范围有多大，更不知道什么选择对自己最有利。已故的彼得·德鲁克（Peter Drucker）曾告诫冒险进入“知识型行业”的年轻人，最难的其实是搞清楚你的工作是什么。在“工作”范围内把方方面面都考虑周全，这本身就是一项艰巨的任务；营造并保持一个相对明确的范围，在这个范围内做出选择，难度也不小。如果你和我一样，认为“知识型工作”的意思是你必须思考、至少必须自觉地想搞清楚自己该干什么，那么，工作的定义就跟为人父母一样包罗万象，出版、绘画或者练习高尔夫球莫不包含在内。

《搞定Ⅲ》(最新版)讲的是如果你的工作没有告诉你你该做什么，你就得自己把这个问题搞清楚。你该做的事情不是一目了然的，你得自己动脑筋想清楚。

“平衡生活和工作”的误区

工作和生活两者兼顾的观点大行其道是可以理解的。的确，不少人让自己在职场承受的压力影响了其他活动。下班回家要承担家庭责任，然后熬夜回复电子邮件到很晚。这种做法无法保证充足的睡眠，很容易对健康造成危害。

依我看，“工作”和“生活”互相排斥的看法本身就是错误的。实际上，你“浑然忘我”、全神贯注于手头的事务时，感觉不到时间的流逝；在这种时刻，你心里没有“工作”和“私事”的分界。写一份提案和遛狗，都可以处于积极高效的状态。你对自己在做的事也不会有疲于应付或三心二意、患得患失的感觉。“平衡”的概念没有说到点子上。通常只在失去平衡的时候，人们才意识到它。

当一个人处于高效状态时，可能不会精确计算花了多少时间做“私事”，花了多少时间做“工作”。他心里只想着“我在做什么”和“接下来做什么”。我见过不少以工作为重、将95%的精力放在工作上的人，生活仍然平衡得很好。他们一旦把工作放下，就觉得难受；对他们来说，这样的生活是积极健康、卓有成效的。他们待在家里就会觉得无聊。还是这个人，几年以后，为了保持工作和生活的平衡，也许得休3个月的带薪假期，去安第斯山探险，暂时丢开电脑和手机。关键在于达到一种平衡状态，而不是把工作和生活相混淆。关键问题是消除一切原因造成的精力分散，每件事都做到全情投入。

gtd

第 3 章　自我管理的基本内容

倘若你没有钢铁般的意志来把握自己的人生，上帝会让你付出代价，让你为自己的软弱吃几次苦头。倘若你不能亲自掌舵，就不要怪你的航船停靠在莫名其妙的港口。

——汤姆 · 罗宾斯（Tom Robbins）

GTD模型效果显著，基于两个基本要素：

掌控

视角

你和你的公司如果在这两方面没有问题，也许改进的空间就不大，因为你的世界井然有序，你的精力都用在该用的地方。只有当其中一个或两个要素都不理想，你才会担心是不是缺少点什么，要怎么修正，怎么改变现状。

掌控和视角是你中有我、我中有你的活跃因素。不过，掌控局面和摆正视角必须采用两套不同的方法，不管眼下你要解决的是孩子的家庭作业、足球队的训练、下次度假计划还是推出新产品的问题。举例说明，如果你的厨房乱七八糟，打扫厨房、把锅碗瓢盆清洗收拾好，就跟考虑做什么菜、怎么上菜是完全不同的两件事。但这两者是有联系的，因为在乱糟糟的厨房很难专心把菜做好；同理，如果没把菜谱看清楚，没把饭菜的各种搭配考虑好，烹饪和上菜的计划很快又会乱作一团，不可控制。

掌控局面分为5个步骤，摆正视角包括6个关注层面。把它们是什么以及运用的正确步骤搞清楚，是遇到各种问题都能迎刃而解的法宝。在这11个要素中，每个要素都有一套工具和行为模式，把它们加以平衡和整合，就可以发挥最大效用，产生积极的体验。它们是相互依存的，所以，你的工作效率由链条中最薄弱的环节决定。

自我管理矩阵

以掌控和视角为轴线，建立矩阵，对照它们评估自己（另一个人或者某一种情况）的实际状况，作为今后改进提高的指导，是非常有益的。

我用这两条轴线划分出4个象限，来综合描述掌控和视角的低级和高级排列组合，以及它们产生的各种综合征。

显然，理想状态是掌控和视角都处于高级水平。这个象限在这里叫作“舰长和指挥官”（Captain and Commander）[①]。但你如果处在另外3个象限，也不见得是坏事。好车也会出故障，同样，再优秀的人也难免有失去掌控、视角偏离的情况。偏离正轨的动

---

① 刚开始我用“Master and Commander”（领导和指挥官）这个短语，因为我喜欢它的语言学内涵，以及同名的小说和电影（国内通译为《怒海争锋》——编者注）所宣扬的英雄主义精神。但是我查阅了资料以后发现，Master and Commander是低级军官，不太适合我的模型！可是这个航海语境下的概念太贴切了，于是我杜撰了这个我能想到的最好的名称。

态趋势是人类经验的本质。只不过有时问题很严重，多数时候则只是稍有偏差而已。

可是，如果你长时间停留在次优的象限，你也许会被贴上负面的标签——受害者（Victim）、微观管理者（Micromanager）或者“空想家”（Crazy Maker）。不过这些标签主要用来警告你及时纠正航向，类似于公路上的路面标示牌，以免你在探索前进的过程中，不知不觉偏离正轨。调整以后，各个象限就可以用它们的积极面来描述——回应者（Responder）、执行者（Implementer）和梦想家（Visionary）。

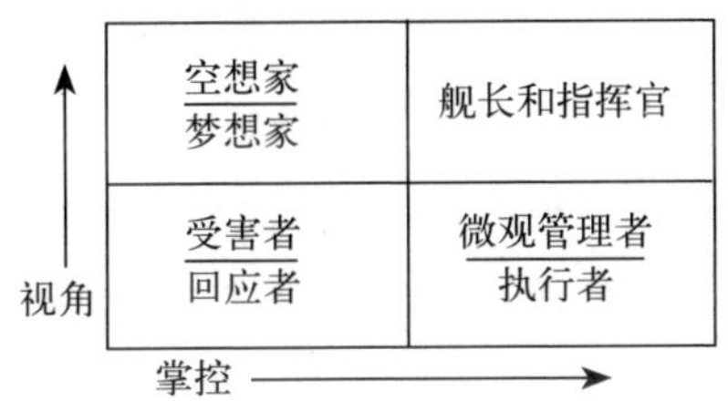

受害者 / 回应者

本图左下方的象限描述了这样一个人（或一种处境）：他对全局缺乏掌控，也没有用全局视角看问题。在极其负面的情形中，它呈现出受害者的特征：无助，完全受外力左右。如果你正处于这个象限，那么，你处在风雨飘摇的危机模式下，介于地位不稳和岌岌可危之间。在自我管理的范畴，这说明你只能处理最新、最紧迫的事务。你也许会把语音信件和电子邮件的“紧急事务”浏览一遍，只处理眼下不得不做的事，把不太急的事一推再推。

当然，未处理的事务堆得越多，井井有条地处理它们的难度就越大；其中一部分事务由于长期被忽视，转化成危机的可能性就越大。你不可能长时间让世界放慢节奏，如果你来不及抓紧时间完成前面的任务，下一次危机就会接踵而至。

处于这个象限，你只能勉强维持航船不至于沉没，还谈不上方向和目标，除非你能确信船不会沉没。你也许会觉得举步维艰，因为你几乎没有喘息的余地，无法规划、组织和提升自己的关注层面。

事情在发展变化，局面的严重性以一种明显而突然的方式暴露出来，给人造成沉重的压力，甚至使你彻底慌了手脚。你正在给朋友们准备一顿美餐，但你把调味料烧煳了，又发现少了一样主要配料，你找不到合适的锅，又把手指割破了。突然，你又想到朋友们马上就到，你没时间冲澡。你觉得在眼下的情境中，自己完全成了一个受害者。你接受了一项新工作，却意外地发现，你的前任留下的是个烂摊子，你得逐一改正，举手投降好像是最明智的选择。

一种更为隐蔽而危害更大的情形是：这种状况一旦持续太久，人们对缺乏掌控和全局视野的感受力就会削弱，出于纯粹的自我保护而变得麻木。我在工作中见过不少人，他们多多少少长期处于这种应激状态，自己却浑然不觉！只有当压力逐渐减缓时，他们才意识到，自己以前承受的压力有多么大。这就好比负重，你几乎不觉得自己背负的重量很沉，直到把它卸下来，才感到身轻如燕。

积极面

失去掌控和抓不住重点本身算不上是一件坏事。其实，在处理事务的过程中我们一天当中也许好几次处于这个象限。生活和工作中的大多数事情是我们对由自己或别人推动的局面做出回应。我们在追求“勉为其难”的目标，引领重大改变，对一次简单而高效的互动做出回应时，自动扮演守门员的角色。当然，在追求更为高远的目标、冒险进入不熟悉的领域时，也许就得拼命奔跑，扮演拼命赶超的前锋角色。

企业家在创业初期，取得的意外成功和遭遇的严重挫折几乎一样多，他们常常不惜一切，渴望获得持久的掌控感和正确的视角。因为他们骑上了一匹桀骜不驯的骏马，心中唯一的念头是牢牢抓紧缰绳，保住性命。与重要人物吃一顿午餐，席间一番交谈也许会产生出乎意料的机会和必须解决的问题，因而彻底打乱原先定好的下午的计划。

不管你的生活和工作有多少内容达到了标准，你都必将面对系统哪怕是短暂的“渗漏”，需要重新调整，才能恢复平稳航行的状态。你的努力越积极，越有创意，你就可以把越多的时间和精力用在拼命赶超上。火箭发射的能量大半被用来纠正轨道，因为火箭很容易脱离控制，偏离精确的目标。火箭能顺利发射，正是因为它有灵敏的反应装置，可以避免其偏离轨道。

还有，我们也许在某些问题上处于一个象限，在处理另外一些问题上处于另外一个象限。我写到这里时，电子邮件得到了妥善处理，我却为了一个有趣的机会和项目而动心和犹豫，它是我今天上午约见一位重要客户时提到的。我不知道这个建议对我们意味着什么，怎么利用它最好，怎么把它纳入我们正在进展的重要项目。所以，虽然此刻我的工作篮处理得井然有序，我却觉得长远发展的前景很不明朗，局面有点失去控制。面对这个挑战，我是甘当受害者还是要积极应对，就看我能不能自觉地回到游刃有余的状态，把新情况加以整合，并相应地调整自己的心态。

微观管理者 / 执行者

如果大体说来，你善于掌控而缺乏视角（即图中右下角的象限描述的情况），那么，你可能过于重视结构、流程和系统，这是微观管理者的典型特征。你倾向于组织得过细，你喜欢过度掌控前进的方向。换句话说，掌控的形式大于掌控的内容。

这就是人们常说的数豆子的财会工作者的情形。如果他拥有的权力太大，一个劲儿地压缩用于创新、设计和研究的资金，就会扼杀企业的发展动力。到了一定地步，企业再也没有“豆子”可数。很多上市公司总是冒着损害企业长远发展和生存的风险，把重点过多地放在操控股价上，只顾及下一季度的收益报告。这种思维方法还有一个典型的例子：某人爱整洁，可是，他却身无长物，没什么可供他清洁整理的！他通常花大半天的工夫来整理夹文件的回形针，而疏忽了本该承担的更大责任。

这种视角常常造成适得其反的后果。如果你把高尔夫球杆握得太紧，就控制不了挥杆的力度。你给孩子定的规矩太严，他们可能反而充耳不闻。拳击手或空手道大师有一招是诱骗对手，让对方失控，情绪发作，做出过度反应（这一招叫作“激将法”）。如果你制定的政策和程序过于严苛，到头来只会压制企业的创造力、灵活性和发展动力。

不少人长期存在过度精心准备的问题，我们大家也常犯这种错误。我们逃避完成一项特别不情愿的任务时，就把它放在桌上，说是要“再多准备准备”，意思是再整理一下笔记，修改一下格式，给打印机装好纸，然后下一两盘单人跳棋，作为紧张的工作间隙的调剂。这种事难道不是常有的吗？

准备要“充分”，但怎么样算“充分”，这个问题很难回答。过去 50 多年来，人们设计推广了不少时间管理法，大部分都是糟蹋了好东西。最早的“每日时间安排”（Day Timer）做成标明日期的页码，以 15 分钟为一个时间段，它是由一名律师发明的，他想有个办法来记录 15 分钟内他的可安排时间。“ABC”的优先排序系统作为企业培训员工的方法风行一时，它原本是用来处理可自由支配的时间的。“当日待办事务”清单方便实用，是因为当年社会节奏不快，一天之内这些事不会有大的改变，环境很安静，人们能安心完成它们。

头脑聪明的软件设计师想创建一种“最新、最棒”的GTD运用程序，也大多流于烦琐，超出了日常生活的适用范围。大部分程序是无的放矢，因为要把生活内容纳入他们的程序表格，太费脑筋了。

积极面

有了一定的结构，我们就必须不断地“填空”，也就是执行任务。实际上，要做到事事顺利，我们就必须安排好必要的资产，最终“完成表格”。这个行动的过程要求预先做好决定和设计。我们井然有序地完成给自己下达的指令，不管是一次简单的谈话，还是创办一家企业。现实生活中，我们的大半时间是在做我们或别人交给自己的任务。

有些时候，你的精力应该主要放在流程和系统上，即更新结构以及处理由你启动的事项上。

你处在“结构和成就模式”下，就不可能同时处在“构想和思考结局”的思维状态。一边穿针引线，一边有意识地专心思考人生目标，是不可能做到的。如果你在事业上达到了圆熟状态，也许就能在跟员工聊天时，脑子里很快地想起企业的价值取向。如果你在生活中做到了步履从容、和谐一致，你就能在修理咖啡壶的时候，始终不忘对退休生活的设想。但是，在上述两种情况下，你根本无法同时考虑你的 65 个其他项目，考虑你的战略计划。你可以在企业的价值取向和退休生活方式、在员工和咖啡壶、在 65 个项目和战略计划之间自由穿行，它们却不可能同时在你心里占据同等重要的位置。所以，在现实生活中，每当我们专心做一件事、想一件事的时候，就会失去对其他事务的关注。你专注于一件事的时候，必然要抛开其他的事，这是意识的本质使然。

重要的是，当时指引你的形式和结构一旦完成使命，你就要能够随时摆脱或者改变它。懂得什么时候关注另一个问题，什么时候丢掉一套过时的系统（当它开始限制延伸，抑制表达时），是你开始掌握工作的标志。

空想家 / 梦想家

视角高度正确却不善于掌控的人可以归入空想家的象限。相对于可以具体执行的创意，他们想法太多；相对于有限的资源，他们承担的责任太重；他们随随便便下达指令，让身边的员工无所适从。他们的系统和行为不能有效地捕捉他们的诸多创意，不能取得切实的成果。

在极端情形下，这是纯粹的自我涣散状态：不能在任何一段时间内抓住重点。人们常把这种状况叫作（不知贴切与否）“注意力缺失”。在轻度情况下，它表现为大包大揽：大脑的银行账户被透支，给自己和别人许下太多其实做不到的承诺。具体症状可以是逢人许诺，也可以是把一辈子都看不完的报纸、杂志堆在家里的咖啡桌上。

我把这种症状叫作“闪亮的垃圾”综合征，我本人就很容易掉进这个陷阱。我很容易被眼前新鲜的、亮晶晶的玩意儿分散精力，特别是当它“新鲜出炉”的时候，不管是面包圈、电子邮件，还是各种新奇的点子。我抵制不了诱惑。任何东西，只要出现在我的视线范围和意识层面，就对我构成了诱惑。我本人也常常运用GTD，因为我也经常像驴一样，得蒙着眼睛才能走上正道。

积极面

当然，人不可能停止幻想。人的天性总是喜欢幻想各种各样的结果和目标。一旦我们决定动身，就许下了一个没有兑现的承诺。它产生让你站起身、走出去的动力。你眺望远方，你想体验或完成的一件事吸引了你，这是自我表现和发展的根本动因，不管这件事是戴上帽子还是主持一次会议。

我们培训过的管理人员有不少属于这个象限。他们非常成功，因为他们展望愿景的能力使他们能够创立企业，并率领它进入新的领域；他们很聪明，懂得如何与他人合作，建立关系，弥补他们自身缺乏秩序的不足。

在另外一些时候，为了不至于迷失方向，你就得脱离组织和执行的框架，信马由缰，这样才能进入新领域，激起难得的波澜，打破完好的舒适的现状，更上一层楼。

舰长和指挥官

这是我提出的理想模型。它是视角和结构的综合，在这里，你的精力和重点由你自己决定而不是受外力左右。这是一种随心所欲、行云流水、百事顺遂的状态。你只需轻掌舵轮，密切关注远方的地平线，就可驾驭航船经过惊涛骇浪、狂风暴雨。你专心行驶在航线上，准备稍有偏离便马上做出调整。

一旦达到这种境界，你不会有力不从心的感觉，工作和私事失去了明显的界线，生活和工作也不会顾此失彼。你顺其自然，轻轻松松地处于一种活跃、积极的状态。修建花园小屋、逗弄小猫、坐下来沉思、考虑跟老板或董事会的艰难会商，都可能达到这种境界。这种境界似乎跟你做的事情的内容和本质无关，你甚至不必特别喜欢它。但这并不意味着，你随便做什么，都可以达到这种境界（那不是很好吗？）；要是这样的话，你就可以永远待在这个象限了。重要的不是你在做什么，而是你怎么专心致志地投入其中。而专心致志的最好办法，就是学会在功能和形式、想象和执行、出格和规矩之间走钢丝。

许多梦想家/空想家类型的人们恐惧和抵制一切形式的“规整”，因为他们把规整等同于自由创造的对立面，即事无巨细、亲力亲为。他们讨厌（这是对的）扼杀冒险精神和创新动力的一切束缚。执行者/微观管理者类型的人则可能排斥一切“急就章”，不愿意在没有充分的具体实施条件的前提下，畅想理想的蓝图。他们害怕自己被抛进漫无目的的泥潭，危及身边的人和事态的稳定。

但梦想家和微观管理者不是零和游戏，也不是势不两立的两方，虽然不少人怀有这种认识。没有约束就无所谓自由，没有形式就无所谓愿景，没有功能就无所谓结构。假如路上没有车道线，你就不能在开车时自由思考，放任大脑浮想联翩。你会一心想着千万不要被别人撞到。但是如果路上的车道线太多，规章制度太烦琐，那么，车辆就只能缓慢前行，因为人人都得留心寻找正确的车道，避免违章行驶。掌控和视角之间的最佳关系也像走钢丝，只要你能走下去，一切问题都会迎刃而解。

消极面

这个象限貌似完美无缺，从自我管理的角度看，似乎再没有比它更高的境界。如果这是个简单的一维模型，那确实如此，可惜它不是。你会看到，这几个象限都具有多重性，而且要视具体情况而定。井然有序、一帆风顺固然好，除非航道突然拐弯和转向，除非路上出了交通事故，让你不得不急刹车。换句话说，你也许形成了有效的步调和模式，却可能忽略了维持这种状态的必要工作。未来你要防范哪些危机？你该产生和评价什么样的新愿景，让自己保持活力？你现在可以尝试哪些新结构、新流程，以备处理日后成功带来的工作量骤增问题？

理论上，如果你是舰长和指挥官，你就能详尽周全地考虑到上述预防、维护、发展等诸多事务……可是，至少在细微层面上，如果你隐约意识到上述需求的存在，意识到它们尚未被处理，你就没有真正达到行云流水的状态。我要说的是，我们往往自以为达到了全面整合的流畅状态，于是放松了戒备，结果却由于考虑不周，让自己措手不及。眼下你既掌控得当，视角又全面，就很容易自满和懈怠，认为没必要未雨绸缪，为将来作打算。

动态变化的矩阵

前面提到过，在这几个由掌控和视角构成的象限中，个人的具体体验并非一成不变。你也许由于性格使然，发现自己经常处于一个而不是另一个象限。其实你很容易跨进另一个象限，就看你在做什么，在哪个层面做。

比如，你或许对某些领域和项目的掌控很到位，而对另一些的掌控就不太好；你也许对财务很有研究，却不知道在婚恋关系中何去何从；你的书桌整洁有序，健身房的更衣室却是一团糟；

你的私人生活井井有条，事业却陷入一片混乱。

你的总体情况在各个层面也不一样。你也许对下一年有明确的目标，却对工作职责心存疑惑；你有条不紊地完成每天的日程表和行动清单上的事务，却不知道现在这份工作是不是你愿意追求的终生事业；你有明确的人生目标，却不知道接下来的几年要完成哪几件大事；你有实现自我的雄图大略，电脑里却积攒着 3 000 多封尚待答复的电子邮件。

你可以在花园里东一榔头西一棒槌，却在高尔夫球场上细致刻板，中规中矩；你也可以在同一片天地中飞快地从一个象限进入另一个象限。你成功地驾驭了工作任务（舰长和指挥官），雄心大振，于是你启动了一项庞大而雄心勃勃的新项目（空想家），却因此招致灾难。于是你转身去玩打鼹鼠游戏（whack-a-mole）①，竭力达到完美（微观管理者）。你心力交瘁，觉得自己疲于奔命，事情却毫无进展（受害者）。第二天早上，你想出了办法（回应），再一次全神贯注地处理它（梦想家），把项目规划和行动纳入了整个任务清单（执行者）。晚上你带着妻子外出就餐，因为生活是美好的，你又重新走上了正轨（舰长和指挥官）。

那又怎么样？我们的生活纷繁复杂、变幻莫测，有时我们加强掌控，有时我们调整视角，有时加强掌控和调整视角兼顾。改善现状的第一步是接受现状。如果你抗拒或拒绝接受眼前的现实，那么你就永远无法战胜它。如果你真想诸事顺心，那么，搞清楚

① 一款冒险游戏，就是著名的打地鼠游戏。——译者注

自己在这个矩阵中处于哪个象限，就大有益处。要想进入舰长和指挥官的象限，要想一直留在这个象限，就一定要明白，你必须根据自己的处境和它与你的切身关系，采取不同的战略。你也许得加强掌控，也许得调整视角，也许掌控和视角都得调整。要达到目的，你就得把重点放在这个描述性模型的不同组成部分上。

实现所有这些目标的秘诀在于，关注最吸引你注意力的事情。

关注吸引你注意力的事情

要想有效地利用自我管理的基本内容，有个便于入门的参照点很有好处。你不用看得很远，因为通常需要你做的事情，正是吸引你注意力的事情。

你有心事，因为你在意识层面对它们很重视，或者说它们吸引了你的注意力。在后一种情况下，你的思绪被引向了你必须采取行动的情况，很有可能你要对它加强掌控或者调整对它的视角，这样它才会松开对你内心的控制，你才会觉得安心。

你并没有把很多重要的事放在心上，因为没必要，因为它们一切进展顺利。那么，这是否意味着，引起你注意的事是出了问题的？肯定是有什么地方你没有领会，没搞清楚，没做出决定，没妥善处理。你把它们逐一记在心里，因为你只有妥善处理好它们，才能得心应手，顺风顺水。

发现你的心事是获得掌控的 5 个步骤的第一步，它的目的是减轻紧张的情绪，我会在下一章详细探讨。你也许认为，我指的就是列出一张“待办事务”清单。你说得不错，但是多数人列在清单上的只是他们应该做的一小部分事情，要想获得最佳的掌控和视角，还有很多事必须统统列出来。只要仍有事情萦绕在你心头，只要它引起你的注意，你就需要对它给予适当的关注，这样你才能不断地理清头绪，集中精力处理它。

如果你对该注意的事没有注意，它就会在你心里大声喧哗，直到唤起你的注意。不管你想到的这件事是什么，在一段时间内，你累计为它花费的精力、心力和情感能量，远远超过你在它一冒头就加以处理或者决定暂时搁置所真正花费的精力。

要想真正把这类可能分散精力的事从脑子里赶走，与其把它们看作分散精力的杂务，不如把它们视为电话响了的问题——某种状况出现问题而打来的电话。如果你一直不接电话，对方就会三番五次地打来。如果你接起电话，给出有理有据的答复，对方就不再打来了。如果你只接事关紧急的电话，非紧急电话就会一直占线，让其他电话打不进来，从而阻塞新信息的流入。

这些都肯定了一种与常识相悖的观点，即从某个方面讲，所有的事同等重要。所有的事，指的是引起你注意的事。如果你想把工作和生活随时梳理得分明利落，那么，凡是破坏这种状态的问题，都该被消除。无视问题是一种选择，却不是明智的选择。如果问题过些日子会自行消失，不如现在就把它赶走。如果它不会自动消失，就把它纳入你的系统，争取用最少的精力处理它，因为你把它放进了一个可靠的系统。好在处理小故障、把它们从屏幕上去掉的方法，跟处理大故障一模一样。但是，如果你不接受它是个故障的现实，就是在降低自己的效率。

这本书提出的原则具有特殊的效力，只有当你把它们运用到整个现实生活的方方面面，这种效力才能充分得以发挥。换句话说，如果你对引起你注意的事情不予理会，就永远无法进入“舰长和指挥官”象限。这并不意味着所有引起你注意的事在本质和意义方面一律平等。不。它意味着你必须妥善地卸下心理负担，找出导致某种局面或者牵扯你精力的地方的所有向量，以便最有效地搞清楚问题的本质和意义。

你想分清诸多事务的轻重缓急，潜意识里你知道，至少有 43 件急事等着你去做，比如“买猫粮”，如果你抵制这项任务，会比你直面它产生更强烈的负罪感。你想在员工大会上用公司新的愿景和使命宣言给大家打气，可是员工明明知道（没有一个人说出来），他们中 1/3 的人将在下个星期被裁掉。这个没有道破的坏消息像乌云一般笼罩在所有人头顶上。你的动员非但毫无效果，还会让你的可信度和领导力大打折扣。

所以，如果你不知道从何入手，就从眼前的现状开始吧。把问题拿到桌面上。我作为顾问、咨询师和培训师，无数次面对客户的困境一筹莫展，不知道自己怎么去帮助客户或他的团队。多年来，我学会用一个万全之策摆脱窘境，可谓屡试不爽。我只提一个相宜的与现状有关的问题：“好吧，现在是什么情况？”

从现状出发，也是GTD模型始终行之有效的原因。其他理论通常提出一个理想的起点，比如“优先级”、“战略”或“价值”等，告诉你“应该”从哪里入手；而GTD模型完全不同。我们建议你从当前的实际状况出发。当我请人们说出自己的心事时，很少有人一上来就说："我想完成自己在这个星球上的使命。"多数人说的是比如"修理打印机"、"周末找个保姆照看孩子"之类的事情。不管你脑子里想到的第一件事是你的命运、你的战略愿景，还是给母亲安排理想的老年看护，都可以。把它点破。如果你想到的不是这些，如果你真想找到并把一些更高级别的事务纳入你的系统，就必须先把挡在它们前面、遮蔽它们的障碍清理掉。常见的障碍不过是你迟迟不肯答复的 22 封电子邮件、明天晚上你得给孩子们找个保姆和买猫粮之类的事情。如果你没有把这些小事妥善处理好，它们就会削弱你认识大问题的能力，至少让你看不清大问题。

下一章将深入探讨把事情做好的关键的第一步——准备行动。

gtd

第 4 章　获得掌控：捕捉

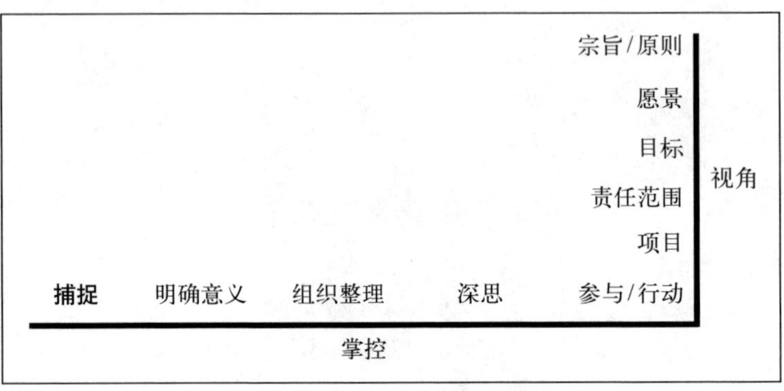

我们希望自己心无杂念，不是为了让头脑保持清醒，而是希望我们看问题时可以保持一种开放的心态。

——玛丽·卡罗琳·理查兹（Mary Caroline Richards）

要想改变某个事物，就要先强化你对它的意识。

——蒂姆·高尔韦（Tim Gallwey）

人们不清除脑子里的杂草，就容易被它们的草尖刺到。

——霍勒斯·沃波尔（Horace Walpole）

捕捉是实现掌控的第一个阶段，它让人产生一种积极参与社会活动的感觉。我用过好几个词来描述这个起始阶段，先后用过“收集”、“清理”、“捕获”等词语。它的基本原则是搞清楚眼前的实际状况，把可能与你关注的事情有关的所有信息收集起来。它划定了运动场的范围，这样你参加比赛时就可以做到心中有数，知道四周的边界在哪里。

这个过程是把引起一个人、一群人注意的事项或者一种局面的异常状况分离出来。它暂不考虑应把这些注意事项搁在哪里，这是后面要解决的问题；而是确认困扰你或者不对劲的地方。这一步的效果立竿见影，有些还相当深刻。

一个特定的人或者一种具体的局面，如果他/它的很多事务不会使人分散精力，造成压力，就是所谓的“进展顺利”。灯照常工作，前台照常迎来送往，孩子们在学校里很乖，父母一切都好，你的血压很正常，你顺利度过了又一个平常的日子，你压根儿想不到它们，觉得这一切是理所当然的。

只有在你内心的雷达屏幕上闪现出或大或小的故障信号，显示可能存在失调或失衡的状况，你才会意识到它们。比如房间很冷，你口渴得厉害，你收到妹妹发来的一封气呼呼的电子邮件，打印机不能使用新的格式打印，有人提到的一个工作机会让你动心了。也许你的公司遭遇负面报道，或者正面报道让你公司的业务突然应接不暇，上上下下顿时繁忙起来。

这类纷扰会时刻发生，是现实世界的常事；我们必须处理遇到的麻烦，才能过好每天的日常生活。但纷扰不会自动消失，如果我们不能妥善地、建设性地解决它们，它们就会抓住我们的部分意识不放。

现实情况是，所谓的大事早已被归入大事一类。它们被收集在心灵的某个角落，在这个角落，我们不方便把它们与性质类似的其他事情进行对照，做客观的检查和分析。而如果任由它们在潜意识的泥沼里打滚，它们就相当于“已经被遗失”了。

当你觉得有点儿心神不宁时，首先要做的，就是搞清楚什么让你不安。如果你思绪混乱，那么，必须搞清楚让你心情平静不下来的所有可能的原因。

换句话说，一有心事，就把它白纸黑字地写下来或者记录下来。你可以把它潦草地写在纸上，打印出来，可以写在白板上，也可以对着录音机说出来（这个方法有个缺点，除非你回放录音或者将它誊写在纸上，否则它还是留在你的潜意识中）。你可以把它添加到清单上，也可以单独写在一张纸上，放进工作篮。用什么方式把它抓出来并不重要，只要把它从脑子里移出来，转化成随时可以追踪查看的形式即可。

团队或类似的群体也可以采用上述方式，不过资料和观点的收集要能被所有成员共享。让大家畅所欲言，直抒胸臆。另外，如果专门有人在白板或者共享的电脑屏幕上把大家的想法写出来，效果奇好。

自我大脑清扫

这些年我一直在讲授和培训无压工作的艺术。理清思路作为获得掌控的第一步，在个人和群体情况下所呈现的形式千差万别。最基本、最彻底的形式我称之为“大脑清扫”（mind sweep）。

我们早期在公司的“工作流程培训”（Work Flow Coaching）课上开展一对一的辅导时，带领学员做过一个练习，即全面扫描，把引起他们注意的事情一网打尽。具体做法详见《搞定 I》（最新版）。其实它的实质很简单：不问原因，找出你认为生活和工作中需要改变、需要考虑的所有事情，在指定的地方给它们创建一个临时搁置点。工作篮是个好办法，列清单也可以起到相同的作用。

我们对客户启动这个步骤，首先扫描一下他的四周：办公桌上、桌下和旁边放着什么东西？书架、书柜、抽屉、文件夹、衣柜里有些什么东西？公文包里装着什么东西？墙壁、公告栏和白板上写着什么东西？凡是办公文具、装饰、参考资料或办公设备以外的物件，都是要解决的问题，因为它们占据了客户相当一部分注意力。角落里坏了的打印机、墙上要更换的木版画、角落里等待修理的网球拍，还有四处散落的成堆的文件、杂志、信函和文件夹，都需要清理收拾。我们对这些东西不予评论，只问客户一句：“你注意到这个了吗？”让他来发话。当然，很多人一开始坚持说：“放在那儿没关系。”一旦他真正参与进来，马上就认识到，他本来一直想处理它们的，却不知道从何入手。

我们把这些待处理的物件统统放进工作篮（大多数情况下，由于东西太多，在工作篮周围还放了一小堆）。然后我们请客户再想一想，还有什么别的东西引起他的注意、却还没被收到某一处的。答案总是还有。他回头梳理、列出清单时，总能想到几件事情。我们建议他把这些事分别写在纸条上，投进工作篮，事后处理起来就简单多了。因为人们可以专心考虑一件事并做出决定；但如果想一次性地思考清单上的一长串事务，就容易犯糊涂（必要时挨个处理一长串清单，也是可以起效的）。

为了方便捕捉心事，我们还提供了一份“未完成事务提示清单”（Incomplete Trigger List），用来核对工作和生活中引起我们注意的诸多日常事务。引起我们注意的事项可能分别属于意识的多个层面，在没有外界帮助的条件下，很难一次性把它们全部想出来。好的提示清单能刺激大脑，揭开深藏在心底的事务。（读者如有兴趣，也可以参照附录 1 的“提示清单”自己试试。）

在我们的培训课上，大脑清扫和整个收集过程这一步要花 1 个小时到几个小时的时间，看需要整理的材料多少而定。一般来说，越是资深、成熟的客户，他在一个地方待的时间越长，整理出来的材料就越多。一个人承担的项目越大，职责界线越模糊，引起他注意的事务就越容易堆积。还有，他在某个岗位工作的时间越长，积累的问题就越多。除非他能自觉地定期清理和调整这些事务，否则，生活和工作中的“垃圾”就可能随处可见，以致长久盘踞心中，难以撼动。

更细微的材料

一般来说，现实生活中存在大量显而易见尚未完成的事务，比如办公室的项目和状况、家里的事、你天天打交道的人等等；此外，每个人常常还有一些分量更重的事藏在心底，不是那么一目了然。

要把这些心事找出来，可以用关注层面作为核查清单。关注层面分 6 级（从某种意义上讲，每个人的心事都可以分成这 6 级），却更微妙，更难以捕捉。你对自己许下的远大承诺有时很难把握，你是否有能力、是否愿意关注在这些层面引起你注意的事，就成了灵感和直觉判断的源泉。实际上，你的心事越是微妙和隐晦，事后证明，它就越重要。

1 万英尺——当前的项目

许多事务是一目了然的。你一做大脑清扫，马上就可以想到许多这类事务：买一辆新车、雇用一名助理、在办公室安装一台新打印机、修理割草机，诸如此类。但是，其实在这个层面往往还有很多心事，用“事务”这个词的字面意义无法捕捉。而找到、明确它们，把它们条理化，纳入“大脑延伸”系统，是极其重要的。

比如，很多人拖拖拉拉，迟迟完不成搬家或办公室搬迁的任务。他们没有意识到，只要没有“彻底搬迁”，他就得一直操心这件事。下面这一类就是人们常常不把它们当回事，却的确是一桩心事的例子：

- 下次度假
- 安排父母的老年看护
- 安排孩子们的暑期活动

在这个层面上，最难客观把握的是那些你觉得它是“问题”，却没把它当作“一件事”的情况。身为家长，你也许担心儿子的数学成绩。可能你的两名员工合不来，让你觉得操心。它可以小到你的电脑的电池充电以后使用的时间越来越短，让你心烦；也可以大到你发现家人患了重病，而忧心忡忡。很少有人做好了心理准备，愿意承认这些分神的事是需要处理和解决的问题。

2 万英尺——关注和责任范围

接下来的这个层面往往包括内心深处数不清的操心事，你想确定是哪些事引起你的注意，它们却不是一目了然。比如，你从高处看待自己的工作职责，也许会意识到自己身兼数职，同时肩负着数个领域的责任。这些领域是否都达标了？你负责员工培训，现在一切进展顺利吗？如果你还负责本部门的运营计划，计划都得到妥善落实了吗？

在“工作流程培训”课上，我们建议客户想一想自己的工作职责，并以此为契机，理清其他关注的事。无一例外，客户至少会想到两三个困扰自己的重要问题，是亟待处理、思考或解决的问题。

延伸到整个生活，你可以把一些兴趣和职责范围内的事项区分出来；你对自己也许下意识地做出承诺，要把这些事保持在一定的水准：比如财务、健康、休闲、各种关系、自我发展、自我表现、家务、家庭、精神生活等等。这些领域基本达到了舒适的平衡状态，可是，还是有些什么事情让你感觉困惑。

比如，你的裤子越来越紧，你因此忧心忡忡（健康、精力）。你一直在想，自己的退休账户是不是有些滞后（财务）。你想知道学习弹钢琴得花多少钱（自我表现）。你知道，再过几个月就是姐姐的 50 岁生日了，你想为她做点儿什么（家庭）。

把各种引起你注意的微妙事项从大脑里转移出来，纳入你的明确和组织整理系统，就可以大大提升你的自主掌控感。

3 万英尺——长期和短期目标

这个层面是首个“面向未来”的关注点。尽管事情还没发生，但它们已经在困扰你，你必须把眼光放远来面对它们。

在这个层面，你也许心潮澎湃地认真思考自己将来必须干一番事业，取得一些成就。如果你已经确立了适当的长短期目标，制订了清晰的战略计划，明确了具体要做的事，并在企业内部配备了相关人员，它也许不会让你费神。可是如果你漏掉了某些部分，甚至整个计划都存在问题，它就成了一个必须理清的重要问题，你必须解决。很多时候，即便你的计划或步步推进的目标已经形成，回头再看一遍，也常能让你恍然大悟，明白自己在担心什么。

从个人角度讲，在接下来的几个月、几年内也许要发生一些事，但它们并没有浮现在你的脑海里，直到你想到跟它们有关的某个具体问题。你知道，你要在明年年底前拿到驾驶执照。你要在明年春天攒一些钱，准备结婚周年庆典的邮轮旅行。你要给即将出生的孩子准备好一间卧室。

这个层面引起你注意的事情，有时并不是你在评估之前许下的承诺。它们也许是你没有深思的抱负和追求，日常生活中许多其他杂事分散了你的精力，把它们掩盖住了。它们始终在你心里，只不过隐藏在更为直观的需求下面。也许还有一些生活领域，你一直在考虑确立某些目标，比如改善财务状况、学一门外语、参加马拉松比赛。即便这些目标没有明确地说出来，安排它们已经成了你的一桩心事。这就是你要捕捉的。

4 万英尺——愿景

在你参与社会生活的接下来的这个层面，即你对未来的畅想或者长期成功的愿景，你需要从脑子里转移出来的事务范围很广，大到各种大事和机遇，小到看似琐碎的杂务。大事可以包括有人打电话给你，提供了一个工作机会，可能会让你的事业发生质的飞跃。也许收到类似邀请的是你的伴侣，他（她）如果接受邀请，你就得考虑换工作，你们就得搬到另一座城市去。你也许感觉到公司有些下滑的趋势，你得想一想万一自己也被裁员该怎么办。你也许隐隐觉得，刻板规矩的上班族生活不能真正发挥你的潜力；或者刚好相反，你自由自在的“创造性”生活方式，不能为你提供必要的资源，达到你希望在年纪渐长时具有的影响力。

5 万英尺——宗旨和原则

这是你一生中的大事、决定性事件的领域。如果你笃信自己正在实现人生目标，你真正重视的事物在生活中占据着应有的重要地位，除了你已经在做的事，再没有别的事需要理清和关注，那再好不过了。可是，只要有一件事不明确、不合拍，你就很难在整个意识层面做到“心如止水”。

比如，如果你正深感困惑：你的独特才华和天赋没有得到真正发挥，没有得到自己和他人的认可，那么，这种困惑就会牢牢地抓住你的大脑的某个部分，直到你创建了一套适当的行为模式，可以谋求或创造机会施展你的才华。再比如，如果你身边发生的一件事让你很难受，因为它违背了你的原则，那么，除非你自己能想通，否则头脑不可能轻松。举个例子，人们之所以换工作，主要问题出在老板身上。问题不在于你是否讨厌自己的工作（你可以积极地跟你本人并不在乎的人合作），而是老板的行为方式违背了你的核心价值观，超出了你能接受的范围。

人们不大愿意承认并客观地指出这些属于较高精神层面的不和谐因素。但是，问题越是敏感、越是根深蒂固，用对待“买猫粮”一样的方式系统地理清思绪、加以处理的好处就越大，效果就越积极。这就是点明问题，并用相关行动明确、组织整理和执行的结果。

这方面我有过意想不到的体验。有一次我在培训课上给学员讲授这些内容，课间休息的间隙，我让大家试着做做“大脑清扫”练习。这时，一名学员走过来说：“戴维，这个该怎么办？”他把列在清单上的第一件事指给我看。原来，他脑子里冒出来的第一个念头居然是“上帝”。他身穿牧师服。让人匪夷所思的是，他在问我，该拿上帝怎么办！一时间我哑口无言。不过，我很快反应过来。我恢复了GTD培训师的身份，说道：“那么，它对你究竟意味着什么？你把它列在清单上，是作为肯定和启发，还是他让你想到了该做还没做的事？”他沉思片刻，似乎想到了什么，高兴地转身走了。（我没好意思刨根问底，追问他究竟想到了什么。）

很多人不肯捕捉和处理这些深层次的问题，因为他们想得到答案，却不肯承认问题的存在。换句话说，他们想知道自己的人生目标，却没有认识到自己还没有明确的人生目标。这甚至也是明确任务时遇到的难题——他们想知道怎么实现和完成一件事，却不承认必须完成某些事。我要说的是，你要接受一种看法，即你不必透彻地搞清楚一件事，也可以掌控它。重要的是搞清楚下一步做什么，让它逐渐明朗。找到问题，找到令你心神不定的原因，把它纳入系统，往往是掌控它的最好开端。

许多次，我必须“深入挖掘”，才能搞清楚自己该干什么。我不知道我会发现什么，也不知道了解更多信息以后我能做什么，但我很专注；要想移除心事，我必须把它纳入我的系统。类似“找到人生目标”或“重申企业的宗旨和原则”这样的目标，常常会转化成具体的步骤和事项，比如“咨询人生规划方面的专家”

或者“召开最后一次场外组织协调会”。

我并不是说你必须清楚自己的人生目标或者你应该有一个人生目标。干脆不再考虑所谓的人生目标，你也能做到心思澄明，了无牵挂，只要你“不再理会这个问题”的判断是由衷的。但是，如果你经常想到这个问题，那么，你要想继续前进，就必须把它看成一个问题。一有怀疑，就写下来，放进工作篮。你要相信，把这类内容进行系统的处理，有利无弊。一旦想好你必须放手，因为你对它无能为力，就可以把它丢掉。你也可以把这个问题或想法暂时搁置起来，过后再认真考虑。

我有个朋友从小在农场长大。他说，他发现GTD对他的生活和工作大有帮助，就好像把一切都交给了拖拉机：拖拉机收集、加工、播种，然后庄稼就神奇地长了出来。拖拉机对它吃进去的东西不加区别，它只管一股脑儿把眼前的东西吞进去。你也应该这样。

养成高效工作的习惯，把诸多事务从大脑里转移出来，保存在某个外在的具体地点，事后再妥善处理它，是重中之重。而以多种形式捕捉当前现实，对你积极参与社会生活也大有助益。

记日志

在第一步捕捉时可以加强掌控的好办法，就是记日志。精力分散、日常事务顾此失彼，这些状况只有在我们闲下来，回顾反思，用意识流的形式追踪那些似乎想要表现自身的事务时，才会明显暴露出来。

长期以来，我坚持记两种日志。一种像流水账，记录我的工作内容、当前境遇和正在发生的各种事件。另一种偏于内省，侧重精神层面。刚开始我只有一本日志。又过了些时候，我发现把日常捕捉到的思绪记在两个本子里似乎更好。一本日志的内容较为平淡，它的作用类似于我下班以后把一天的见闻告诉妻子：往往是我心里挂念的事，既有好办的，也有棘手的。有了这本日志，我就可以自我排遣，不必事事向妻子倾吐了。我用笔记本电脑和一个连续的文字处理文档来记这份日志，它的格式似乎很适合我每天的精神状态，也适合它所记录的内容。当我记下自己的内心感悟时，则用另一本日志。我用钢笔将其记录在一个雅致的皮革封面日记本里。我不知道为什么这么做。但是对我来说，用笔记在日记本上，我可以深刻地剖析自己，抒发情怀。

有关日志及其心理疗效的著作已然不少。许多心理疗法有个共同的主题，就是利用纯粹的观察的力量舒缓心情，即简单地留意正在发生什么事情，尽量做到客观和自然，这是舒缓内心压力的第一把钥匙。

写日志、记日记虽然与其他捕捉思绪的方法相比不那么直接，它却是情况万一失控时回到正轨的关键的第一步。

头脑风暴

如果你对某个项目、某种局面的关注不够清晰连贯，每次你一想到它，脑子就有点儿犯糊涂、犹豫不决，那么，理清思路、保持头脑清醒的最好办法就是头脑风暴。

现在，一般来说，我们基本上随时都在进行头脑风暴：看到一样东西，我们马上就会产生和它有关的种种联想。在这里我指的是，用具体的办法把大脑里散漫的思绪记下来，转化成具体的、可见的信息。头脑风暴可以表现为在纸巾上草草记几行字、用钢笔绘制思维图、使用专门的电脑软件、把想出来的点子写在白板或画布上，也可以是虚拟世界的一个团队通过网络平台集思广益，再将想出来的点子逐条列出。头脑风暴的本质是针对特定主题的大脑清扫练习，在你专心思考某个问题时，捕捉引起你注意的方方面面。你要筹备婚礼，就把脑子里冒出来的点子都写下来。你要在员工会议上提出一份日程表，就把你想到的相关问题随手列举出来。

头脑风暴是把你的思绪从大脑转移到一个外在的地方，它可以显著地转化思考的结果。你想到一个有用的点子，如果把它留在脑子里，你的大脑就得始终关注和追踪它，从而在一定程度上削弱了它考虑其他点子的能力，因为大脑得费神记住它，不把它弄丢。

反过来，如果你把这个点子写下来，你的大脑就不必牢牢地抓着它不放，就可以随心所欲地思考其他问题。如果你的目标是找到某个问题的最佳解决方案，那么，你可以把所有的可能性一一罗列出来，在最大的选择范围之内优中选优。给稍纵即逝的念头提供一个外在的临时搁置点，可以激发接连不断的创意思维。你想到一个点子，能有地方随时把它记下来，再加上不拘形式的记录习惯，保证能让你想到许多难得的观点和主意。

清 理

还有一种正视现实的方法可以取得立竿见影的效果，那就是清理。

你从不知道杂乱的办公环境对你的注意力构成了多大的干扰，直到你把它彻底打扫一番后，顿时觉得焕然一新、神清气爽。我常说一句话："如果有疑问，就清理一下抽屉。"不管你清理的是汽车、高尔夫球袋、衣橱、盥洗架、办公室抽屉、花园还是别的什么东西，都会令你心情为之大变。虽然我列举的这几个地方乱一点儿也不会引人注目，除非乱得太厉害，让你觉得受不了；但是，清理是一种可以在短时间内让你恢复士气、进入"舰长和指挥官"象限的有效办法。

所谓的"干净整洁"并没有统一的标准，人们都在试着达到自己的标准。张三觉得已经达到了一尘不染、井井有条，在李四看来却乱得不像话。这里，重要的是你要有自己的标准，什么标准都可以。当东西开始随处乱放、灰尘有点厚的时候，你就知道该打扫一下了。一旦杂乱无章占了上风，你不能在清爽整洁的环境下安心工作，你就会开始逃避问题。你不想看到汽车里的杂物箱；你不愿打开书桌的中间抽屉，即便打开，也只开到放铅笔的地方；你不敢查看电脑里存了很久的文档。因此，这些地方控制了你。你害怕它们，它们就不断地纠缠着你。

这些分散注意力的杂物悄然涌现，一个主要原因是，我们把它们买来时，它们是有用的，但是不久以后，它们就失去了应有的功能和用途。可是它们的功能失效以后，不会自动丢弃。垃圾自动产生，却不会自行销毁。你的书桌的中间抽屉很适合存放圆珠笔笔芯，前提是你使用圆珠笔。可是你已经有两年不再使用圆珠笔了。你的大脑的一部分意识到，这些笔芯不该放在这里；你告诉自己，得把它们处理一下。但这个计划没有上升到意识层面。好像为了避免这件烦心事似的，你的大脑的一部分变得麻木。一旦清理抽屉、把笔芯丢掉以后，原先大脑麻木的部分被激活了，于是你很兴奋，想和某人出去吃顿饭庆祝一下。

集体捕捉

大脑清扫、头脑风暴和清理，在多人合作的情况下也便于运用。团队、夫妻、部门、家庭等也可以运用这些步骤收到明显的效果，在两人以上的情况下，它们也可以产生秩序、平衡和掌控感。

在这方面我注意到一个有趣的现象。我和我妻子不止一次地发现，对我们共同关注的事情做大脑清扫和头脑风暴，是非常有效的。这样做的结果和我们的感受，完全不同于我们把彼此的想法简单地合在一起。显然存在一种“合作情况下的心理存储”空间，一旦把它清空，整个群体都会感到清爽自由。

通常在工作环境下，比如项目或管理团队、委员会、董事会等，让大家把心思放在当下，开诚布公地说出大家切实关心的问题，至少在一次具体的会议或者一个担负具体职责的群体的范畴，是至关重要的。这并不意味着大家想到的每一点都应当被认为具有战略性，要相应地调整企业的日程安排。它意味着如果群体中有人无法安心做好工作，无法积极参与当前的事务，那么，承认问题的存在，对加强合作、继续展开积极的沟通十分重要。如果屋顶笼罩着乌云，而谁也不愿意承认；或者如果与会人员知道，他们掌握的情况会影响到会议的议题，而他们却不肯说出来，不肯承认——那么，合作就会不了了之。

在部门或者家里定期召开会议时，先让每个人说出他眼下最关心的主要问题，是个好主意。描述的内容未必都要写下来（有时，如果有人提到一个当时或事后需要解决的问题，写下来就很有用）。多年从事团队和群体的咨询工作让我明白了一点：如果不先认可大家心里存在的疑问，就着手推动问题的解决，是徒劳的。

一个团队、一群人把问题倾囊倒箧，和盘托出，可以让人精神振奋；如果身边的人都参与进来，效果就更好。把大家的信息和参与情况摆到桌面上，识别并丢开那些无关的问题，在参与者超过两人以上时似乎具有放大的疗效。你也许和孩子们一道打扫过车库，和妻子一起清理过衣柜，和老板或助理一块整理过档案柜，那感觉太棒了。

我不是很清楚这些原则为什么在群体环境下同样效果显著，我只知道，效果的确显著。一群人分享信息，这种做法显然暗藏有助于理清思路、加强合作的玄机。也许我们比自己认为的更喜欢合作。如果问题没有得到认可，有人不认同大家的共同想法，他就不会积极参与其中，集体的凝聚力和战斗力就会削弱。

养成捕捉的习惯

捕捉并客观地指出现状的不足，特别是如果它影响到你解决亟待处理的问题的思路，是看似简单、实则复杂的方法，你得长期实践才能养成习惯。如果你忽视那些看似琐碎却可能让你分散精力的事，或者只想把它们搁在大脑的某个角落，那么，你对自己的世界的全面掌控可能会面临危险。

我知道，大家的日常生活中有很多“重要”的事，相比之下，像把旧的电子产品配件收到盒子里或者丢掉之类的小事，就成了极其微不足道的琐事。在广阔的人生和社会生活中，这能造成多大的不同呢？你或许觉得，类似这种对整洁空间的侵占不会给人造成明显的压力。我要说的是，当你真的雷厉风行地处理了这些琐碎的烦心事，激活了大脑的深层意识，就会顿觉如释重负，豁然开朗。你以前的感觉怎么样？可能也不错，但是还可以更好。

我明白，如此较真有强迫症的嫌疑。的确，很难说井井有条方便取用和混乱中自有条理，两者孰优孰劣。我在描述微观管理者象限的部分提到过，你想面面俱到地掌控一切，反而会失去控制。只有当你过于重视保持整洁条理，妨碍了你关注更重要的待办事务时，才会导致混乱。通常，这种失衡是对在重要领域缺乏掌控的过度补偿。

事实是，你永远做不到事无巨细，一切都梳理得规整妥帖，所以才要选择在哪些方面保持条理。我的花园小屋很容易弄乱，刚刚清理好，很快就又乱了。只有当我找不到的重要工具越来越多，妨碍我干活，让我恼火时，我才把它们重新收拾一下，达到一种平衡状态。我费一点儿工夫，让小屋有条理，是为了方便我在花园里专心干活时，随时能找到各类工具，但这间小屋从来算不上干净整洁。我的书桌抽屉也一样，里面堆满了各类电子和电动玩意儿的配件，比如Skype网络电话的耳机、适配器、电源线等。后来，我把这些零碎玩意装进塑料袋，外面贴上标签，但它们很少是分门别类、规整条理的。

这里，我的目的不是说，不把造成干扰的物品收拾好是对还是不对；我只是想指出，这些干扰的确消耗了我们的精力。我们生活在复杂的现实世界，认识到这条规律在战术上是有益的。有些时候，理清思路可以成为最重要的工具，让你在生活的竞技场上遥遥领先。

只要知道所有的难题都摆到了桌面上，一个人或一群人就会觉得松了一口气。我记得小时候常玩拼图游戏，一旦我们发觉一盒玩具哪怕只少了一块，也得把整盒玩具丢掉。从一堆玩具里找到正确的一块，难度已经很大，特别是在游戏开始的时候。如果你知道，自己正在努力寻找的那一块也许丢了，你也许赢不了比赛，游戏的趣味性就会大打折扣。

多年来，GTD之所以行之有效的一项重要内容，就是捕捉可能对你有意义、有价值的一切活动和想法，这一点一直是人们接受和实践GTD的强有力动机，哪怕他们只做到这一步。我保证，即便你只是增加清单上列出的事项（别丢掉），长期坚持增加10%，你的生活也会有显著改善。

一名电视情景剧作家对我说，他读了《搞定 I》(最新版)之后，如同醍醐灌顶，主要是因为他受到启发，并做了一次彻底的大脑清扫。他一鼓作气列出了他能想到的所有事情，他将去做、可能去做、应该会做、也许会做的所有事情。他激动地说，把它们都列出来以后，他平生第一次意识到，他用不着一下子把它们全部完成。他可以一次做一件事，如果条件不成熟，可以暂时不做。他承认，他没再听从我的书里的其他建议，但他坚持说，这件事改变了他的人生。(他坦言，他居然把清单弄丢了！)现在，每当他觉得压力从四面八方逼迫过来，让他不堪重负时，他就坐下来列一张清单，心情马上就好起来了。

抗干扰的武器

养成理清思路的习惯有个最大的好处，就是它提供了抗干扰的办法。我问一屋子人，什么妨碍了他们高效工作，“干扰”一直是名列前茅的因素。全神贯注是达到最佳状态的关键所在，所以，可以理解，专心致志时被意外的干扰打断，着实让人恼火。我见过的企业中，大多存在干扰太多的病症，与会议太多并列(开会太多也是致命的病症)。这里我要提出一个掌控自己的世界的好办法，就是努力削弱这些病症造成的负面效果。

我注意到人们如此讨厌被打扰，一个主要原因是缺乏必要的理清思路的技巧和工具。比如，你成了“公司过路车”的牺牲品：梅丽莎闯进你的办公室，跟你要一份关于某个项目的资料，因为她正在处理这个项目。如果你还没有养成习惯，把她的需求写下来，放进工作篮，过后再查看和处理，你也许得马上抽出 5~10 分钟，翻找梅丽莎索要的资料。你知道，你这么做纯粹是出于礼貌抑或职责所系，可是，你眼下该做的是另外一件更重要的事，你觉得很烦。也许马上答复梅丽莎的请求是最明智的选择，但是，因为你没有养成使用纸、笔和工作篮的习惯，你其实也别无选择。

事情一露头就立即去做，可以成为高效工作的一个方法，如果它的确是当时最要紧的事，或者它可以在两分钟内做完（这是两分钟原则所证实的）（见第 10 章）。但是，因为大多数人对自己把这类新情况纳入工作流程、及时整理和组织它们没有足够的信心，结果只好同时追踪几件做了一半的事情，其实他们完全可以把事情延后处理。

笔记的作用

在做某事时记笔记可以起到很大的作用，让你随时能找到自己前面中断的地方。繁忙的工作中，常常有好几件事在同时进展，你必须频繁地从一种交接转换到另一种交接。做好笔记，把它放进工作篮，过后再捡起你做了一半的工作，把它继续完成，对你大有帮助。你常常觉得新情况、新问题出现时，自己来不及理清思路、理顺各类交接工作，那么，如果你有一个提示器，提醒你在不忙的时候想起它们，是极好的办法。

比如，当你打电话时，手边备有笔和便条，随时记下电话里提到的事务。挂断电话后，你可以把刚才记的笔记丢掉了，因为谈话中没有提到你可以采取行动的事务。但是，如果你们初步谈到一个话题，你就可以把笔记留着，事后再做决定或者充当参考资料之类。当然，一上午过得很快，你当时没空仔细考虑。如果你把它放进工作篮，就会重新想起这件事，不至于遗忘它（假设你养成了及时处理工作篮的好习惯，详见第 5 章）。

开电话会议时，我常用思维导图软件做笔记，每位客户、每个议题用一张思维导图。电话会议结束了，我要去忙别的事，就把这张图打印出来，放进工作篮。过后我区分出必要的行动，记录我想保存的资料，把打印的图归入项目档案。这是同时追踪几项事务的好办法。

再举个例子，如果你在电脑上列出好几份跟人谈话和开会的议事清单，并把它们打印出来，你可以在每次谈话、每次开会时在对应的打印文件上做笔记。会谈或开会回来，你把笔记放进工作篮。这样，你再处理它们的时候，问题的开始部分已经得到了妥善处理。

捕捉思绪的几个好办法

如果你接受把心事外化，以有形的方式记录下来是值得一试的想法，那么，确保用正确的步骤和程序，充分实现这种做法的好处，就具有建设性。我们好像不是天生喜欢写字记录东西，而是习惯了把心事留在脑子里，所以需要借助外力的帮助才能改变这种行为模式。我们很容易被自己的大脑欺骗。我们想到一件事的时候，它是那么清晰明朗，我们就以为自己永远也不会忘记它，以后任何时候再想起来都是一清二楚的。当然，两分钟以后，我们就忘了刚才想过的事！如果你把它忘得一干二净，当然不好；但它现在很可能被保存到心理存储器中，已经开始损害你全神贯注的能力了。

我再说一遍，你要调动“心智”；你要知道，你自己比你的大脑聪明得多，所以你要主导大脑接收和产生的思想。认识到大脑的局限，充分利用其他的设备，恰恰体现了你自身的成熟。

工具

显然，如果你不打算在任务一出现时就马上完成它，也不打算把它留在脑子里，就得用高效的工具来捕捉它，把它妥善归置，以备空闲时再处理，把它加以明确并考虑各种结果。

用于收集的工具也许不同于组织整理的工具。然而事务提示清单，比如要给谁打个电话、要为谁跑腿，最好纳入可以方便查阅的清单；因为你要在忙忙碌碌中把想到的事记下来，不希望被结构困住手脚。任何东西都可以用来记录新情况，只要它方便好用，只要它能让你不会忘记。你可以把事情写下来，把提示信息投入工作篮；你可以对着录音机讲话，给自己的语音留言机打电话；你甚至可以给自己发一封电子邮件。今天，这类自我提示的系统和科技手段非常多。比如，你可以拨通一个号码，对着它讲话，几分钟后，它就会把你讲的内容的文字版用电子邮件给你发回来。

纸和笔的力量

高科技手段尽管时髦，大多数时候却比不上纸和笔。当然，如果你在开车，必须注意行车安全，把你说的话用电话或者语音设备录下来，也许比写下来更安全、更容易。不过，如果你想让脑子里没有一点杂念，记事本、即时贴、活页本、日志等，就连信封的背面也可以派上用场。人的想法会在各种匪夷所思的时间和场合冒出来，当它们出现时，手头有方便的工具可供记录当然最好。

随时记下想到的事，不是年迈的迹象，恰恰是一个人成熟的标志。随着年龄的增长，思维的跨越性也越强，在并无关联的地方想到妙点子的概率就越大。你也许在店里买面包时，想起了要在员工会议上提到的问题；你也可能在开会的时候，想起来要买面包。你想提醒自己别忘了买面包，就得在开会时把这件事记下来。你想提醒自己别忘了在员工会议上提到你刚刚想起来的问题，就得在面包店里把它记下来。

同样，你在职场上资格越老，在工作岗位以外的地方想到关于工作的好创意越多。在马不停蹄的日常事务中，你不大可能像在海滩上度假、在高尔夫球场上打球时那样思路开阔，得以进行别出心裁的创意思考。

所以，记录新想法的工具越是便捷，用得越多，你想到的点子和主意就越多，它们就越容易创造价值，不管你碰巧在什么时间和地点想到它。我本人有两个用处极大的工具。一个是钱包，里面装着纸和笔，我把它跟驾照和信用卡一道随身携带。另一个是我的笔记本电脑。我用纸和笔来收集可能有意义、有价值的想法，用笔记本电脑来充当大脑的延伸，处理我记下来的东西。我设定了自己的个人系统，并且养成习惯，让零散的想法有所安置。所以，我外出时想清空大脑，往往只要带着钱包就行。如果我发现要用到其他系统的一些资料，或者我要做一件其他系统安排的事，那个系统不在我身边，那么，我只需写一张便条提醒自己，回去再做就行了。

在电话旁、在你可能想起做什么事的地方准备好纸和笔是个好主意，比如在工作场所、船上、车里（等待通行而不是开车的时候！）。每逢我发现自己要在某个地方停留15分钟以上，手边又有可供写字的地方，我就会掏出纸和笔。我发现，如果我懒得记东西，原因往往很简单：手边没有记录的工具，不方便写字。最好让记录简单易行，并且毫无不方便的感觉。

白板

还有一个很好用的工具是白板。说句实话，只要有一块白板（旁边有能写字的白板笔！），我就能想到很多好点子。如果没有可供记录的工具，就很难想到好点子。

显然，白板很适合放在会议室，记录大家集思广益、制订计划的结果。把它放在你的办公室、家里或者工作场所，把你想到的主意告诉自己和别人，效果也不错。许多人家里的厨房放有一块小白板，也能起到类似的作用。

手边常备一台数码相机也不错。这样，情况汇总和组织会议结束以后，就可以把白板上的内容拍摄下来，用电子邮件发给大家存档，必要时可追踪后续活动。

现在，有许多电脑和网络版的白板，在共享的平台上为网友或虚拟的团队发挥类似的作用。思维导图软件也是我很喜欢的工具。我喜欢坐在电脑前想问题，有这样一个捕捉思绪的工具，使用起来不拘于形式，让我的效率得到极大的提高。它给了我一个高雅的理由：有了想法以后，要用高科技手段把它们抓住。

成功地捕捉思绪的因素

你不仅要用合适的工具来清空大脑，还要保证捕捉思绪的过程不会因为不恰当的束缚而遭到破坏。你还应该意识到，有效地捕捉思绪，很可能会在未来创造价值。

捕捉思绪时，你要牢记以下几条规则和一些好的做法：

没有不好的点子

人们不肯表达自己，往往担心自己提出的点子是“错误的”、愚蠢的或者不恰当的，害怕遭到别人的点评或惩罚。如果你的企业盛行这种对错判断的做法，把员工根据智力和阅历划分成三六九等，员工就什么点子都不会提。在个人层面，如果你不肯细想那些没完成、没处理的事，因为你心里认为它们是不对的，那么，你就始终不能摆脱它们对你的束缚。你必须承认自己对局面失去了掌控，才能积极采取措施获得掌控。

深度捕捉

你想到的事往往大有深意。如果你愿意跨入未知的领域（对大多数人而言），搜寻你脑子里的所有问题并对它们刨根问底，把它们写在你（可能还有别人）能看到的地方，你会惊奇地发现，这个过程引发了源源不断的新鲜启示。你把谈话推向了一个更深的层次，你看到了以前看不到的细节，产生了更多新奇的创意。

意识流

接着前面的要点，思绪如果真能肆意纵横，就可以在无止境的范围内创造无限的价值。我敢说，你把最终负责任务的执行和结果的一个人、几个人带到会场上，让他们开诚布公、各抒己见，到会议结束时，他们一定能想出考虑周全、计划完善、组织妥当的方案。如果预先准备好了集思广益的平台，此前从未想到的重要问题也会浮出水面。

不轻易许下承诺

有了想法不等于要对目标和计划做出决定，认识到这一点是实现和保持总体掌控的关键要素。就个人来说，你搜肠刮肚，想出几个不成形的怪念头，你必须相信自己，不让糟糕的念头产生负面影响。你必须确信，你是在一种无拘无束的情境下表达、探索各种想法，你没有义务执行和维护你想出来的点子。你的公司和你自己多加一句口头禅："嗯，从另一个角度来看，这个问题……"你要确信，你考虑到了所有的可能性。

让捕捉思绪变得习以为常

把想到的问题写下来，需要自觉的意识和不断努力，所以要养成习惯，长期坚持。在有些人看来，这是业务不熟练的表现。不少管理者认为自己资历很高，可以不再做记笔记之类的低级事务，因而他们很容易陷入“我用不着把它记下”的心态。是的，你不必把所有的事情都写下来，许多时候只要倾听内心的召唤，在脑子里搜索它们就行了。不过，认识到某个要点将来可能有用，养成随手把它记在便条上，过后再仔细思考、加以处理的习惯，是高效工作的艺术。

琢磨材料的外延

记住，你的大脑是用来产生想法，而不是保存想法的。一旦把大脑从它的纷繁思绪的喧嚣中解放出来，你会发觉，它能以全新的方式专注于你的工作和生活。你该想的是材料的外延，而不是材料本身。

有趣的矛盾之处在于，人们好像想把事情装在大脑里，以此来掌控它们，却不明白这么做只会适得其反。你觉得有什么事不对劲的时候，不要一味对其冥思苦想，你可以把它外化，不拘于形式，把你能想到的全部细节都写出来。我再说一遍，记住，大脑的强项不是同时思考几件事。把信息全装在大脑里，只会让你无所适从。

这条原则下有个极富戏剧性的例子。有位家长写信给我，讲他和年幼的儿子的故事。他想让儿子养成收拾房间的习惯，却收效甚微。直到有一天，他想到可以试一试他在我的GTD培训课上学到的方法。他和儿子找来一只大盒子，把它摆在屋子中央，然后两个人开始做游戏，在房间里跑来跑去，把没放好的东西找到，丢进盒子里。他的儿子捡起一个玩具或者一件衣服，乐颠颠地把它放进盒子里去了！“收拾房间”的指令暗含着各种事项，让年幼的儿子一头雾水，无从入手。这个任务被分解成一次做一件事以后，自动触发了儿子的积极性，此前模糊的压力源被消除，儿子也就不再拖延磨蹭。这个方法不管是领导一支行政管理团队，还是教育3岁的孩子，效果都很好。

获得掌控的关键步骤是认可、接受、客观地指出引起自己或他人关切的事物，认识到这一点并形成一套有效的行为模式，你就掌握了减缓压力，加强理性的、创造性的思考的一把钥匙。

多年来我培训过的许多人都做到了这一步，发现它的效果立竿见影。他们开始把以前不习惯记录的各种心事写下来。遗憾的是，许多人就此止步，不再继续前进了。于是他们的世界充斥着尚待处理的清单、即时贴、笔记本，五花八门的纸片和电脑文档。原始材料收集好以后，就必须进入下一步——明确意义，才能继续增强掌控感。

gtd

第 5 章　获得掌控：明确意义

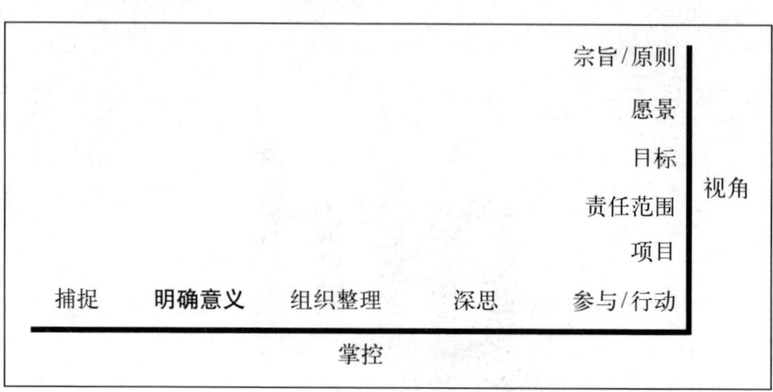

你首先需要为你的第一个目标明确意义。活着却不清楚自己想要什么，是在虚度光阴。多数人在“我不知道该做什么”的泥潭里打滚的时间太久，他们坐等外力给自己指明方向，却不明白明确的方向要靠自己寻找。整个宇宙都在等候你，而不是你在等候整个宇宙；如果你拿不定主意，它就会一直等下去。坐等心想事成，就好比雕塑家盯着一块大理石，等着多余的石块自动脱落、雕像自然显现似的。不要等待生活的意义会自动出现，做出决定，拿起雕刻刀，马上行动起来吧！

——史蒂夫·帕夫利纳（Steve Pavlina）

在生活和工作中成为佼佼者的第二步，即明确意义，它与“知识工作运动”紧密关联。这个词源自一名澳大利亚咨询师。他读了《搞定Ⅰ》之后，认为我在书里描述了一套具体的思考步骤，其主要目的是搞清楚我们的工作究竟是什么。在明确意义阶段，你可以把注意力集中在引起你关注的事，不必再无谓地消耗精力。之所以说GTD根本上是对思维而不是时间的管理，原因就在这里。少了这个至关重要的思考和决策步骤，就根本不可能对此刻你该干什么做出自信的选择。在GTD工作流程的早期模型中，我把这一步叫作“处理”（processing），不过广义地讲，“明确意义”更能准确地表达它的原则。

我们都免不了要经过这一步，即在一件事尚不明朗的时候认真考虑该怎么处理它。这里，我的目的也是把直觉上升到意识层面。直觉行动的效果总不如有意为之。自觉地运用高效的思考方法来集中精力，实现愿望，可以创造更大的价值。这种行为模式也是可以培养、形成习惯，并最终达到驾轻就熟的境界的。

尽管不少人养成了捕捉纷乱的心事使之外化的好习惯，却好像不肯把收集到的问题加以处理，并做出决策。他们迟迟不做出决策，是不愿思考各项事务的意义。我这里不是指“终极意义”（Ultimate Meaning），这个深奥的哲学概念超出了本书讨论的范畴。我们这里说的“意义”，是指相对我们所做的每件事而言的意义。它是你关心的问题吗？如果是，你对它到底有多关心？

一家业绩优良的投资咨询公司的董事会主席养成了新的习惯，在召开高层管理会议时，把想到的点子记在即时贴上。这个办法让他很兴奋。问题是，现在，上千张黄色便条在他的书桌上、抽屉里和笔记本里贴得到处都是。他还没有养成另一个重要的习惯，即把这些信息统统放进一个篮子里，事后再把它们取出来，提醒自己及时追踪查看，一次处理一件事，以便对每张便条做出妥善的处理。他在拒绝思考它们的意义。

组织者是理疗师？

近年来，“自我组织学”可谓方兴未艾。美国某全国性媒体的一篇文章把焦点放在“组织者成了理疗师”的现象上。文章引用了几则轶事，反映人们在被问及怎么处理纠结的琐事杂务时，表现出自己的脆弱性，倾吐生活中的根本问题带来的苦恼。商店的售货员迎合这种对组织学的热捧，关切地询问顾客有什么东西需要条理化，让顾客感动得直流泪。

对这种现象可以做出合乎逻辑的解释。一般来说，当人们不肯正视一件事的意义时，它就一直是模糊混乱的。要想真正清楚一件事该怎么处理，就得先想清楚自己与它的关系、对它的承诺、它与自己的世界怎样交融。你准备怎么处理那几张发黄的全家福老照片？要回答这个问题，你就必然会想起（或一再想到）照片上那些曾在你的生活中扮演过角色的人们，以及想到他们时的感受。类似问题对大多数人而言都很好回答，但这个思考过程却能让许多潜藏在内心的疑问浮出水面。

你也许迟迟不肯答复一封电子邮件的邀请，拿不定主意自己该不该去；难以下定决心的还有，是不是现在就着手处理父亲的健康和老年看护问题。一个项目团队也许在逃避听从别人的建议收集财务资料，队员则可能逃避考虑是否应该与部门主管就项目的期限重新谈判。

“材料”的质和量

我在以前的著作中提到了“材料”。它们降临到你的生活中，成了你的心事，你迟早得处理它们，但你还没有想好怎么处理。它们是压迫我们的意识的杂事，一定程度上说明它们还不够明朗。

捕捉思绪时大脑清扫的结果或收集到的原始资料大多属于这种性质，就像堆在书桌上或塞满抽屉的那些东西。你在注明引起自己注意的事情时，也许只在单子上写下了“母亲”两个字。可是你要想彻底放下这件心事，显然得想清楚自己写下这两个字究竟意味着什么。你把“母亲”两个字写出来，很好；但是，我们把问题搜罗到一处的主要理由是，这样它们就变得更直观，催促你去处理它们，挨个解决它们。

你在家或者上班时收到一封信。你撕开信封，把信读完了。这封信你还留着吗？如果是，为什么不把它丢掉？你不是已经读过它了吗？

“戴维，那可是一封信！”

“我知道。但是你打算用它做什么呢？”

“做什么？……信写得很好。”

“你打算用这封写得很好的信做什么呢？写封回信？把信封上的地址记在你的地址簿上？把信的内容告诉你的妻子？把它保存起来，归入‘怀旧-信-杂项’一栏？还是把它放进重要文件档案，每隔5天重看一遍，重温喜悦和温暖的感觉？”

这封信就是“材料”的典范。它占据了你的大脑一角。每次你看见它，它好像都在那里恳求你：“想一想，把我处理一下，把我明确一下！”你受不了这种持续的恳求，渐渐的，就对它麻木了。它不再“烦”你，你也不再理睬它。

记事本里的零散记录也是类似的性质，还有贴在公告栏里的便条。大部分“待办事务”清单上的内容仍然处于这种模糊不清的临时搁置状态。公司高管了解情况却不知如何应对时，也属于这种状态。

“材料”的形式可以表现为攒起来的一大沓商业名片、零碎的规划和日程表、办公桌上用坏了的文具、咖啡桌上压在最底下的报纸杂志等。它可以像前任的办公抽屉里的东西那样一目了然，也可以像员工想起老板在上次开会时对自己的报告大发雷霆时的心情那样复杂。

基本上，“材料”就是你收集在生活和工作的超大号工作篮里的一切。多数人只捕捉到其中的一小部分，把它们列入了日常事务清单。还有一大部分就漂浮在家、办公室和脑海里，没有着落，等待我们去明确它的意义。我前面提到过，我们在人生更高层面较为隐秘的向往很容易退居幕后，但它却不断噬咬着我们的心。没有转化成项目和具体行动的问题、没有上升到意识层面的梦想和抱负、生活和工作中浑然不觉的环境变化，这些都是难以把握的“材料”。

假如你彻底领会了前一章“捕捉”心事的内容，把引起你关注的所有事务一一列出，并且把后续追踪的提示信息放在眼前，就是不小的进步。

处理“材料”

如果你避开这个明确意义的步骤，对“材料”不做处理，它就会不断地纠缠你，消耗你的精力。从这个意义上讲，“处理”到底是什么意思呢？

你要想清楚它对你究竟有什么意义，然后把它归入具有同等意义的其他事务当中（这个问题将在接下来的章节探讨，即获得掌控的第 3 步：组织整理）。在第一步捕捉阶段，最好避免分析和遴选，这样才能无拘无束，广收并蓄。但是在第二步，你要开展自我评议，想清楚各项内容跟自己的关系是大是小。你脑子里冒出某个念头是有原因的，虽然此刻你也许不明白它的出现究竟有什么目的，也不知道该怎么办。

愿景VS执行动态

获得掌控的前两步——捕捉和明确意义——之间有很大区别。把两者混为一谈，会严重降低工作效率。我在自我管理的矩阵里描述了四个两两对立的象限，即微观管理者（执行者）和空想家（梦想家）象限。这儿也一样，只不过两两对立的是你自己：你的一半负责产生想法，另一半负责对这些想法进行取舍。它们是截然不同的两种行为，属于截然不同的两个视角，采用的也是两套截然不同的工具。

你身上“梦想家”的一面在无拘无束的状态下产出最多。它喜欢天马行空，思绪任意驰骋，随时随地产生灵感。你处在这种模式下，可以一边读着杂志，一边想到至少12件要做的事：开家餐馆试试、买几样新上市的很酷的旅行用品、提出6个改进员工会议的点子。这个工作篮执行捕捉的功能，是你自由思考时的理想工具。你可以把创意写在笔记本上，随时撕下一篇可能有用的文章。不要给自己设限，前面也许能发现一座金矿呢！只要手头有了可靠的捕捉工具或工作篮，工作就会效率更高，想出更多主意，就可以探索并在更加广阔的天地施展身手。别担心，具体细节自有“其他人”来处理！

这个接手后续工作的“其他人”与“梦想家”个性迥异，其实就是执行模式下的你。这个“你”接管刚刚想到并收集起来的新点子，做出具体的决策：这是什么？值得一做吗？它跟我要做的其他事情有冲突吗？这就是明确意义，即依据各种制约条件和标准对原材料做出评估。

如果你逼着梦想家去权衡利弊，决定取舍，或者强求执行者去畅想未来，就会遭到挫败。梦想家和执行者在违背个性的情况下都会表现平庸。这也是传统的时间管理和组织整理法在实践过程中效果差强人意的一个主要原因：它们执意把截然相反的方法强行塞进一条包罗万象的指令——条理化！要真正获得掌控，必须做到既不阻塞创意思维，又能用可靠的方法重新找到和处理此前才思泉涌的产物。大多数人想在列清单的同时，完成清单上的事项，这是任何人都做不到的。其结果必然是要么想法存在诸多遗漏，要么事务处理不当。集中全部的心思，一次列一份清单，效果肯定比把所有事情都装在大脑里好。可是，把捕捉和明确意义这两项任务同时交给大脑，它是应付不了的。

在团队和集体环境下，捕捉和明确意义的区别更为显著，通常方法也更为巧妙，因为开动脑筋、集思广益已经成了计划和决策会议的普遍做法。头脑风暴要想效果好，一条关键原则是去除限制，提出的想法“越多越好”。气氛热烈的集体讨论可能会由于过早地分析和点评大家提出的点子有无意义、孰优孰劣，而使创意遭到扼杀。凡与问题相关的想法都应该允许表达，摆在大家面前，然后再把重点转移到遴选，看哪些主意更重要、更实用。如果你想在捕捉的同时兼作遴选，就会破坏群策群力的效果。

清空工作篮的关键

明确意义是掌控的第二步，它的主要内容是清空工作篮，包括语音信箱、电子邮件、便条以及你捕捉和收集到的其他材料。如果你想达到所谓“出神入化的境界”，也就是让工作篮时刻处在清零状态，就必须精通明确意义这个步骤。

我把这一步也叫作“处理”，因为它关系到极其重要的归类和筛选，这是你每天必须对成千上万条新信息、新情况采取的行动。不过，作为一条普遍适用的原则，它也蕴涵着远比清空工作篮更深刻的意义。

我们接受现状、收集了关于现状的信息（捕捉）以后，就创建了自己跟它的关系。这对我、对我们意味着什么？我们能够接受（也必须接受）自己对现实世界的真实感受，才能够自由地超脱于它；但是，要承认和接受我们的体验和感受，首先必须明确我们跟它的关系。

要想把工作当游戏、把生活当事业，我们必须用这个思考过程来处理所捕捉和收集到的信息，归置散漫的念头和想法，调整我们看待问题、项目或局面的视角。有的信息和想法实用性相对较强，有的还需斟酌，还有的根本没用。

我们不自觉地注意到周围发生的事，因为我们下意识地认为它们是有意义的。并非所有信息都能引起我们的注意。送到对面街上某户人家的信件就对我们毫无意义，除非信是我们自己的。这种初步过滤使我们能够处理日常生活的现实面。但是，可能有意义的事物出现在身边时，我们很少能第一眼就把它看透，马上对它做出最后论断。我们必须积极投入精力，努力把它搞清楚。为了减缓从四面八方汹涌而来的面目模糊的“材料”造成的压力，还要应用 3 个关键步骤，分别是明确意义、组织整理和回顾。

问题是，多数人还没搞清楚要组织整理什么，就进到“组织整理”这一步了。他们就像陷入了泥潭，寸步难行，只是在不断地把尚未澄清、虎头蛇尾的事务重新排列组合一番而已。

不过，一旦你终于下决心明确一些事务对你而言的意义，组织整理工作就变得相当简单。你就可以给系统建立结构，使之适合内容的性质。

“戴维，我该怎么处理这张纸片？”

“上面写了些什么？你觉得该怎么处理？”

也许第二个问题听上去很耳熟，不外乎常识罢了，你却惊讶地发现，类似这样尚未明确的事情在书房、家里甚至大型跨国企业随处可见，甚至在世界上最精明强干的一些人的脑子里也存在。

如果你想跳过这个思考步骤，就永远看不到隧道尽头的光明；你不断地用尝试新花样来做补偿，它们却并不能满足你的需求。只要你把这个明确意义的步骤真正融会贯通在生活和工作中，你就会发现，各种效果显著的工具你都可以娴熟地运用。而如果你没有运用明确意义这个步骤，就好像什么工具都不管用。

要回答的关键问题

这里探讨了明确意义对获得掌控感的重要性以及人们对它的抵制，因此读者也许会产生一种印象：我谈论的这个公式和模型非常复杂。其实不然。要想把你的心事从大脑转移出来，只需回答几个非常直接而极其重要的问题。你知道这个过程该怎么做。其实你一直在这么做，只不过你要及早把它上升到意识层面，并长期坚持。

简单地说，你要想一想，你对某件事是否可以采取行动，再想一想你决心推动的事件要取得什么结果，要采取什么必要举措；对没法采取行动的事，要分辨哪些是垃圾，哪些供事后回顾，哪些留作参考。

这个步骤的战术举措可以用来管理你的日常工作和工作篮，《搞定 I 》(最新版)中的“工作流程图”部分对它做了详细阐述，现在它已经在全世界的GTD圈子里广为流传。不过，该思路跟我在《搞定 I 》(最新版)中提出的所有原则一样，其作用原理比它表面看来更为深奥。

在深入探讨明确意义步骤的内容之前，我想先提醒一下读者，请你看一看你在大脑清扫清单上列出来的事项，或者查点一下此刻浮现在你脑海里的任务，有意识地注意一下你会怎么回答它们。

可以采取行动吗?

凡是闯入你的世界的事物，首先我们要进行分辨：你要采取行动、你能采取行动吗?

不外乎两种可能的回答：是或否。“也许”其实等于“不，也许过些日子再说”，因为要明确意义的是此时此刻。

人们常常不肯这样来划分，结果许多事务积攒起来，变成团团乱麻。人们把可行动与不可行动的事务胡乱丢在一边，结果看到的是一堆杂务，渐渐对它熟视无睹。你可以环顾四周，（有意识地）留意一下你一直不想细看的地方；那儿也许正是可行动与不可行动的事务的并列杂陈。你把注意力集中在这堆东西上，它们会自动根据各自的意义进行归类；如果每样东西的意义都不一样，毫无共通点，你看着就会头疼。很快你就不再理会它们，只是偶尔想起来有点儿心烦。问题是，我们对这堆东西变得漠然倒也罢了，但现实是它会影响到我们的精力和心智的澄明。

要求答复并采取行动的电子邮件和留作参考或准备删除的邮件放在一处；要读的杂志和该丢掉的杂志摞在一起；白板上的记录常常是投资高昂的项目和无关紧要的题外话的掺杂；公告栏的内容尤为混乱，很容易变成电话号码、提示便条、日程安排、灵感和漫画的大杂烩。一群人共同为项目管理出主意时，特别是在以网络和软件为合作平台的情况下，很容易陷入这种杂乱无章的状态。明确意义不足主要表现为两方面：（1）未整理的信息堆积如山；（2）两人以上的群体在会议结束时，没有根据会上的提议明确具体的行动，并将责任分配到人。

在获得掌控、摆正视角的路线图上，我看到，人们的生活和工作乃至企业的整体精神风貌在这一点上发生了显著变化。当一个人敏感地察觉到，他堆在书桌上或者留在脑子里一直准备做却迟迟不见动静的事给自己造成了压力；当公司建立了一种模式，在会议和谈话结束时，明确地决定哪些事务由谁负责推动——这些都标志着迈入了新世界的开端。迟疑不决是魔鬼，也许它还盘踞在某个角落，潜伏在你本该锋芒最利、效率最高的地方，它连最聪明的人也不放过。养成当断则断的习惯（问自己：这件事我可以采取行动吗？）可以让一个人、一种企业文化发生质变，进入舰长和指挥官模式。

如果你在捕捉心事时很诚实，把“公司的股价”、“侄子吸毒”、“父亲的健康状况”、“房地产市场衰退”、“老板的人品”以及其他重要却只是模糊地引起你关切的事项逐一列出；如果你愿意提出并回答一个基本问题，即眼前的状况下我能做什么，那么，你就掌握了轻松驾驭工作和生活的一把钥匙。积极心态不是取决于外界环境，而是取决于你怎么看待外界环境，这又是个例证。不管你相信与否：你对一件事的看法，决定了你的做法。

GTD的基本思考步骤

一旦你想好了哪几件事可以采取行动，就必须启动关键的思考步骤，这才是高效工作和生活的真正奥秘。它从根本上澄清了引起人们关注的绝大多数事务的本质，把一切疑问化解成两个问题：

> 我希望的结果是什么？我决心实现或完成它吗？
>
> 下一步该怎么做？为了向这个目标迈进，接下来我要做哪些事？

多年前我就提出了这两个问题，认为它们是需要掌控的“工作”的关键因素。它们也一直是GTD模型思考步骤的核心。“做好”是什么样？“做”要怎么做，在哪里做？我们碰到一件事，知道自己必须处理它的时候，几乎很难同时回答前面这两个问题。所以我们必须主动思考，理清头绪。

这是把模棱两可的“材料”变成可管理的具体任务的分水岭。你写下“母亲”两个字，“母亲”不是个问题，你没有具体的事可做；“为母亲举办 60 岁生日宴会”，就成了确定的目标，可以给你指明方向。“起草出席母亲生日宴会的宾客名单”就更加具体，你知道自己可以用电脑很快地轻松完成。从“母亲”到清晰的自我指令，相隔并不遥远，你用实际行动一步步接近了令人鼓舞的目标。但是，在心理上这两者可能相隔十万八千里，如果你还没有想清楚自己的目的地在哪儿，怎么做才能抵达那里的话。

结果导向型思维的战术价值

积极高效的活跃状态有个关键要素，即你要对自己渴望的目标、怀抱的梦想矢志不渝。不少书籍连篇累牍地提出了数不清的方法，告诉读者结果导向型思维的威力和效用。长期和短期目标、质量、使命、目的、方向、意图，这些概念全都围绕一个核心理念，即你要知道自己想去哪里，然后才能奋力抵达那里。这是不言自明的真理，这里不再赘述；但它在战术层面的应用并不那么一目了然。我指的是用它来抓住重点，理清日常生活中令你焦头烂额的诸多事务。

我在前面解释过，引起我们关注的事务大多仍然呈现为“材料”的形式：你知道自己应该做点什么，但它却面目模糊、尚未成形。你要训练自己不等“万事俱备”，也能明确自己真正想要什么、想实现什么。这种习惯可以产生深远影响，让你能够轻松应对各种事务。

比如，在你想办法解决一名员工的问题之前，可以先想一想这件事跟自己的利害关系。比如，你在项目清单上写下“处理卡罗琳 · 琼斯的情况”。人们常常不肯明白地点破问题，一直把问题拖到不得不认真考虑把她辞退的时候。事实上，你现在希望的是让问题得到妥善的解决。如果你还没想好怎么解决，就会再三拖延，这是常有的事。但是，如果你训练自己养成习惯，点明你希望的结果，比如“解决某某问题”，以这个结果为导向，刺激大脑思考下一步行动，也许就不会像往常那样直到万不得已才采取行动，而是可以抢先一步，从容解决问题。

如果你能有意识地把精力集中在解决办法上，那么，你不必把方方面面考虑周全，思路就很容易转向具体细节：“对了，我想起来了，我应该先跟斯蒂芬交流一下，就是和卡罗琳一个部门的同事，看他对眼下的情况怎么看。我要让约翰给我们约个面谈的时间。”想好这几步以后，事情就好办多了。

这些年来，我跟数以万计的老练的人打过交道。让我惊讶的是，大多数人怎么也学不会这种结果导向型思维的实际操作。夏天快到了，你有很多事要考虑。还没想好孩子们的暑期活动怎么安排，是吗？你在想起这件事的那一刻，有没有把“为孩子们安排暑期活动”写在项目清单上？

你一直想参与几项活动，想先了解一下它们的具体情况，那么，你把它们作为“待考察项目”逐项列出，并认真落实了吗？不少人喜欢在做足研究后再做决定，在这之前，他们甚至不承认自己在做这件事。实际上，这件事从你决心把它搞清楚的那一刻就已经存在了。一般来说，我自己通常实施的项目中，10％以上都是从“考察和了解”开始的。我的打算可以是买一部新手机，建立可能的战略合作伙伴关系，或者跟妻子一起休假，虽然我们还没有想好什么时候去，去哪儿，准备待多久（“考虑与凯瑟琳休假”）。

人们倾向于抵制的另一种结果导向型思维，是我所称的“流程”项目，即用一套步骤、一个系统来处理和预防负面事件的发生。这在我们的客户中间很常见。在做大脑扫描时，他们会写下比如“付账单”、“锻炼身体”、“多陪乔安娜”和“销售战略”等事项。操心这些事无可厚非。现在，可以把它们划入“关注层面”。我指的是 2 万英尺的层面。这个层面的事务让你的生活和工作保持一定的水准，维持大致平衡。“账单”可以保持平稳的财务状况，“锻炼”关心的是健康和活力，“多陪乔安娜”是家庭关系问题，“销售战略”则可能只是提醒自己，别忘了还肩负着增加销售量的任务。

但是，通常情况下，我们不必多问也能发现，人们列出上述事项，除了提醒自己，真正的目的是在这些方面达到更明确的效果。举例说明，“付账单”被明确为“制定电子付账系统”或“制订私人理财计划”。“锻炼”变成了“坚持每天锻炼身体”。“多陪乔安娜”原来是“抽出宝贵的时间陪伴孩子成长”。“销售战略”其实是指“确保销售计划切实可行”。这中间的区别看似细微，实则很大。

把“付账单”写下来很好，但它的真实含义尚未彻底揭晓。把真正的任务逐一准确地表达出来，往往能提供完全不同的视角，指出把事情做得更好的着眼点。

在目标不明确的情况下参加比赛，谁都不会竭尽全力。这个目标可以是长期的，也可以是短期的。只要你知道自己和它的差距（你在这里，它在那里），你就划定了比赛场地，清楚地知道了自己该花费多少心血、动用多少资源。如果目的地不明确，你就不知道该把船开往哪个方向。

我们常用各种光明的前景来勉励自己，明确努力方向，坚持到底。后文将详尽探讨不同层面视角的预期结果。不过，在某个层面运筹帷幄，不等于在另一个层面也长袖善舞。我培训过不少资深职业人士，他们很擅长确立长远目标，却对我上面列举的几个项目层面的结果一筹莫展。我们也许自以为很老练了，可是在生活和工作中，总有那么一个或几个领域始终捉摸不定，让我们焦虑，让我们精力分散。学会捕捉并一视同仁地看待这些小小的烦扰，运用结果导向型思维，以可否采取行动为界，分步骤执行，是GTD发挥作用的根本所在。

寻找下一步行动与现实的差距

明确意义、保持掌控的另一个同等重要的要素，是明确现状与可以切实采取的行动之间的关系。获得掌控的最后一步是行动，我会在第 8 章“参与”部分进行详述。这里提到它，因为我们要讨论怎么消除头脑混乱的问题，避免在引起关注的诸多事项面前不知所措。“现在我想要取得什么结果？”这个问题的另一面（至少同等重要）是：“下一步行动是什么？”前一个问题比较容易回答，定好目标即可。参与者至少可以逃避承担短期目标的责任，因为它没有明确该目标具体由谁负责，也没有把它纳入现有资源和其他目标的整体规划。而指明下一步行动，就意味着从现状做起，要求切实投入时间和精力，分配资源，把此前没有看到、没有说出来的想法、问题、日程表和担心摆到桌面上。

人们很容易认为自己对某个项目了如指掌，但事实并非如此。你问他接下来具体要做什么，他答不上来，甚至还没想好。我参加过许多项目管理会议，看到人们本想敲定雄心勃勃、看似具体的决定、目标和计划，却发现重要问题尚不明朗；所以散会时，很难就接下来要切实采取的行动达成共识。

如果存在一个标准来检验掌控和视角得当与否、意义明确与否（不限人数），它应该是：与会人员是否就接下来要采取的行动达成了共识，是否一致同意会议做出的行动由谁负责的决定。如果达成了共识，就不必进一步捕捉、明确、组织整理或回顾了，就不必继续讨论或认真分析最佳结果。一切已经准备就绪了。这并不意味着由此产生的结果必然是对的，只是说在这种情况下，你已经最大限度地做到了积极参与。参与者处于全力以赴的最佳状态，准备在前进途中边做边学，并即时调整方向。

条条大路通罗马，但成功最终还要靠行动。行动是获得掌控的 5 个步骤的最后一步，是摆正视角的 6 个层面的最后一个层面。如果你把各个层面引起关切的事一一掌控，要求自己分别思考接下来怎么采取行动，以实现最终目的，就会惊讶地发现，你已经达到心思澄明、了无障碍的境界。

如果不需要采取行动……

除了你要采取行动着手解决的那些问题，你身边还会发生很多其他的不必进一步采取行动或投入的事情，但是，你必须想清楚它们属于下面 3 种情况中的哪一种：

没有意义的东西

有一类东西可以单独归为一类，即没有意义的东西：你不再需要、当初本来也不需要的东西，比如要删除的垃圾信件、你不感兴趣或者与你无关的电子邮件、语音留言机里奇奇怪怪的推销信息。这类东西包括那些不该占据你的空间乃至不应该存在的东西。它就好比你的电脑里的回收站、办公室垃圾桶里或者你送到本地慈善捐助点的东西。

垃圾，一旦你想清楚它是垃圾，往往就不再是问题，除非你的垃圾清运工在罢工、厨房的排污系统坏了，或者你懒得把花园里枯萎的月季摘掉。最大的问题是想清楚它是不是垃圾。前面的章节已解释过，如果你不确定一件事是该推进、保持现状抑或干脆抛开，你就会一直想着它，寝食难安。

我估计，我们培训过的客户中，95％的人所忙碌的事情中至少包含 10%的垃圾。他们当中有 50%的人至少可以清除掉 25％的垃圾。这个标准不是我定的，而是他们自己定的。他们一直不肯好好想想，其中哪些事对自己有意义，并应使之有所归属。除非你能经常自觉地清理“材料”，否则，它很容易膨胀乃至自我繁殖。相应的，心事的纠结也跟没有及时清理的日益增多的垃圾成正比。

这类东西看似平淡，却经常触及隐秘而敏感的问题。你的衣橱里有个盒子，里面装满了前妻的衣物，为了不被这只盒子控制，你必须想清楚它对你有没有意义，你是否有理由继续留着它。你对这个问题的回答无关对错，只要有个回答即可。如果你不肯细想，它就控制了你，而不是你占有它。在刨根问底和保持现状二者选其一时，多数人选择后者。在明确某样东西的真正意义时，常会引出一些我们不愿面对的隐秘情感。

我们的培训师训练有素，尽量避免对客户是否应该留着某些东西发表评论。如果客户愿意留，他们就留着。把仍具有意义的东西丢掉也会分散精力。在这种情况下，要找个地方把它保存起来，并且随时可以方便地找到。

根据我多年帮助客户理清杂务的经验，我得说，那些学会对各种悄悄潜入自己生活和工作的垃圾说“不”的人，更容易在生活的重大选择面前做出明智的决策。认识到和承认这类东西是要丢掉的垃圾，是重要的一步，哪怕只是养成这种习惯，即有意识地弄清一切事物的意义，也很不错。

需要暂缓处理的事情

当然也可以暂时不做出决定。你身边相当一部分事务就属于这一类，如果你还没想好自己是否采取行动，短时间内保持这种状态也无妨。

可能的行动或项目是应该被推进（可能的话，马上行动）、日后启动抑或根本不用采取行动的事情，这是一条没有被充分利用的有趣而细微的划分标准。它区分了我称之为“将来/也许”之类清单的事务。你也许想学交谊舞，但不是现在。你也许想聘请一位全职的网管，但现在还不行。你也许想学习编写和应用Excel的新程序，可是……现在还抽不出时间。

我个人的“将来/也许”清单比我常用的项目清单长得多。我觉得其中很多念头似乎有些“痴心妄想”，比如划着独木舟在密西西比河上漂流；也有些比较“切合实际”，比如把照片扫描、保存为数码文件，重写公司的部分网站介绍等。这类事务不附加具体的下一步行动，这是它们的决定性特征。实施项目都附带具体的下一步行动，如果我有时间和机会，一定会去做。而“将来/也许”清单上的事务目前都没有继续向前推进的承诺。

有些事暂缓处理也不要紧。我认识的一位资深人士明白了这一点以后，感到如释重负般解脱。他是一家全球咨询公司的高级合伙人，经常提出一些可能为客户的项目增值的全新创意。问题是，在他朦胧的意识中，他觉得只要自己有了创意，就该去执行。为了不被满脑子的创意搞得团团转，他只好放慢思考的节奏，却发觉脑子变得迟钝起来。当他明白，他可以把那些有可能的事务暂时搁置，不必立即为它们分配资源（他给这些创意单列了一张“将来/也许”清单）以后，他的大脑重新活跃起来，他可以从丰富的创意方案中挑选出当前可以投入时间和资源的项目。这个故事看似简单直观，却又一次说明，GTD的许多基本概念如果运用到现实生活中，可以产生出乎意料的巨大价值。

认识和承认这类事务的存在，还有一个重要原因：在我们的文化中，多数人倾向于超负荷运转，至少脑子里的计划多得做不完。很少有人愿意捕捉并客观地记录自己想做的所有事情的清单，所以，他们轻率地向自己许下许多不切实际的承诺，心里却不大清楚每个承诺的全部含义。

而当人们意识到自己承受着很重的工作负荷，并接受了现状以后，接着要跨越的障碍是列出成百上千件事务的清单，并且不让它们把自己吓倒。我们多年来培训过的许多客户在运用GTD方法时触到一大暗礁，就是他们在一丝不苟地追踪了各项事务和行动以后，发觉自己在生活和工作中“半途而废”的时候太多，因而大受打击，他们感到羞愧、疲惫、挫败，情感上接受不了。于是他们做出本能的反应——漠视自己的清单，避免有意识地、实事求是地查看和跟踪它，也不再及时更新它。他们延伸的意识退回到先前的状态，也就是被最新、最紧急的事务追着跑的状态。

我们的培训师发现，在这个阶段，能够顺利晋级的一大关键是提醒客户，“将来/也许”清单必须建立、更新并派上用场。他们需要对自己更坦诚，需要更自觉地追踪清单上所列的事项，认真考虑自己在不久的将来能否真正采取行动。如果答案是否定的，这些事务就应该被转移到一个“存储箱”里，他就可以把精力更多地投入当下可以管理的事项中。当然，他之所以犹豫不决，主要是对自己没信心，不相信他会认真履行自己投进“存储箱”的事务。

这个例子再次说明了GTD模型的完整性。这套方法不是在单独运用、而是在统一使用时达到最佳效果。你心里老是记挂着一件事，除非你知道自己能想起它并妥善处理，才能把它放下。如果你不肯把它从常用的“待办事务”清单转移到别处，因为你意识到自己必须不时想起这件事，而这份常用的“待办事务”清单是你唯一真正关注的清单，你就会把“也许会做”的事情也列在上面。如果你缺乏可靠的组织整理系统可供定期逐项查看，也没有一张单独的“暂缓处理的事务”清单，你就不得不把所有事务都列在常用事务清单上，结果单子变得冗长，不知不觉中，你对它的内容又变得视若无睹。于是，你又回到了第一象限。

参考资料

最后一类事务对明确意义具有决定性意义，它和行动无关，但是作为信息对现在或将来具有一定价值。这就是参考资料类，其形式可以是档案资料，也可以是项目和兴趣议题的辅助材料和相关材料。典型的参考资料可以像某人的电话号码这么琐碎，也可以像互联网里的信息内容一样广博。

确定把哪些材料保存在便于查阅的地方以备参考，是个仁者见仁、智者见智的问题，因为任何一个问题都可能含有无限量的相关信息。就这个类别，明确意义的关键在于判断：这个该留着吗？我的建议是：如果有疑问，要么把它丢掉，要么把它留着。

人们常常发牢骚说，纸质文档和电子文档太多了，杂乱无章，根本没法使用。这种牢骚当然是有感而发，不过就我的经验而言，这个问题引发的烦恼多半又是不明确它的意义造成的。如果你的书桌、公文包或者橱柜的底层抽屉里放着一样东西，它放在那儿的唯一原因是你不确定它的意义，那么你就被它控制了。只要你分清什么留作备用，什么是垃圾，什么要继续执行，什么可以暂缓处理，你就可以把自己真正在乎的物品收好，它们也不会扰乱你。问题不在于东西多少，而在于你跟它们的关系始终保持一致。

基本思考步骤的威力

如果你还没有采用我描述的原则，用有意识的思考步骤来处理身边的事务，我下面要提到的这个纯概念性的模型在你看来就会显得简陋、基础、琐碎至极。这不难理解，因为这套方法本身不具备高深学问的人也能理解，它的行为模式也是普通人惯用的。我想，我即将阐述的这些好办法，没有一种方法是一名普通的 12 岁孩子无法理解、掌握、运用的，他总能用自己的方式体会到它的益处。

这些方法的典型特征是，在事情简单明朗时，我们很少想到它们。在一切进展顺利、几成惯性时，我们是在不自觉地使用这些方法。而当世界给我们设下圈套，当已成习惯的正常行为被打断时，就连简单的捕捉和明确意义的行为也戛然而止了，甚至还会遭到抵制和无视。舰长和指挥官状态要求我们在承受压力时，能有意识地运用捕捉和明确意义步骤，运用本章讨论的行为模式。

看一个实实在在的例子：

假设我收到一封信或者电子邮件，邀请我在即将召开的一次会议上发言。我打开信，把它浏览了一遍。我有以下几种选择。

我可以把它看作垃圾。这是一封群发信函，不值得关注，它发错了对象。

我觉得它里面没有我关心的内容，也不需要答复。但是我可以了解一下对方的机构，也许将来用得上。于是我把它存档为参考资料。

我想，我可以接受邀请，但是在它指定的日期，我目前已安排了跟一位客户见面。我不知道下个星期有没有时间，于是我决定保留 10 天，把这封信存入备忘文件夹，晚些时候发回给我，再做决定。

我也可以这么想：我有一点儿兴趣，但我想多了解一下这次活动的具体情况。现在，我有了一个项目——“了解某某会议的概况”，我把它列在项目清单上。我想好接下来的行动是把这项任务交给助理，让她来查找该企业的资料并汇报给我。于是，我马上给助理发了一封电子邮件。

我也可以把它往办公室的角落一丢了事，那里已经堆了一堆面目模糊、不知如何处理的东西。

哪种选择会破坏明确意义的效果、削弱掌控和视角呢？我知道下面这个问题很难回答，但我还是要提出来：在你自己的空间，有哪些东西是面目模糊、尚未处理的？你能更加彻底地把它们一一捕捉和明确下来吗？

明确重点可以产生动力，决策也有了依循的标准。重点明确不总是自发形成的。如果你长期训练自己，把明确意义的思考过程纳入工作和生活的各个方面，习惯性地用它来检验你眼前面对的棘手问题，你就可能成为解决问题的胜利者。

孩子们知道这种思考方法吗？员工们了解吗？他们是不是做事缺乏重点，白白浪费精力，不知道自己为什么分神、也不知道怎么去克服？当我看到孩子们背着沉甸甸的书包，里面塞满了各种信息和材料时，就问自己：为什么？难道老师还在给他们灌输大量知识，却不教他们如何妥善地运用知识吗？教育系统凡是熟悉GTD模型的，不管是学生、家长、教师还是教育管理者，几乎无一例外地对教育制度下这种训练的匮乏感到痛心疾首。信息量很大，处理信息的指导和训练却远远滞后。

捕捉和明确引起你关注的事情，是获得掌控的关键一步。可是，没有接下来的第二步，你在第一步取得的成果也会付诸东流。如果你的大脑不相信它能随时找到有意义的事物（这是它的职责所在），它就会把它们统统收进光线昏暗的阁楼，降低你的整体效率。它必须确信，一切经过组织整理后会变得井然有序。

gtd

第 6 章　获得掌控：组织整理

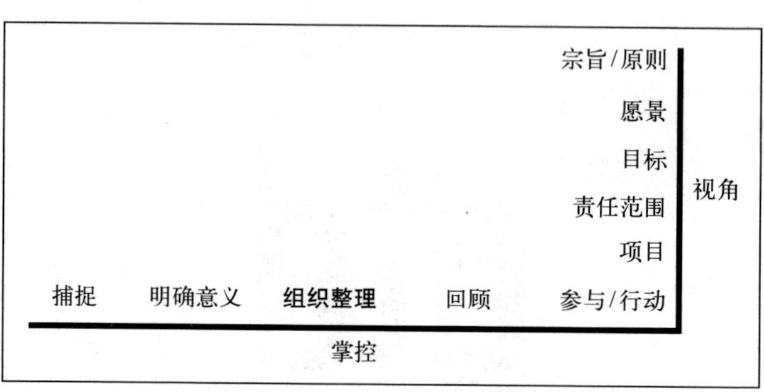

在人生的前25年我渴望自由，在接下来的25年我喜欢秩序。后25年，我意识到，秩序就是自由。

——温斯顿·丘吉尔

但凡我们能在自然界找到的有序、稳定的系统，必然可以找到其层级结构。原因很简单：不把复杂的系统分解成次级结构，就没有秩序和稳定可言。即便有，也是一种死气沉沉的宇宙秩序，充盈着混沌均一的大气。

——阿瑟·库斯勒（Arthur Koestler）

人人都知道，做事有一定的条理性是好的；至少他们承认如果没有条理，做起事来会很麻烦。当然，总有反对的声音宣称，无序自有它的价值，它是创造力的源泉和发乎自然的体现。而如果你真的走进这些人的日常生活，就会发现，他们其实也在跟自己有关的几乎一切领域，建立了一定程度的秩序。碗碟放在厨房里（或者靠近厨房的地方），牙刷放在盥洗的地方，汽车钥匙放在固定的地方。如果有人“乱到了家”，他可能连床都起不了。实际上，他可能甚至没有睡在床上。他乱得没有条理，找不到一张床可以躺下来，更别提拥有一张床了。

当今时代，引起我们注意的事物可谓瞬息万变，一日千里，其意义也模糊不清，我们越来越需要有一个“大脑延伸物”来减缓心理压力，以便让我们能投入更有价值的工作中去。要想实现大脑的延伸，就必须理解、设定、利用更为强大的组织结构，而不是单纯依靠大脑功能。

低效的系统消耗更多能量，这是电动机械的简单原理。电线或线圈短路，会妨碍电能的有效传输。

如果你想在等待开会的间隙给某人打个电话，手头却没有你要拨打的电话的清单或电话号码，就会导致效率低下；而如果你手边就有打电话的必要资料，这 15 分钟就可以高效利用。如果你碰巧开车外出，却没有随身携带出门要办的几件琐事的清单，它们是为了保证生活的正常运转，这时你可能就做不到花最少的时间和精力完成这些任务。不是说你一定要办妥这几件琐事，就当时的时间和地点而言，你也许有更要紧的事要做。我的意思是，如果做事没有条理，你也许只能白白浪费时间。

我们的社会长期开展的关于条理化的讨论，似乎有一种把这个话题神秘化乃至加剧这种神秘化的倾向，反而妨碍了讨论产生实效性。我渐渐意识到，人们普遍犯了个大错，即以为“条理化”是一件需要去做的事。我在前面的章节提到过，如果把缺乏掌控的解决办法简化为“条理化”这一条，非但没有击中要害，反而可能南辕北辙，造成更大的压力。如果你还没有抓住问题，就想解决它，只会举步维艰。如果你还没想清楚每样东西的意义，就想把它们归类，也违背了大脑的运转规律。如果你分清了轻重主次，理清了头绪，却没有考虑到引起你关注的事件的情境，那么执行起来也会寸步难行。大多数组织整理系统所要求的资料库和情境本质上是不真实、不完整的，也就不能帮你实现充分掌控和摆正视角的预期结果。

“有条理”究竟意味着什么

“有条理”究竟是什么意思呢？有没有一个普遍的标准，你可以用它来跟你的丈夫、老板、女儿或其他人（包括你自己！）对质——因为他们的“缺乏条理”快把你逼疯了？

记住，“有条理”是有明确定义的。有组织、有条理意味着事物各就各位，与它们在你心目中的意义相吻合。如果参考资料没有放在你家里或者办公室里专属参考资料的位置，就是缺乏条理。如果垃圾散落在垃圾桶外面，就是缺乏条理。如果你要打个电话，却发现找不到写有电话号码的即时贴，就是缺乏条理。这里不评价对错，只描述事实。如果你想以最高的效率、最少的精力管理诸多事务，那么，对你有意义的所有事务都应该各就各位。

好在（也可说糟糕的是）“有条理”是个因人而异的概念，每个人都有自己的标准和定义。你不能替别人决定某样东西的意义，哪怕是他是否想读某本杂志这样的小事。这听起来很奇怪。如果有人在办公室一角堆着一堆杂物，他自己的定义是“我暂时不处理它们，到将来某个时间再收拾”，那个角落正是他认为的这类东西的归属之地，那么，他是有条理的。

虽然“整洁”和“条理”这两个词常常通用，它们的意思却不完全一样。你可以很整洁，手头却没有便利的提示信息，不能在你该做什么的时候提醒你。相反，有些“邋遢”的人却习惯性地把所有物件一一归位，放在他能找到的有具体意义的地方。

我常常在研讨会上通过让学员做一个有趣的小游戏来说明这

种现象。我请他们看一看每人带了些什么东西来上课，特别是钱包、钱夹、袖珍读本、规划簿、记事本和公文包，看看里面除了钱，有没有别的随手装进去的东西。比如，旧收据、门票、旧电池、碎纸条等等。（人们掏出来的东西之庞杂凌乱，绝对超乎你的想象。）我向他们指出，把这些零碎物品找出来，就至少已经找到了生活中一个小小的烦恼源。它们好似在大叫："把我丢掉！"有的人找到了该收好的东西，却不知道放在哪里，比如胡乱堆放的参考资料和辅助资料，它们好像在说："把我归档！把我收好！"有的人找到了要采取行动的东西，可是因为放置的地点不合适，总想不起来去做，所以对它渐渐变得麻木了。

这里要说明的一点是，把物品的意义跟它的放置地点相匹配，概念虽然简单，却是你把自己的世界打理得井然有序的一个常见的难题。物品的意义在不断变化，又使问题进一步复杂化。今天的报纸就是明天的回收物或引起火灾的源头；如果第二天你没有把头天的报纸放在该放的地方，随着时间的流逝，你的世界就不再有条理。笔芯放在书桌的中间抽屉里，过去放在那儿可能很方便，因为你当年使用圆珠笔。自从你 6 个月前把笔丢了，笔芯就成了纯粹多余的物品，会影响到你的系统的高效运转。

这类事务似乎是小题大做，杂乱的钱包或堆满文具的书桌、抽屉都不大可能对你的工作和生活造成严重的干扰。哪怕你做得再有条理，在真正的意义上，你的世界总有些东西不能与变化的现实严丝合缝。是的，让自己的系统达到理想的高效状态，也许永远不是你的首要目标。不过，我要说的是，如果你能在一定程度上让所有事物有所归置，你就会更加轻松、从容和高效。

如果你的赛艇收拾得井然有序，那么应该有这样一个原因。好的水手要保证艇上的一切设备都完好无损、一应俱全，因为在船上比在其他地方更容易出现意外，缺乏条理、措手不及会让你付出极其高昂的代价。我经常检查公文包（却很少检查花园小屋），以保证里面的物件样样齐全。因为我的生活流动性很强，我在机场等航班、在牙医的诊所等待就诊的间隙，就像平时在办公室里一样可以做很多事，所以，我势必要保证自己的虚拟办公桌（公文包）上物品一应俱全、整洁有序。如果我把上次出差的机票随便放在口袋里，把开会的笔记随便夹在某个文件夹里，把需要充电的手机电池顺手丢在包底，在我事务繁忙的时刻，就会徒然增加时间和精力的消耗。你自己必须想清楚，这种手到擒来的便利性值得付出多少努力来实现。

会不会有条理得过了头？就我对“条理”这个词的定义而言，绝对不会。只要有什么东西没有放在该放的地方，不能在你需要的时候马上找到它，你就不够有条理。如果你创造的系统结构过于复杂，东西找起来很费事，你也不够有条理。

条理的定义也适用于项目、事务和工程，不过对它们来说，放在“合适的地方”也许更加概念化、场景化，而不是指具体的空间位置。换句话说，如果你想让一次会议举行得井然有序，就必须预先捕捉和处理那些五花八门的相关议题和后勤细节。根据明确以后的结果，确定必须采取的行动，安排日程表、先后步骤和相对优先的事务，并把它纳入整体规划，妥善分配给相关人员具体负责。如果一个蹩脚的主意被当成要紧事，或者餐饮服务的细节出了差错，那么，会议当然就没有做到井然有序。

意义先于条理

如果你还没有搞清楚事务的意义，就想让它们条理化，结果一定会让你大失所望。这个道理看似不言而喻，多数人的惯常行为却恰好相反。

一个典型的例子是处理会议笔记。很多人问我："戴维，我该怎么处理这些会议笔记？"我反问道："你的会议笔记还有用吗？"几张小纸条很可能蕴涵着多重含义，也许能从中提炼出新的项目和行动。信息类笔记则需要归档以备将来参考。还有些资料要在两周以后评估，并需要参照其他事务的进展程度。无关的材料可以干脆丢掉。如果你的会议笔记可以这般分门别类地处理，那么，应该条理化的就不是一件事，而是几件事，每件事都要依据它对你的意义，归置到指定的去处。

会议笔记本身往往仍然处于"材料"的混沌状态，做笔记不代表你就是条理的。做笔记是必需的第一步，却远远不足以做到掌控生活和摆正视角。我接触过不少专业人士，他们把会议记录的流水账记在活页夹里，保存为数量日益庞大的文档，摞在储存抽屉或书架上。查阅关于事件和情况如此详尽的记录，固然可能产生一定的价值，但它们充其量只是一张安全网。它们的主人不相信自己已经收集了足够的信息，不相信自己已经把可执行的项目妥善落实了，所以他们久久地抓着材料不放，只为以防万一。这样的系统很危险，可能隐藏着地雷，而且很不方便，因为信息必须记录明确的日期，否则很难依据类别或目录进行查询。

我见过人们使用的形形色色的“待办事务”清单、收藏盒甚至“行动”文件夹，都反映了类似的缺点：分类不够清晰。虽然它们用意极好，是想让事情“条理化”，实际作用却只相当于垃圾箱，只不过把各种模糊不清、零零碎碎的材料重新排列组合而已。

组织整理这门学问的稳步发展，仅仅反映了人们对控制生活中积攒的巨量冗杂的渴望。形形色色的塑料、铁丝和木头箱子，五花八门的笔记本、文件夹和办公桌收纳文具，至少提供了几个有助于收纳和分类的清晰边界。可是如果没有好的模型来告诉人们怎样、为什么收纳和区分“哪些”材料，目的是什么，购物者仍会一脸茫然地瞪着商店里办公用品和收纳用品的货架，不知道该买什么。这很像你书架或者硬盘驱动器上的软垫，当时的选择似乎很明智，其实放在那里除了占地方，一点用处也没有。太多科技含量不高的东西，虽然看着漂亮，却始终没法派上用场，反而会碍手碍脚。

处理日常琐事的复杂系统

掌控生活的这个步骤还有一个有趣的现象：你希望掌控的事物越是平常，你想把它管理好，要使用的系统就越复杂。你会看到，在较高层次执着于你的追求比较直接而简单，因为它们内容不多、变化不大，不需要经常回顾和总结。你的战略计划或生活方式可以用几幅图画、几个目标和几句话来概括，而要面面俱到地照顾你的一切其他辅助活动的每个项目、每次行动的具体细节，则着实是个难题。

许多人似乎觉得，诸如打电话、跑腿、交给助理办的杂事都简单而琐碎，一目了然，自己只需用简单的系统来应付即可。其实不然，因为行动层面的相关活动太多，变化太快，要把它们打理得井然有序，必须使用比简单的日程表或“待办事项”清单等更复杂的工具才行。组织步骤和工具不能太复杂，否则你不会使用它。但它必须具有一定的复杂性，才能容纳所有清单，并照顾到其中的各个部分。正因为这样，人们常说GTD模型是“成熟的人应对日常琐事的复杂办法”。

组织整理的类别

前一章的“明确意义”显然与这一章的“组织整理”紧密关联，就像功能和形式是一枚硬币的两面，思考和追踪思考的结果也是息息相关的。就像我们前面讨论过的，要想使一切“条理化”，首先必须明确事务对你的意义，然后再把它归入同类事务。这条原则是通用的，不管你是整理自己的信息和制定提示系统，还是处理一件生活小事，还是经营一家企业。

要想对你身边可能有意义的一切事务进行区别，关键是确定它该归入哪项，是“结果”、“行动”、“酝酿”事项，还是辅助

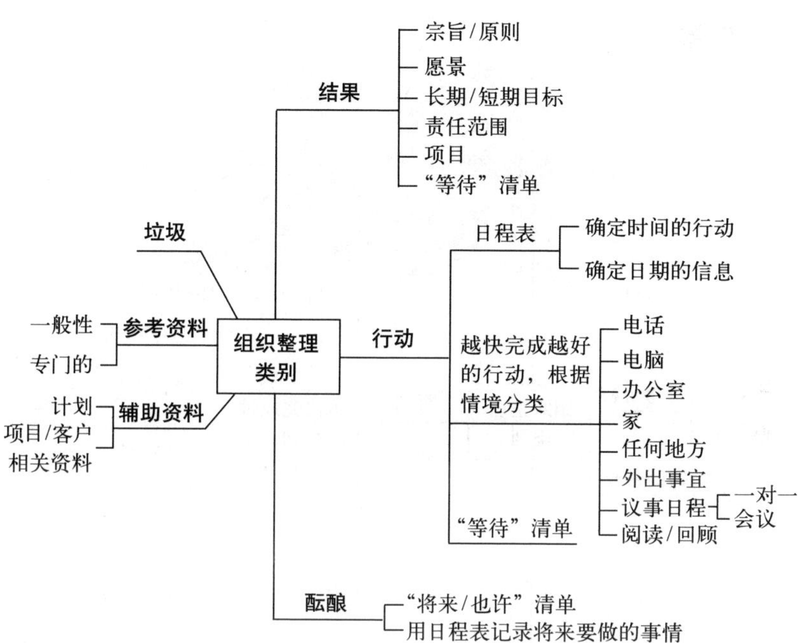

资料、参考资料或垃圾。生活中肯定还有一些其他有意义的具体分类，比如你身边的人、物理结构、装饰和设备，但它们都是本来就各有所属的。换句话说，它们本身不需要系统。虽然组织中的人也需要管理，但需要系统管理的其实是他们的行为。也许你必须明确人员、设备、你的家和墙上油画的结果和行动，可是假如它们已经好好地在那里，你几乎就用不着组织整理它们，除非你在用得着的时候不能一下子找到它们。更为模糊的事务必须用好的系统性方法和清晰的分类加以管理，归在适当的内容项下。

结果

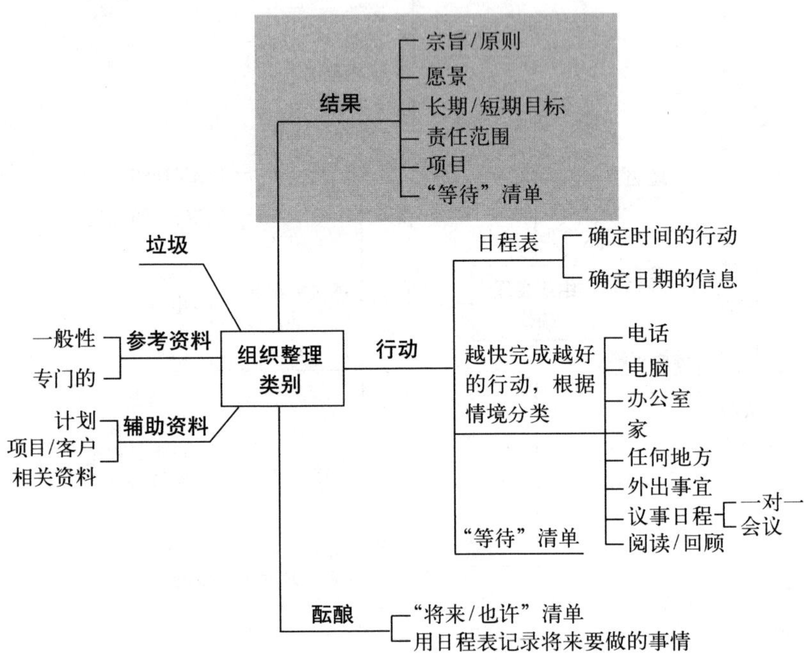

你时不时要用跨度很大的提示信息来追踪多个层面的问题。清单或别的提示法用起来很方便，你可以经常查看和总结，保持长期方向一致、动力持久和标准适当。通常，一般的文件就可以起到这个作用。

这一节我要谈谈你想追踪的“结果”项下的几个分项。你是否想要或需要把它们再作细分，取决于你。比如，许多人喜欢把“个人私事”和“职业工作”分开。还有些人喜欢把公司目标和个人目标分开。还有些从事销售的职场人士喜欢把“客户项目”同其他事务分开。

在保持掌控的多个层面，有一条原则是通用的：你要在把系统分得太粗和太细之间达到适当的平衡。当然，在电脑的帮助下，收集到足够的资料后，你完全可以把 60 件事分成私事和公事、内心的召唤和外在的难题、耗费大量资源和简便易行等很多类。可是即便你有一个系统，可以追踪并把诸多事务一一分类，一旦项目出现，还是必须有人花费时间和精力对相关条目进行梳理，才能把它纳入整个系统，而这番努力并不值得。

人们一旦体会到GTD模型的妙处，跃跃欲试地想把一切条理化，就很容易把清单的名目分得过细。造成这种冲动的主要原因是，他其实不相信自己能够定期、有意识地完成他的系统列出的所有事项。一旦他树立了信心，能兼顾到系统和清单列出的一切事务，并勤于思考，往往就不再急于把所有的事项“自动化”。

让我们逐一分析“结果”项下的条目。

宗旨

你对自己的人生目标和企业前景熟稔于心，不过，哪怕这些目标你心知肚明，把它写下来不时看一看也是有益的。如果你和我一样，心思常常游离在自己的人生目标之外，那么，手边有份文件向你重申发自内心的向往，是大有好处的。企业的宗旨或使命宣言可以起到类似的作用，尤其在大变革、大挑战和千载难逢的机遇面前非常有用。

你应该把自己的使命宣言放在哪里呢？哪里都行。贴在墙上、记在笔记本里……只要你在想看一遍时能方便地找到它。我把自己的人生目标做成心灵地图，保存在电脑里，归入“5万英尺”的关注层面。

原则

人们常把企业的原则和价值观逐项列出，做成标语、招贴画挂在墙上，放在网页或其他足够醒目、能引起人们注意的地方。我就把公司的原则列在网页上，并存入管理层数据库，标题是“当……时，我们最优秀”。我们列出了20多条最佳行为准则，这个清单效果很好。

就个人而言，列出自己的个人信念或者书面的“个人操守”，效果奇佳。这张单子怎么组织，要看你希望自己如何被提醒。多年来我一直留着几张3×5英寸的索引卡片，每张卡片上都列有我的人生信条，并用一根橡皮绳扎起来。以前我总随身带着这套卡片，只要我想被鼓舞，只要我有空闲时间完善自己了，就掏出来看一看。现在，我把它录入电脑，并保存到PDA（掌上电脑）里。

愿景

把长远的成功愿景或目标以什么形式保存在哪里呢？我再说一遍，你往往只需要一张清单，保存在文件或数据库里即可。如果你喜欢图画，可以试试画一幅“藏宝图”，或者采用图文并茂的形式。我保留着好几张清单和一些美观的地图，大多是我给自己4万英尺的关注层面保留的彼此关联的心灵地图。

长期／短期目标

这个层面侧重操作，结构也许要更细一些，虽然十几个或者更多的目标还是可以用文件里的清单来轻松管理。你有业绩目标吗？你把它放在哪里？公司的规划保存在哪里？只要便于随时查阅即可，不必太复杂、太细致。

记住，我这里说的不是创建、总结和高效执行清单上所列举的事务，那是下一章的重点。就现在的讨论而言，我说的是类别划分和用什么工具来使它们保持明晰。

关注层面

我们渴望的结果也许分别属于生活和工作的多个层面，它们可以被视为“精心维护”的对照单。这些层面可以用一两张单子记录，比如工作用一张，生活用一张。如果你列出了目前的工作事项，那么你把它保存在哪里？你是否列出了生活中诸项事务的清单，并定期查看，确保不会把待解决、待思考的问题漏掉？

通常，你在这个层面需要提醒自己的事务不到 20 件，用一个简单的文档把它们逐一列出足矣。

项目

这是生活和工作中侧重日常操作的层面。你要用一个结构来维持这份特殊的清单，它必须能够容纳大量信息。在特定的时刻，大多数人有 30~100 个项目（按照我的定义，即 1 个人承诺在 1 年内要完成的所有必须分步执行的事务）要追踪。即便你有 85 件事要做，依然可以把它们列在一张单子上。我这里指的不是计划、具体细节和相关材料，它们都属于“辅助资料”。就这里的讨论而言，我只是建议你用一份清单来充当所有事务的索引，就像查看文件夹的标题那样，如果每个项目都有专门的文件夹的话。

项目至少应该每周回顾一次，用一份清单来管理这个 1 万英尺关注层面的目标，你就能对自己的所有承诺一览无余。即使你的行动和预期目标之间存在差距，你也可以马上看到。

你期待别人完成的结果

有时候你发现，你必须等待别人去完成你关心的事情。虽然这个条目主要用来追踪最平常的事务，不过在有些情况下，专门用一份清单来处理自己期待别人完成的任务，效果也很好。它对企业高管尤其有用，他可以把大项目委派给几名骨干，由他们直接向他报告。管理者不参与大项目的日常操作，但他必须对它们的进展情况有个大概了解。

行动

现在到了行动层面，也就是“真正开始执行”的地方。你要追踪的具体行动又可以分成 3 类：日程表标注的、越早执行越好的和委派他人执行的。它们还可以进一步细分成你觉得实用的类别。大部分人在这个层面要做的事情超过 150 件，把它们再分成几类比列在一张清单上更容易追踪。

全世界的 GTD 实践者对行动层面的关注最多，因为它脱离了

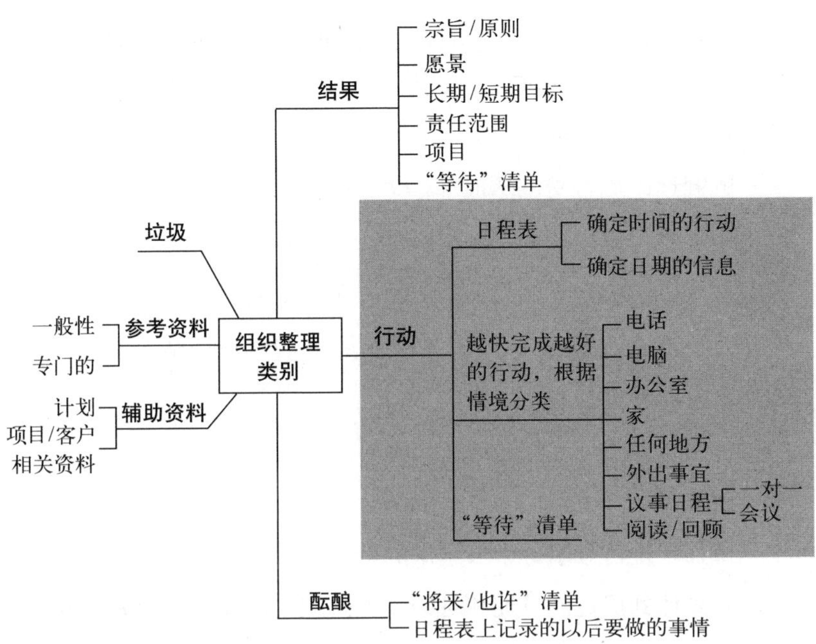

传统的时间管理和个人组织模型，针对人们日常生活中时刻都在发生的事件的多重性提出了解决办法。由于杂事多、变化快，人们很容易在这个层面一筹莫展。而一旦你能够驾驭混乱的局面，就可以长舒一口气，顿感从容轻松。

成功实践GTD的关键在于列出方方面面的行动清单，以它为基础决定自己每小时干什么；而不是简单地列出每天的“待办事项”清单，因为它往往只体现了最新、最紧急的需求。如果有的是时间，先做哪件事、后做哪件事无关紧要。可是生活节奏飞快，零碎杂乱的新情况迫使你不断地重新思考自己的优先选择，你也经常受到情境和时间、精力不够等方面的限制。但是即便在这种情形下，你依然可以高效工作，只要你能轻松查询所有的行动选项。而要想达到如此高效，你就必须有完善的系统来追踪和回顾每项行动的提示信息。

顺利地明确意义已然很难，它要求你想清楚各个项目和当前事务中所有可以采取的下一步行动。当你意识到要查看的提示信息之多，更会感到千头万绪、无从入手。事实证明，下面的细分方法是普遍有效的分类方法，你可以在必要时只把精力集中在需要你全力以赴的事情上。

日程表

日程表是待办事务中最基础的着眼点。它标注了你的下一步行动，具体到确定的日期和时间，因此成了你要管理的大部分工作的基本框架。也许你已经在用日程表标记预约了。我们发现，日程表的效力比人们意识到的要大得多。

日程表应该代表你在一天内要完成的硬性任务，我把它们叫作“硬质景观”（hard landscape）①，即静止的事件和信息，你要根据它们来安排处理其他事务的时间。在新的一天开始时，日程表上标注的活动是我首先要关注的；而一天之内日程表是开放的，可以随时查看。

用日程表记录 3 类事务效果最好：预约、已经确定日期的活动、当天需要或者想看到的信息。我记在日程表上的内容意思很

① 作者这里借用了建筑用语。硬质景观是指相对于绿地、树木等软质景观而言，满足复杂的城市生活要求、适应众多人群使用的景观设施，如建筑等。——译者注

明确："我今天一定要做、一定要知道的事。"

预约自不用说，比如下午 3 点 30 分与销售团队召开电视会议。日期敲定的任务也是明确无误的提示，它一整天都有效，虽然时间不固定。比如，你要在星期五打电话给客户，确认他收到了你的联邦快递包裹。又比如，你打算下班前给某人打个电话，安排一下明天的会议，但是现在你不能打，于是就可以在日程表上做个提示，不用指定具体的时间。如果你使用日程表系统软件，也许会发现它的"今日事项"一览表（通常在屏幕上方）是提醒自己在某一天做某件事的好办法。

每天早上，你应该把这两类事务——预约和当天必须处理的其他事务记在日程表上，这样你就知道还剩下多少可支配时间来处理其他事情。

日程表标注的第三类事情应该是你必须或者希望在当天看到的信息，比如某件有意义的事情即将发生的通知、起始和终止日期、预约的辅助资料等。在电脑日程表上，用"今日事项"一览表也可以记录这类信息，或者在预约的日期后添加附录。

日程表应该只标注这 3 类内容：预约、已经确定日期的行动和信息。把日程表的用途扩大或缩小，都不能很好地实现它的指定用途。如果你把自己打算在某天做的事记在日程表上，你就必须根据它重新考虑自己的时间，知道哪些是必须做的，哪些是可以灵活处理的。如果你的日程表内容太少，没有涵盖这 3 类，那么，你的大脑就会不断地想要填补中间的空隙。理想的效果是，当你惊讶地发现有突发事件要占用你的时间时，只需扫一眼日程表，就能清楚地知道自己能不能立即抽出时间去处理。

越快完成越好的行动

你不得不做的很多事情其实不是必须在某一天完成的。它们只是应该尽早完成。这并不意味着它们没有时间的限制，不过因为这类事情大多留有回旋的余地，如果在日程表上标注某一天必须完成，就有点儿牵强，因为情况经常会变化。看看你的“下一步行动”清单，只要日程表告诉你有可以自由支配的时间，就及早把它们完成。这类事务可以根据情境分成几类。

“电话”清单

电话清单是如今许多人常用的清单。它列出了你要打的所有电话，你可以在任何地方用任何电话拨打。

“电脑”清单

这份清单列有必须用电脑来完成的活动：收发电子邮件、起草一份文件、网上搜索资料等。

“办公室”清单

这份清单列有必须在办公室才能完成的工作，比如重新整理文档、打印、审阅一份长文件。

“家”清单

这份清单列有你需要在家里和家附近完成的事情，比如修理电灯开关、整理工具箱、修剪苹果树等。

“任何地方”清单

这份清单列有不受情境限制的事情，比如审阅一份长文件。你可以把它装在公文包里随身携带，随时可以打开翻看，直到看完为止。

“外出事宜”清单

这份清单列有你需要“外出”时处理的事情：取回干洗的衣服、把裙子交给裁缝、买一个新订书机等。

“议事日程”清单

这份清单列有你需要跟一个或几个人交流以后，进一步细分的行动，比如你要跟助理核对的事务、下次员工会议要讨论的问题、跟妻子或丈夫商量的事情。不少人列有好几份这类清单，根据他们交流对象的不同和即将召开的会议，都有专门的清单。

“阅读/回顾”清单

把你要阅读的资料放在一处，提醒自己有资料要阅读。列一份方便查询的阅读清单，一有空就抓紧时间浏览和获取信息，比如在会议开始前或者电脑重启时。

“等待”清单

这个细分项下的内容不少，它像GTD的其他层面一样，可能使人们大大减轻心理压力。它包括你所等待的、其他来源的一切事务，包括你委派别人去完成的任务、订购而尚未送到的商品、出借物品、老板或潜在客户已经认可的事务等。某件事接下来的行动往往不由你决定，它由别人负责。你的任务是追踪谁是责任人，确保他们收到了任务指令，并适时掌握事务的进度。

量身打造你自己的分类法

我教过数万人运用这套组织方法。我可以肯定地告诉你，这里提出的办法切实可行，不管是中学生还是跨国公司监管多重项目的企业高管，都能运用它。它们经受了时间的考验，日理万机的成功人士和生活安稳简单的普通人都证明了它们的实用性。

言归正传，只要你掌握了把事务根据其意义加以归类的原则，就可以举一反三，根据需要划分相应的类别。事实上，我开始琢磨根据情境划分待处理的事项，是在20世纪80年代初。当时我在教人们用活页纸计划书使事务条理化。那时我已经发现了“下一步行动”清单的重要性，但还没有养成用日程表记事的习惯，而是在日程表旁放一张专门的清单，以方便查看。当时移动电话刚刚出现，我发现，很多时候我能做的只有打电话，于是，有必要再列一张打电话清单，跟其他的下一步行动相区别。我每次去机场，只要离飞机起飞还有半小时，我就可以看一下电话清单，拨打电话，这比在一长串事务清单当中搜寻要打的电话方便多了。我有位好友是一名半退休的高管，他也学会了我的做法。很快，他就跑来告诉我，他想出一个妙招，专门列一张“在船上”的事务清单。他想做的事情有好几件，但那些事都是只有他在缅因州的双体船上才能完成的。为了提醒自己，他灵机一动想到这个主意，并启发我想到以不同的情境为单位把事务进行分类。20 世纪 90 年代可以用电脑管理行动清单以后，事务分类变得越发简便。

所以，这里提到的分类方法既非“必然”，也非一成不变。如此分类只是说明，你可以用更为高效、系统的方法来管理自己的诸多事务。根据具体事务对你的意义，你要想清楚怎样存放提示信息，暂时存放在哪里，效果最好。

比如，我的首席技术官专门划分了一类叫“脑死亡”的事务。有时候他的大脑处于松懈状态，但他希望继续保持高效。此时此刻，他觉得最好手头有些不费脑筋的具体事务可以让他轻松完成。他在烤面包时，就可以顺便从清单上挑几件事情做。这是极聪明的做法，因为大脑在休息的时候，你可能根本想不起来自己有哪些不费力气的事情要做！

如果你有两间办公室，你也许会觉得列出“办公室A”和“办公室B”两张事务清单是个好办法。如果你像我一样到处飞，就可以试着把“在电脑旁”和“在线”两组事务分开。前者只需要一台笔记本电脑，联不联网没关系；后者则要求畅通的网络连接。（有很多事需要网上快速搜索才能完成，飞机上不太容易做到。）

也许你会发现，如果对清单分类不熟悉且它比较混乱，也可以把分类进行压缩。例如，如果你在家工作，不用背着电脑跑来跑去，完全可以把“家”、“办公室”和“电脑”清单合并在一张清单上。

酝酿

你也许会这样想：你脑子里想到的、收进工作篮里的许多事务，有些行动、项目和想法你不会真的去做，甚至不想马上做决定。一段时间内暂不考虑它们，以后再说。

这个单独的类别又可以细分成两类：你需要定期总结的和只需在将来某一天要看到的。你需要两种结构来执行它们的功能。

需要定期总结的事项

第一类是你想要定期总结的事务。它们应该被列成清单或者投入工作篮里，必要时你可以定期查看。比如，你一直在考虑近

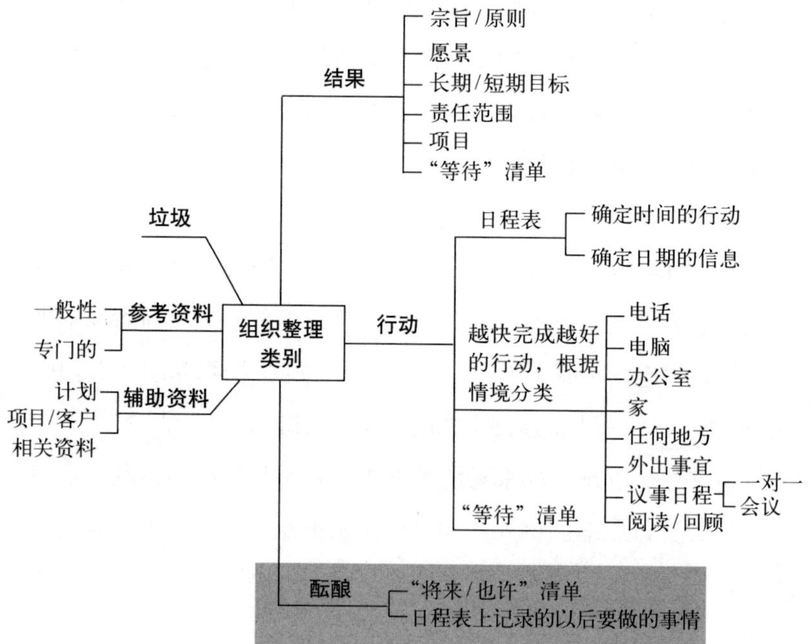

期学一学西班牙语（但不是本周），你也许希望经常想起这件事。

“将来/也许”清单是个临时搁置这类提示的好办法，特别是你想定期查看清单的话。如果你听从我的建议，养成了“每周总结”的习惯，每到周末必会浏览一遍所有可能相关的清单事务，就可以把初步酝酿的这类事务也包括进去。

这张“将来/也许”清单内容可以很广。如果你和我一样，这张单子上就会有不少类似于“天方夜谭”的想法。你可以列一张“最好在我去世前完成”的事务清单，比如到太空旅行；或者漫无边际的瞎想，比如“乘热气球旅行”（下个星期你兴许真的收到邀请了呢）也可以列在上面。比较现实的愿望可以包括比如“考虑组织员工乘船旅行和开会”，这件事也许你几个星期前就列在常用的事务清单上了，但是鉴于 10 天来发生的事，你现在决定把它稍稍推后。

大多数人在“将来/也许”清单下还有更多细分的子清单：读书、烹饪、去饭店吃饭、旅行、上培训课。如果你学会了娴熟地使用清单，起草这类事项就是有趣而创意活跃的探索。我一度列过好几张“下次去某地”的清单，幻想我下次去某个地区、某座城市时，要去体验我所听说过的趣闻轶事。我还列过“我想写的书”清单。

许多人提出了有趣的细分条目。我认识的一个人把“将来/也许”清单又分成 3 类：“不是现在，但是很快”清单，“不是现在，晚些时候”清单和“绝对不是现在”清单。我明白他这么划分的道理。“不是现在，但一直关注”项下的内容极其庞杂，而必须定期查看、马上即可采取行动的事务也很多，如果都列在一张没法落实的长单子上，很快你就会视若无睹。我前面提到过，如果你不能下决心做到定期总结清单上的事项，到头来就会把过多的事项列在常用清单上，一看它就觉得头大。

我承认，这些细分差别很小，多数人可能觉得太琐碎，不值得去费神。但是根据我的经验和我对美国文化发展趋势的判断，拥有一个流畅、完备的自我管理系统，及时捕捉多个层面的任务并给予有效的自我提示和反馈，对我们在这个五彩缤纷、日新月异的世界上实现掌控全局和达到平衡，具有越来越重要的作用。

日程表上记录的以后要做的事情

我们划分了这类事务，它们是不必马上去执行、我们想再考虑一下或者将来有时间再做的事情。这类事务要使用的工具与定期总结的事务使用的工具不同。对这类事务，你可以先把信息记在日程表或者“备忘录”系统里，让它某一天再回到你眼前。你也可以请助理帮忙，过些日子提醒你。

有些可能的行动需要一定时间和空间再三斟酌，然后才能拿定主意。直觉或者现有的资料告诉你，你还没有掌握足够的背景资料、没把问题搞懂或者没有足够信心做出判断，必须留待日后处理。

这个条目的内容范围很广，从产品名录上一种你想购买的商品到有人提议你跟另一家企业建立某个业务领域的合作关系（对你可能有利）等，但是，你要多掌握些情况，才能做出明智的决定。

你应该想好什么时候再次斟酌和权衡这些项目，并相应地让你的系统给出提示。如果我在产品目录上看到感兴趣的商品，却不知道是否值得购买，通常就把它放进“备忘录”系统，过两个星期再查看，而两个星期以后，我的冲动购物欲已经减退了。如果一个难得的机会摆在我面前，我拿不定主意，想再多方权衡一下，就会让我的系统给予适当的提示。我可以在两个星期或者两个月以后再考虑——现在我要想的是把它暂时搁置，以便轻松地完成我对自己的日常承诺。

你用日程表、备忘录还是请助手（秘书或者电脑）在指定的时间提醒你，完全取决于它们的效力和便利性。只要你确信它一定会及时提醒你，就万无一失了。

辅助资料

许多人还有大量资料需要归入辅助资料一类，即与项目、主题、议题相关的信息，是你在落实行动或者思考时希望随时查阅到的。

它包括全部的项目规划和具体事宜，涵盖所有可能相关的材料：文章、宣传册或相关话题的链接，涉及与客户交接的历史记录和文件档案。

大量信息可以归入这一类，对它们进行有条理的划分也很直观。这类信息只需根据主题、话题或者项目进行分类，分别归入文件夹、档案、箱子或者笔记本，以便在必要时方便查阅。

这里容易出现问题的地方是可以采取行动的事项未经处理，

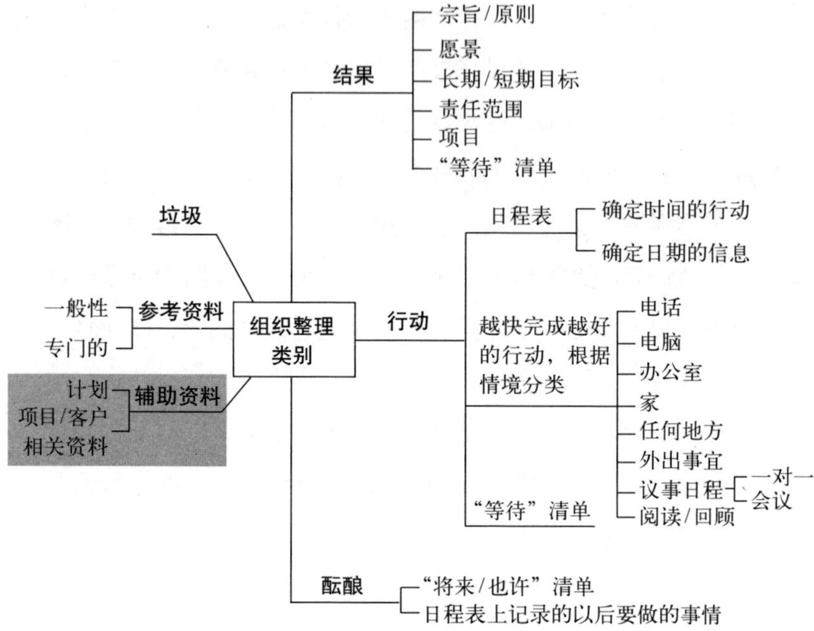

就跟辅助资料归在一处。换句话说，你只用文件和文件夹提醒自己，你有任务要执行，它们与某个主题或者项目有关，却把意义不同的事项混为一谈，从而导致内心麻木。辅助资料必须是纯粹的辅助材料，而不是行动的提示信息。你有任务需要完成，这个通知应该列在你的项目清单上，而你对它要采取的具体行动应该列在行动清单上。这些要素一一归位，就可以产生新的秩序感，让你重新感到一切豁然开朗。辅助资料可以放在不碍事的地方，在你执行该项目时能随时查阅即可。

辅助资料和参考资料区别很小。许多时候它们是同一类文件，可以归入相同的档案系统。但是如果你的某个项目的辅助资料包括积极的行动计划，这些计划必须定期检查回顾，你就要再设一个提示，比如每周评估项目进度，提醒自己核查，这样你就不必让计划本身兼作提示。对计划落实情况的具体总结可以是个积极的过程，以便及时更新，明确当前要采取的行动。

与纯粹的参考资料相比，把常用的项目文件放在更为醒目而便于取用的地方是明智的做法。我有两个常用的铁丝搁架，里面插着我眼下正在着手进行的项目文件。项目完成或退到幕后时，我就把文件夹收进一般性参考资料的文件柜。文件仍然便于查找，只是不再放在眼前。

参考资料

数量最多的是“参考资料”类，即不要求立即采取行动，但你认为将来可能要查阅的东西。它可以小到一个人、一家公司的简单履历或职能描述，也可以大到某个项目或有关你的生活某方面的百科全书式资讯。

站在企业的角度看，就意义和地点而言，这个问题很简单。凡是你认为自己无须做出承诺，但具有一定参考价值的信息，不管是你想出来的还是你收到的，都应该归入这一类，把它们保存在容易找到的地方即可。

这里容易犯两种错误：（1）把可采取行动的事务保存为参考资料；（2）保存和查询系统逻辑混乱，难以查询。相应的解决办法是：（1）确保参考资料中要求采取行动的部分都能被捕捉、明确并且加以组织整理，列入适当的清单（行动清单、项目清单

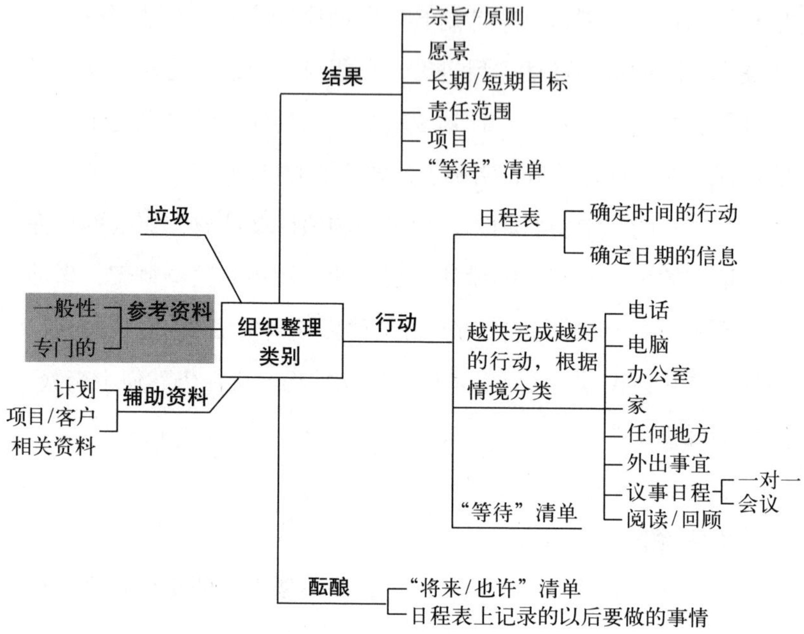

等）；（2）经常修正参考系统的内容和结构。

你要明白，“一般性”和“专门的”参考资料之间存在微妙的差别。“专门的”参考资料的保存系统与其工作职能关系紧密，合同档案、客户文档、会计文件甚至菜谱，都独具结构，只对特定的人群具有参考价值。如果你是从基础做起给自己设定系统，就得花点心思、多加尝试才行；不过，一般来说参考资料很好归类。

难点在于有些相关资料可能具有一定价值，却很难归类并分别收进档案柜。

我在写《搞定Ⅰ》时，已经清楚地意识到一般性的参考资料归档系统（或缺乏系统）可能造成的瓶颈问题。我在书中用几页纸的篇幅描述了我们找到的好办法：专门辟出一个便于查询的地方来保存可能有用的参考资料，包括手机使用说明手册、你感兴趣的主题的宣传手册、会议笔记和名片、可能再用到的外国地图等。关键是消解无意识的抗拒，马上把这类资料规整好。

在我早年培训企业管理者使用这个办法时，曾让他们创建一个“待归档”的文件夹。现在我已经好多年不这么做了，因为很少有人会收拾整理它们。即便他们想把某样东西收好，如果所费的工夫超过了给秘书下命令或者自己花几秒钟把它贴好标签保存起来，还不如干脆丢掉。成功归档必须可以在 60 秒内完成，还得有点儿趣味性才行。这里我要重复一下 GTD 的归档建议，因为归档方法的改善对 GTD 用户产生了长期而显著的效果。这个方法可谓平常而简单，可是如果没有它，各种信息、资料和操心事就会像坏掉的下水管道，阻塞你的系统的流畅运行。最可能让你失去掌控的情况，莫过于有用的信息不能在它出现几秒钟之内被妥善归置。

具体归档方法如下：

- 把文件按字母顺序整理好
- 把打印的标签贴在文件外面
- 在 60 秒内完成新文档的创建和保存工作
- 抽屉储物不超过 3/4 的空间
- 把系统设计得有趣、便捷
- 每年至少对文件进行一次清理

不知不觉中，你就会积攒下海量的信息。如果收拾不妥，它们很容易在你身边散落得到处都是，给人心里添堵。正因为它们的内容不那么重要，你更应该妥善管理，使之不至于妨碍你及时查询重要资料。

垃圾

这是组织整理工作的最后一类，某种意义上它一目了然，无须解释。如果某件事务不相关、不重要、没有用处、没有意义，却占据了物理或心理空间，它就是垃圾，应该丢掉。

这一点看似不言而喻，但人们迟迟不能决定哪些是垃圾，哪

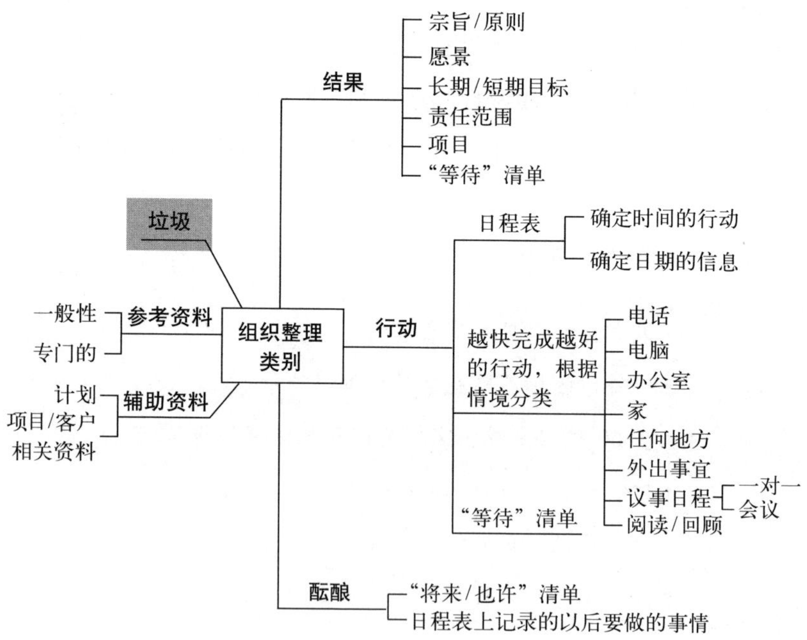

些不是。杂物不知不觉堆积成山，就像苔藓或霉菌那样生长。这种情况太常见了，因为我们要么太忙，要么现在没心思考虑它们的意义。我的意思不是说你应该着眼细处，做到一切井然有序、一尘不染。我希望你明白，GTD不做道德评判，也不认为无缝隙的、全面彻底的条理比创意活动及其产物更重要。我想强调的是一种意识：如果放任垃圾在我们的心理或物理空间堆积，就会造成系统冗余，只有把它丢入垃圾桶，你才能豁然开朗。

大多数人看到自己的生活和工作的真实状况，不免感到内疚、懊恼，因为他们任凭枯枝朽木在自己的系统和空间肆意堆积。我们的培训师好几次建议客户买一只大号垃圾桶，摆在办公室门外。要想创建切实有效的自我管理系统，必须先把大量垃圾清理掉。

对你保存的信息，一定要建立经常总结、重新决定取舍的流程。我在前面提到过，事物的意义会随着时间的流逝而改变。常常发生这种情况：你想保留关于某家公司、某人、某个问题的笔记，当时你对它兴致很高，将来它似乎还可能变得更重要。可是，到下个星期三，它就成了陈年往事。所以，保存可能有用的资料的好办法，是养成定期总结、重新评估、必要时进行清理的习惯，并长期坚持。如果你的系统积重难返，冗杂无序，你就会避免看到它而不是积极使用它。

在你看来，眼下这些都不是关乎命运的大问题。那么，四处堆些杂物又有何妨？问题是，当你破坏了井然有序的状态，不能根据物品对你的意义进行归类，就会自动引发负面影响。你更加懒得收拾积攒的东西，更容易顺手就把它往那个模糊不清的杂物堆一丢了事。

杂乱无章会在不知不觉中把工作效率降到最低，并且你毫无察觉。一天，你猛然发现自己失去了对生活的掌控，不是由于突发意外，而是“材料”固有的熵使然。如果你不主动把它扭转，勤于明确和条理化，它就会打败你。最好的治疗办法是预防，而预防大脑延伸的效力每况愈下的最好办法，莫过于从细节做起，使事情保持明晰的归类。你不大好意思把口香糖吐在干净的草坪或地板上，但如果草坪或地板上已经有了一块口香糖，你就很容易受到暗示，再吐一块在上面。

我们的文化中似乎存在对创造而不是清理的极度偏好。宇宙讨厌真空，只要存在开放的空间，人们几乎就无法克制住冲动，总想用全新而充满活力的材料把它填满。

尽可能简单，而不是比较简单

你对这些分类条目的看法，主要取决于你熟悉和喜欢使用什么样的系统，以及你对改进办事效率、加强掌控的重要性的认识。很多人觉得我在这里列举的框架太复杂，是小题大做。还有一些人觉得它太简单，有欠详尽。我的理由是，它划分了足以明确复杂的生活和工作事务的基本门类，却又足够简洁，任何人在忙忙碌碌中都可以凭直觉把它派上用场。

像GTD的其他层面一样，我尽量把成功的步骤揉入少数几个类别，使系统发挥作用。我认为，基本的组织结构不可能再比我这里提出的更简单。如果你想简化分类，就必须把一个或几个单独的门类合并，合并以后反而更混乱。你可以去掉一个门类，却不能去掉它所包含的事务。它们要么被胡乱归类，要么重新淹没在刚开始时那个模糊不清、不加区别的材料堆里。如果你看着这些清单、文件夹和置物盘觉得头昏脑涨，就把它们去掉试试看。

在地图上组织整理

如果你在下次委员会例会、员工会议、项目会议上，在跟儿子谈话时，或者只是在处理电子邮件时参考这个图表，也能明显

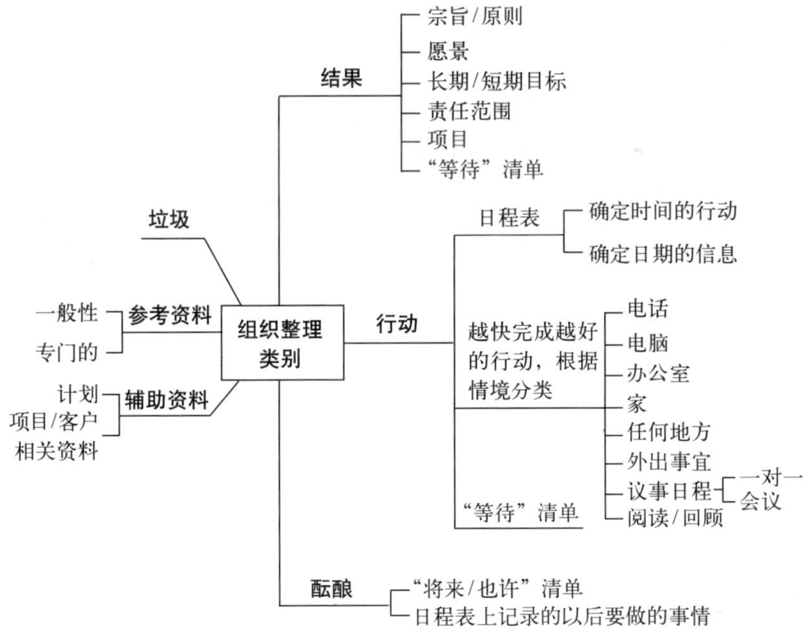

地体会到条理化对加强掌控的作用。

有人提出一个要点、一条建议，告诉你一条消息、一些情况，你该怎么处理？把它存为参考资料吗？存在哪里？他是不是暗示了一个项目，并且指明了具体的行动步骤？你该把它纳入系统的哪个地方？是不是应该放在不要求行动的“临时搁置点”，并安排时间在下次开会前查看？它由谁负责追踪，在哪里？新目标要被确立并纳入这个系统吗？怎样条理化以方便执行？你怎样处理一种值得肯定的行为，并开展培训，使之成为集体或企业文化？这条理念要放在哪里，由谁负责它的落实？明确这些杂务的意义十分重要，而把你的思考结果分门别类、妥善保存同样重要。

显然，个人和企业要想妥善组织整理和条理化，都得使用工具，也就是用一些器物把提示信息和各类材料保管好，保证分别存放的各类内容井然有序。清单、箱子、置物盘、文件夹都可以发挥作用。我会在第 18 章谈论可选工具以及它们的最佳用途，到时候我会给你支着儿，教你创建自己的系统……这自然引出了保持掌控的下一步：深思（reflection）。如果你对引起关注的事务进行了捕捉、明确和组织整理，却在它们离开你的大脑以后不再给予适当的关注，就相当于做了无用功。

gtd

第 7 章　获得掌控：深思

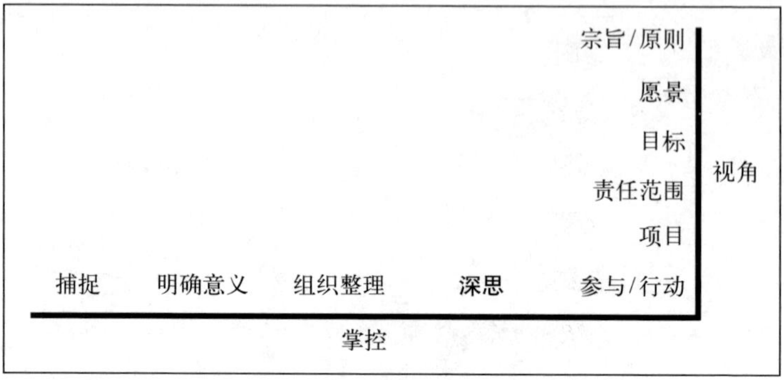

宗旨/原则
愿景
目标
责任范围
项目
视角
捕捉　明确意义　组织整理　深思　参与/行动
掌控

学会停下来……如果你跑得太快，就会把有价值的东西抛在后面。

——道格 · 金（Doug King）

不管是在学校、教堂还是市场，太忙都是生命力不够强的表现。

——罗伯特 · 路易斯 · 史蒂文森（Robert Louis Stevenson）

我们必须保持心神安定。如果眼神飘忽不定，忽左忽右、忽上忽下，就看不清眼前的东西；要想目光犀利，必须把视线牢牢地盯在眼前的物体上。同理，人的大脑如果被俗务缠绕、琐事纠结，就无法敏锐地洞悉真理。

——圣大巴西勒（St. Basil the Great）[①]

① 圣大巴西勒（约 329~379 年），希腊人，古代基督教教父，反对阿里乌教派，制定了隐修院制度，6 月 14 日是他的纪念日。——译者注

闲置不用的系统算不上系统

把一切事务赶出大脑，并没有解除你妥善处置它们的责任。人们常常兴冲冲地列出各类清单，设定了提示系统，然后就泄了劲，做不到像承诺的那样经常追踪和关注它们。

是的，即便你对生活和工作中的重要问题只执行了捕捉和明确意义两步，也能创造一定的价值。不过，如果你接着采取后续步骤，用结果导向型和注重行动的思维方法做出决定，对具有战略意义的状况深思熟虑，并按部就班地完成生活和事业目标，其价值更是不可同日而语。

你把自己关切的事务和活动外化，转移到某个大脑延伸结构以后，还必须对它给予适当的关心和呵护，才能持续享受自由高效的益处。你必须积极投入，不能敷衍了事；你必须根据它们在你心目中的意义，对它们充分重视，彻底思考。所以我用“深思”（reflection）取代了GTD最初的术语“回顾”（review）。

“深思”是（也应该是）必不可少的步骤。如果你根本不看日程表上标注的事务，当初就没必要做标注。如果你拨打电话时根本不查看电话清单，又何苦列一份电话清单呢？如果你本人或者整个团队不打算定期评估项目清单，以确保各个环节顺利推进，加强日常事务主次分明、稳步完成的踏实感觉，又何必把项目逐一列出呢？

深思的双重作用

回顾系统有两个同等重要的目的：（1）更新内容；（2）提供可靠的视角。虽然两者概念不同，却几乎总是同时进行、缺一不可。检查一下你准备在下次面谈时跟老板商谈的各项议事日程，你很可能会发现要补充很多内容，至少要修正它们的准确性和进度情况。这就自动让你对谈话有了把握，因为手头的材料是连贯的，相关内容尽在你的掌握之中。内容是最新的、全面的，你在这个议题范围内做了充分思考，调动了直觉，就可以取得更好的会谈效果。在一定程度上，你在工作生活的一切相关方面列出的所有清单，都遵循同样的道理。要想保持自主性，必须经常回顾你纳入系统的资料，以便及时更新，补充新内容。

掌握新情况

外部世界变化很快，我们还来不及全面掌握具体情况，它就已经改变了。你在做一件事时，不会（也不应该）考虑其他的事，这是工作的性质使然。你也许一直在捕捉，却不可能在事情发生的那一刻，当下加以明确和组织整理。因为生活和工作的关注层面分好几个级别，也许在某一个级别，我们的思考和结构做得细致周详，在另一个级别却远远滞后。

比如，你现在想停下正在读的这本书，看看日程表上标注的过去前两周、本周和后两周的具体事务。我敢保证，你会发现至少有一件以上的事务需要更新。你也许发觉，有些新情况已然出现，造成开放的回路，你却没有捕捉到。你看到计划中的会议和差旅，认识到本以为可以拖一拖的事情必须抓紧时间办理。同理，你为公司制订了战略计划，你给自己制订了年度工作计划；现在，你把它抽出来认真查看，发现有些地方需要修改，鉴于最近发生的几件意外的事情，必须添加新内容。是不是这样？你重看自己的工作职责，发觉过去几个月来重点发生了变化，也许有必要做一番自我明确，或者与老板、同事一道把问题理顺。是不是这样？

我本人做每周回顾时，有时会把清单上的好几件事勾掉；我几天前就已把它们完成，却一直没时间把它们划掉，更别提考虑下一步干什么了。我在研讨会上常常问学员，有多少人碰到过这种情况：过去几天以来发生了几件事，自己心里明知必须处理，要分几步才能完成，却没时间坐下来明确项目的准确性质，没时间认真思考接下来该怎么做。学员纷纷举手。我再向他们提出一个问题：你打算怎么处理这种情况？

时过境迁，项目的意义会发生改变，系统必须体现这种变化。上周还很热心的项目本周很可能就成了“将来”的项目，因为你有了新的需求。你上个月在日程表上标注了约见某人，本月也许要重新考虑，因为近日你的差旅日程出现变动。“电脑”清单提示你要撰写一份提案，由于客户提出了新的要求，它也许成了日程表标注的周一“必须完成”的任务。如果你一时偷懒，没能及时回顾这个系统，忽视了这些看似平常、实则重大的新情况，你很快就会陷入“受害者”的象限，承受巨大的压力。

对视角的深思

除了及时更新各项事务，深思还有一个同等重要的作用，它对摆正视角大有帮助。在自我管理矩阵中，掌控和视角这两个活跃要素是同等重要的。如果紧急事务让你疲于应付，各种琐事让你应接不暇、焦头烂额，那么，你不妨暂停一下，深吸一口气，站在更高的视角总览全局。当然，如果你能捕捉和明确意义，让周边事务条理化，就比较容易总览全局；但是，有些时刻，如果你不能退后一步，放宽视野仔细审视自己在做什么、没有做什么，你就会一而再、再而三地失去掌控。

在本书后面的章节，我要谈一谈6个“关注层面”，深入分析每个关注层面独特的总结步骤和方法。一般来说，关注层面的级别较高，你间隔较长时间对它进行总结回顾也不碍事。换句话说，公司的宗旨和你的年度目标可以隔很久回顾一次，相比之下，你的电话清单则必须经常查看。

这里要申明一条基本原则：实事求是地深入思考，把思考的结果用便于查询的格式保存好，有利于你在必要时尽可能高效地通盘考虑全部事务，开展细致的思考。我重申一遍：只有当你明白自己做了什么，没做什么，才会对没做的事情心安理得。除非你不断反刍，左右权衡，否则，你根本无从知道自己漏掉了什么事情。大脑本身处理事务的能力十分差劲，因为你的活动分布在多个级别和多个层面，庞杂繁复，它应付不了。大脑擅长的是记住提示信息，把它们理顺，用它们来持久激发创意思维。

这条心得与深思之所以重要的另一个原因紧密相关：大脑综合信息、展开联想的能力十分了得，你要把它的这种能力当作胶水，与外在的系统粘在一起。

用系统来理顺思考，用思考来协调系统，两者之间形成有趣的互补。世界上没有一个人的大脑能如简单的活页清单一般准确无误、实事求是地追踪项目和提示信息，也没有一个系统能如大脑一般审时度势、有条不紊地把活页纸上的事项综合联系起来。但是，你在捕捉事物时想不到它们彼此之间的联系，这就是为什么在头脑风暴时必须把脑子里的想法逐一写出来。只要你没把它写下来，大脑就抓住它不放。深思对摆正视角的作用可以用GTD的另一条基本理念充分表达：我们应该用大脑来思考材料的外延，而不是材料本身。

多年来，我们建议大家采用GTD结构列出行动和项目清单，最常听到的问题是怎么把五花八门的清单事务融合起来。“如果我在‘电话’清单上列出了‘给苏珊打电话，了解预算情况’，而我的项目清单却赫然写着‘预算已敲定’，那么，我怎么知道自己已经给苏珊打过电话了？”我明白，系统中的各项事务如果能够互为印证、环环相扣当然最好。实际上，在本书面世以后，人们很可能会发明操作简便、值得一试的软件来执行这项功能。不过，事实是，那些勤于查看自己的系统内容的读者很少提出这类问题。如果从你准备解决预算问题的那一刻起，至少每周一次（这是查看和追踪项目的最佳时间间隔），抽几分钟集中思考预算问题和当前状况；如果你每次打电话或一有空时就看一下“电话”清单，就不会担心清单事务与别的问题有什么牵扯。这种联想是一闪之念，而对具体琐事持之以恒的追踪查看可以保证视角前后一致，有始有终。

深思的蓝图

好像无论我们工作再怎么卖力，也摆脱不了疲于应付的状态。工作节奏越快，创意产出越多，就越有必要养成严谨的总结回顾和思考的习惯，避免拖沓和无谓的分神，不让生活琐事拖后腿，削弱我们前进的动力。

让人哭笑不得的是，有人把我列清单的建议视为负担，认为GTD的基本方法是小题大做。“把所有事情都写下来？想好每件事要采取的下一步行动？把所有内容记在……几张清单上？保存每件事的索引？还有……什么？每周花两个小时进行总结查看，把清单内容补充完整？你在开玩笑吧？我太忙了，哪有工夫做这些！”

老实说，这种质疑可以理解。人类实际采用的系统大多不够完整、明晰，也做不到没有遗漏，所以不能显著地减缓大脑的压力，难怪人们不肯诚心采纳某种系统。即便在某个时段他们果真做到了全面的捕捉、明确和组织整理，也无法长期将这种状态保持下去。这种状况的症结是，如果对过期的清单不做彻底全面的总结查看，它造成的压力不亚于它减缓的压力。

这里的难点好像是，一个人顺利跨过“组织整理”的第一道坎以后，阶段性的成功很容易让他产生一种短暂而虚幻的自由感。他好像在对自己说：“把它们抛在脑后真是太爽了，现在，我再也不愿意让它们回到我的脑子里了！”到了下一道坎，即把内容妥善归置，保持大脑廓清的状态，他就止步不前了。

这是我看到人们在运用GTD方法的过程中的又一个悖论：要想把脑子里的事务真正清理干净，你必须妥善地把它们装在脑子里。你要履行自己的诺言，对它们经常回顾和检视，以便使它们保持活力并具有可操作性；如果你没做到，它们就开始占据不必要的大脑空间，降低你的效率。如果你没有每周彻底检视所有项目，你的大脑的一部分就会不断地检视它们，却始终不得要领。如果你有多个约会，却从不看日程表，那么，你为了绞尽脑汁地回想起这些约会，必然要耗费大量脑力。换句话说，如果你没有自觉地、有条不紊地回顾各项承诺，那么，作为补偿，你就会一直心不在焉地回顾它们。

为了避免徒然受到干扰，即你一再想起某件事，却拿它一点办法也没有，你必须认真对待它，仔细思量，并且在你认为有必要时能把它想起来。这意味着你必须养成习惯，每隔一段时间就对各个关注层面认真思考一番。严格地恪守这个时间间隔似乎很困难，一点儿不错。但是你要记住，它不是外化的道德说教，也不是外界强加给你的规矩。你这么做，是因为你对自己做出了承诺。如果你一切正常，目标明确，用不着每年重新回顾一遍自己的事业目标，那么，你就做到了心思澄明。我再次重申：这些方法是对引起关注的事情给予适度的关注。我要强调一点，“适度关注”的范围包含你的一切行为，无论大小，无论清晰与否。你只需要在被提醒的时候提醒自己。

当然，所有方法都容易在陷入惯性之后，渐渐松懈，最后不了了之。好在重新上紧发条也很容易。关键在于有个可靠的结构蓝图，再加上定期的总结回顾。你只需用它们来填充不时出现的空缺即可。

办事效率高的人通常利用工作环境充当情境下的提示信息。比方说，你在办公桌前工作，只要你在椅子上坐下，电话、电脑、文件筐、公文包、PDA和日程表等工具一应俱全地摆在眼前，它们马上为你提供了思考和专心做事的平台。如果你喜欢烹饪，你一走进厨房，看到炉子、冰箱、菜谱、锅碗瓢盆，你立即就会想到瓜果蔬菜和晚餐。你也许一进入这些场合，就会想起要弥补的空缺、新的要干的活儿。眼前的情境刺激着你，使你不由自主地想起它们。你召开了员工或者项目小组会议，如果在会议上使用了白板、幻灯片或者打印文件，里面提到了日程表和其他相关事宜，那么，你就很容易掌握当前讨论的议题的最新状况，并且在适当的视角框架内展开建设性的讨论和决策。

如果你把这条原则举一反三，运用到工作和生活中更为微妙的兴趣和职责范围内，你会渐渐体会到我这里描述的外在的大脑延伸系统的妙处，如果你把它的内容做一番积极、活跃的处理，就会领略到它所释放的无穷力量。把庞杂事务的完整清单进行全面彻底的总结评估，可以增强创造力和自信心，让你的心境更明快，这是一定的！

gtd

第 8 章　获得掌控：参与

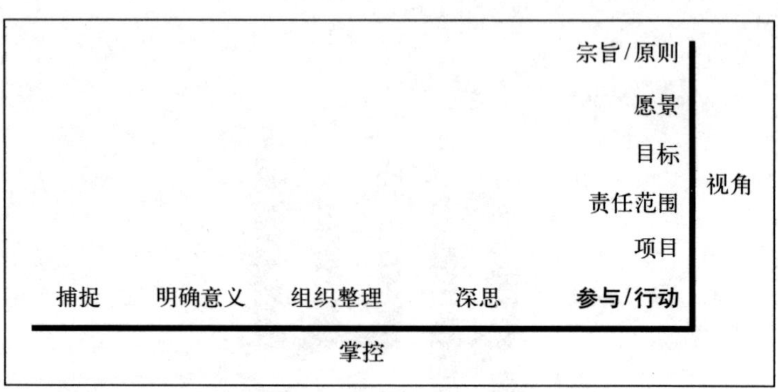

只有勇于付诸行动，而不是空想，才能掌握这个世界。做比看更重要……手是思想的利剑。

——J · 布洛诺夫斯基（J. Bronowski）

积极参与外部世界的第五步，也是最后一步，当然是积极参与。我知道这听起来简直是废话，但它千真万确。许多人在自己生活工作的多个层面，迟迟不能做出具体行动的决定。即便他们思考得足够深入，也常常不知道该采取哪些具体的相关行动，来真正兑现对自己的承诺。这里要牢记一个重要的概念：所谓自主掌控，究其根本是指你对具体资源的分配能力；简单地说，就是你现在要采取什么行动，以及你对要采取的行动是否满意。

你接受自己的选择，觉得满意吗？你看到这个句子，或者听到别人问你这句话的时候，你是不是发自内心地、由衷地认为，你此时此刻正在做的，正是你应该做的事情？如果你心里清楚地知道或者怀疑自己没有在做该做的事，如果你不知道自己是不是在做该做的事，那么，一定程度上你存在掌控不足的问题。如果你斩钉截铁地给出肯定的回答：是的，这正是我此刻该做的事情，时间和地点都合适——那么，你也许达到了行云流水的状态。至少在哲学的“存在”意义上，你感觉不到时间的存在，你不觉得不堪重负，也不觉得无形的压力压迫着你的神经。你不担心生活和工作会失去平衡，工作和生活甚至可能已经融为一体。你在做该做的事，一心一意，专心致志。

说到底，这本书描述的其他方法也是希望引领你抵达这个境界。用捕捉、明确意义、组织整理和总结回顾来获得掌控，就是为了帮助你清空内心的纷扰，在有限的具体选项的范围内确保明智而理性的视角。以成熟全面的视角，积极评价自己在6个关注层面的活动，可以显著地增强你的直觉判断，明确每一种选择的相对重要性。事实上，你一次只能做一件事，而且要全神贯注（虽然你可以中断一件事，迅速进入另一件事）。结果或标准其实是不能执行的，你只能用实际行动来实现它们。你在现实世界的一切投资、活动和参与行为，只能体现为具体行动。一切就在于你敲下电脑键盘、拨打一个电话号码、起身钻进汽车、开口说出一句话。

这个结论听起来再平常不过了，但是，我向你保证，行动层面蕴涵着神奇的魔法和威力。你可以扪心自问，也可以向那些似乎对生活保持着掌控和视角的熟人打听，为了积极参与现实生活，他们是怎么做的？你还可以问问那些似乎缺乏掌控和视角的熟人，多少人在怠惰无为和忙得不可开交之间来回打转？这里的指标不是人们做了多少件事，而是这些行动的质量。

这个层面的相关要素包括：明确具体的行动到最细微的地步，行动重点确定以后，再考虑它的具体因素。

下一步行动是什么？

本节我要接着斗胆重申一个明显的道理，因为不管我在培训过程中怎么苦口婆心地劝告大家，明确具体的行动对推动事情进展具有举足轻重的作用，还是有许多人迟迟不肯付诸行动。就连数以万计的已经了解GTD并付诸实践的读者，一到了明确和执行下一步行动的时候，也变得拖泥带水。清单被搁置一边、形同虚设，常见的原因是人们没有想清楚怎么去执行清单上列出的事务。如果你心不在焉地把一件模棱两可的事情列在行动清单上，比如“处理父亲的情况”，就很容易茫然无措。反过来，如果你想到给姑姑打个电话了解一下情况，那么下一步的思路就会渐渐明晰——“给罗伯塔打电话，问一下父亲的情况”就可以促使你快速行动起来。

一个基本的执行问题是“下一步行动是什么”。这个问题的答案在模糊与明朗、想法与现实、精神与物质（希望你不反感我用这两个词）之间架设了一座桥梁。

为了明确几个重要因素，比如从哪里入手推进事态的发展，需要花多少时间等，你必须想清楚必要的后续行动。如果没有这个决心，即便你处在可以利用的情境下，也会错失良机，拖延执行这件事，因为你以为（怀疑）自己抽不出时间。

比如，你也许去了五金商店，却眼睁睁地从万能胶的货架前走过，虽然妻子已经唠叨了两个星期，让你用胶水把家里的电灯修好。如果你没有想清楚修电灯的下一步行动是买万能胶，即便你看到了万能胶，也想不起来它是个关键要素，必然与它擦肩而过。同理，你在机场接到一个电话，完全可以轻松地抽出 90 秒发一封电子邮件，安排与 3 名员工开会集体讨论，督促他们启动一个大项目。但是如果你没有想好这件事的下一步行动，事情就会陷入瓶颈，因为你的大脑思考的问题过于宏大，在具体层面却束手无策。

不少人以为列在“待办事项”清单上的就是下一步行动，但情况往往很少是这样。即便你在清单上列了“安排与鲍勃会面”（多数人的清单事项还没有这么具体），你要采取的具体行动与它在实际生活中的意义之间依然存在差距。那么，你打算怎么安排与鲍勃会面呢？让助理去办？发封电子邮件？打个电话？如果你没有想清楚具体的行动，就没有完成对它的思考，你的大脑依旧不知道是该打电话、发邮件还是用别的办法安排。为了消除大脑的困惑，你必须完成思考过程：好吧，我给鲍勃发一封电子邮件，要求跟他见面。这样，大脑就得到了安抚，只要你要么马上发封邮件，要么把发邮件的提示信息放在一个可靠的地方，否则它就一直对你纠缠不休。

要判断你有没有把一件事彻底想清楚，便于立刻执行，最好的标准是看你能否回答下列问题：

- 先做什么？
- 怎么做？
- 在哪里做？

如果你不能明确地回答这 3 个问题，就得继续动脑子。

这个练习重申了我在第 6 章论述的部分内容，即明确引起你关注的事情。如果一件事可以采取行动，它就有相关的下一步行动，你就得把它想出来，把答案放在一个可靠的地方，这样你的大脑才能彻底把这件事丢开。

我在本章再次强调这个原则。我从事个人和机构高效运转服务多年，发现了不少好办法，这条原则衍生的影响也许是最深远的。只要我问自己“这件事接下来要做什么？”与我采用别的办法相比，它马上就能产生新奇的创意，做出棘手的决策，开展重要的谈话，引发别出心裁的想法，进而思路清晰，动力增强。

就特定情况下的价值而言，找出下一步行动与指明预期结果的效果是平分秋色、不相上下的。但是如果我为了提高效率必须二者选其一，我可能会毫不犹豫地选择“下一步行动是什么”。

为什么选择下一步行动？我见过不少人空有满腹雄图大略，却由于缺乏清晰的思路，不知道下一步该做什么，而使整个设想沦为空谈。反过来，如果一个人承担起责任，就必须明确一件事的下一步行动，这样他绝对会把目光放远，把这件事纳入更高层面的活动。下一步行动是什么？对，是达到某个目的。但是为了达到这个目的，我们必须考虑如果出现某种情况……嗯，是的；这就引出了我们究竟要不要这么做的关键问题……

你其实不可能二者选其一。行动由预期结果决定和过滤，结果由行动实现。但是，因为人们在工作和生活中主要用可能的行动清单来获得掌控、摆正视角，把行动具体化似乎就成了一个让人精神振奋、踏实办事的情境。在执行具体行动时明确蓝图，比先有蓝图、再明确具体行动要容易些。

我们在多年的培训中，以“下一步行动是什么”为主要动力，帮助客户处理电子邮件、工作篮和脑子里的纷繁事务，也是这个原因。如果这个问题没有得到解决，整个局面迷雾笼罩，再高深的思想也会付诸东流。在努力回答这个问题时，更深层次的问题偶尔也会浮出水面，亟待处理，我们唯一的解决办法往往是把它们点破，迎难而上。

一则有教益的小故事：明确“下一步行动”的好处

我生平只遇到过这样一个人，他没有接受过培训，却独立想出并采用了个人提示系统，其基础就是具体的下一步行动。有一次在飞往圣塔芭芭拉的旅途中我邂逅了这个人。

教我懂得“下一步行动”这个概念的是迪安 · 艾奇逊（Dean Acheson），但他本人没有使用这个词。他在与许多高管合作的过程中发现了“下一步行动”对打开思路、理顺工作的重要性。而这种方法的另一位发明者则是我乘坐飞机时的邻座，此人让我很是诧异。我们寒暄了几句，接着闲聊起来：“那么你是干什么工作的？”后来我们给对方看了彼此的个人系统和清单。他看到我的清单之多之细，有“电话”、“电子邮件”、“购物”、“谈话”等，感叹道：“啊，除了我，我还没见过别人能把事情分得这么细的。”（他的清单也不比我的逊色）。我说，除了我培训过的学员，我也没见过别人这么做。我问他：“你是怎么想到这个办法的？”

此人名叫杰克·斯塔斯特（Jack Stuster），是加利福尼亚圣塔芭芭拉的安那卡巴科学公司（Anacapa Sciences）的管理者兼首席科学家，在心理学和人类学方面造诣极高。他也是研究人类在长期隔绝的高压环境下的行为模式的世界级专家。他撰写了一本重要的参考手册，研究在这种环境下容易使人行为失常的因素。他为空间站和南极考察之类的国际合作小组担任顾问。在这些环境下，小组成员必须精准可靠地执行任务，虽然他们的心理在严酷而极端的环境下面临着濒临崩溃的危险。

我问他是怎么想到具体的下一步行动的概念的。他的回答给了我一条线索，让我在多年以后领悟到GTD方法何以得到如此广泛的采纳，并且经久不衰。他为处于隔绝环境下的工作者撰写指导手册，目的就是在突发事件发生时，他们可以查看程序，指引自己评估和纠正问题。请你猜猜看，对一般情况下的普通人，什么时候要如此这般地恪守章程？你猜得很对：操作仪表盘的一连串步骤。绿灯不亮，操作A。红灯亮起，操作B，以此类推。杰克发现，提前把必要的具体行动想好具有奇特的效果，在你只有工夫执行、没有工夫思考的时刻，你可以信赖它引导你完成任务。于是他自然而然地把这套办法用在了自己的生活中。

一旦你知道了下一步行动……

想好了要采取的下一步行动以后，为了掌控持续发生的新情况、持续接收的新信息，降低系统追踪的滞后性，还要做出一系列的决定。在两分钟内可以完成的事务应该立即执行；如果可以，把其他可行的事务委派给别人。完成这两步，剩下需要你追踪的就是两分钟以上的行动。[也就是GTD广受欢迎的“3D”模型——执行（Do）、委派（Delegate）和延后（Defer），详见《搞定Ⅰ》（最新版）。]

两分钟原则的依据是：如果一件事立即完成只需不到两分钟，那么，事后再整理、回顾和执行它往往要超过两分钟。

一件事如果别人可以执行，他就应该接手（假定你们之间存在适当的协议关系）。这样的“委派”未必是指对下级的指令（但也不排除这种情况），它可以是把一项工作交给同事和老板，如果由他们处理更具权威性的话。

把一部分任务即刻完成，把其他事务交给别人处理，事实证明，这两种方法是高效工作的好习惯。我和员工日复一日地在办公桌前对客户开展一对一的培训，本质上不过是教他们在处理工作篮里的事务时，立即执行两分钟以内可以完成的工作，现场把其他任务委派给别人。这样一来，客户的时间得到了有效利用，产生了明显的流畅感。有客户说，实施两分钟原则以后，他觉得时间好像凭空多了6个月！

当然，除非你理解“下一步行动”的概念，并对工作篮内的一切事务明确思路，否则就享受不到这些好处。如果你还没想好某件事的下一步行动是什么，那么，就不知道它究竟要花两分钟还是两小时。一摞一摞无人问津的文件夹和电子邮件中，有大量工作是可以即刻完成的，如果你找到它们，把它们解锁，并分门别类地加以归置，就会产生稳步前进的感觉。

同理，如果对下一步行动的思考不彻底，就不能有效地委派任务。许多情况下，你不能把整个项目交给别人，因为你是项目的总负责人。而下一步行动则完全可以交由他人执行，只要你知道它是什么。我们在培训企业高管时经常发现，最好预先提醒一下高管们的直接下属，接下来他将收到上司下达的大量指令。不是上司突然发明了许多新项目，而是上司突然明白了。因为他先前没有理顺下一步应该怎么行动，结果使问题陷入了瓶颈状态，现在瓶颈打通了。他想好以后，很多任务都可以交由下属去执行。这是对的。理想情况是，依照两分钟原则可以委派他人执行的事务，都应该委派出去。发电子邮件也许是最便利的委派方法。不过，也有些交接比较敏感和复杂，最好当面交代，并且根据谈话对象的不同，分别在议事日程清单上加以追踪。

所以，如果你对工作量掌控得当，那么，最终剩下的相当一部分工作就是你亲自执行的和你用提示系统加以追踪查看的事务。许多任务可以在其一出现时即可完成，根本无须列在清单上，还有许多任务可以在其一露头时就交给别人，你只需追踪你等待的结果即可（你也许要记得再次过问它）。

处理工作篮的时候，为了明确工作内容，需要进行大量的思考和决策；你把工作篮里的事项清零时，实际上就切实推动了思考和决策。但还有不少事务等待你去处理，今天可能做不完。那么怎么掌控你的工作量呢？

纳入所有的参与要素

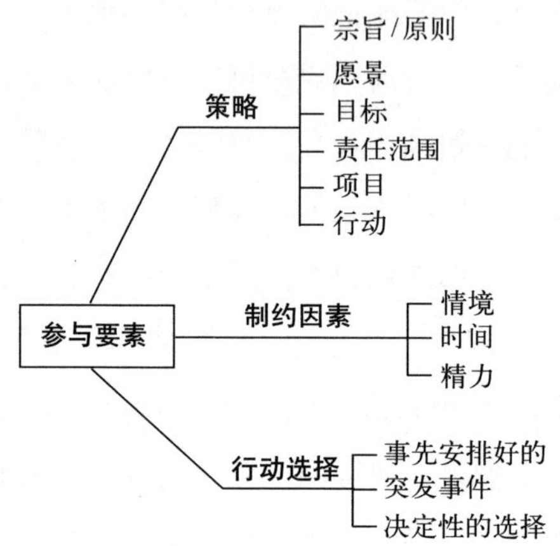

现在，你必须想清楚接下来究竟要做什么：关于母亲、下次休假、孩子们的暑假活动安排、与竞争公司可能的合并等。在引起你关注的事务和你知道必须执行的事务当中，它们的优先级别怎么安排才合适呢？

让我们认真分析一下影响决定的变量；变量多而杂，你不能用简单的优先排序法比如A、B、C或者1、2、3或者高、中、低来区分。你必须一再考虑自己的6个关注层面、行动的3种制约因素和你打算做出的3类行动选择。

一天当中，这些变量特殊的排列组合可以多达几千乃至上万种。事实上，每当你决定把重点转向一个新任务，至少意味着当下那一刻，你打算把实际情况与你特殊的优先排序模式相匹配。

你决定停下撰写每月报告，站起来伸个懒腰，走过去喝杯咖啡，你就做了一个重新分配精力的决定。理论上，你每天要做出 5 万多次这样的优先判断（据估计，人一天当中产生的新想法多达 5 万个），你的每个想法（原则上）都是一种选择。如果你过于强调一种认识，即只有寥寥几件事堪称“优先任务”，那么，只要你没做这几件事，就会感到焦虑，效率因此也不高。这是在给自己设置障碍，而这种认识并不完全正确。

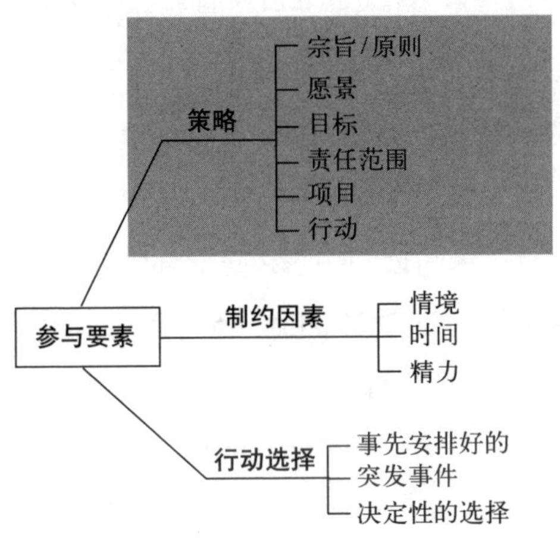

从概念和逻辑上讲，你决定采取什么行动，应该与你在较高层次的追求相一致，它们应该是自上而下达成统一的。这是战略和战术思维的框架，顾问常用这个框架来协调企业的宗旨、目标和计划。哪封电子邮件先回复？应该是能实现你和企业的宗旨、与你的核心价值观最相吻合的那一封。

不过，为了让这条原则更具可操作性，较低层次的关注层面必须具有一定的详尽度和丰富性。从长远看来，你想实现和表达什么样的高远目标和价值观？为了确保实现宏大的预期目标，怎样的短期目标应该被定为季度目标？为了确保系统正常运行、目标顺利实现，重点必须采取什么措施来维护，由此产生了哪些必须执行的工作？要想推动这些因素，实现持续进步，你此刻可以执行的下一步行动有哪些？

理解这些战略标准的另一种方法是自下而上。你和你的企业采取某项行动（跑道：即当前行动，堆积起来等你处理的一切事务的工作清单），它服务于项目（1 万英尺）或责任范围（2 万英尺）。项目发挥了作用（增加销售、保持健康、服务客户、控制质量、管理资产等），让你迈向更高的目标（3 万英尺）。这些结果进而推动你朝着更加高远的构想迈进。你梦寐以求的目标（4 万英尺）本身体现了你的宗旨和理想（5 万英尺）。所有这一切要在你的核心价值观框架内执行（5 万英尺）。

这个环环相扣、层层递进的优先级思考模型是合乎逻辑的常识。概念很简单，无非是用 6 个层面来突出重点，却是个把议题置于掌控之下、使之朝向正确目标的极其实用的办法。这个自下而上的优先级排序是摆正视角的关键，每级有不同的内容和步骤，我会在本书的后面几章深入探讨。

如果你能在 6 个层面用成熟的思考和决策保持对周围世界的最大限度的掌控，当然再好不过了，但这很难做到。级别之间的过渡非常复杂，好在还有两个更细的框架，你必须用它们来决定自己做什么、不做什么，必须把它们纳入你的日常工作和生活中，才能始终轻松应对、遥遥领先。

制约因素

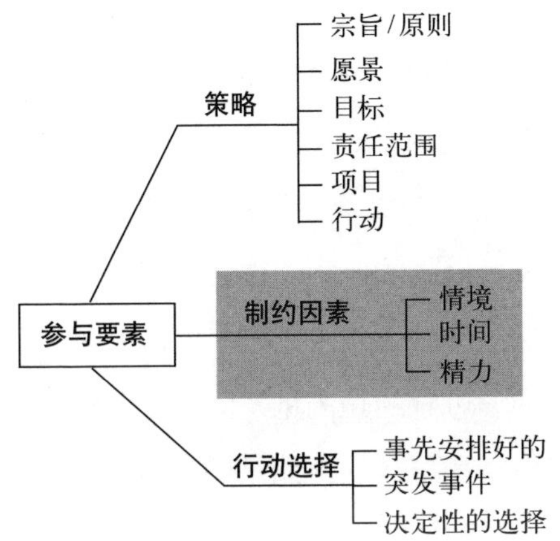

假设你对生活中某些具体问题的一切可能行动进行了捕捉、明确意义和组织整理，假设你在各个相关层面的思考都已很成熟，为了推进事态发展，仍然会有一些现实因素必须考虑到，即你的想法可能受到情境、时间和精力的制约。

情境

面对摆在眼前的诸多选择，此刻你能做什么？你把想好要做的所有事务统统完成是不可能的，因为这些事务大多要使用具体的工具，或者在特定的地点才能完成。你在办公室有工作要做，在家里有活儿要干，除非你所在的地方正好是你有事要做的地方，否则，你的选择必然受制于你所在的地方。你要用电脑完成几项工作，可是如果你的服务器坏了，电脑被送去修理，这个选择就自动失效了。如果你乘车前去会见某人，在车上发现手机信号不好，那么，打电话的可能性就被排除了。在任何一个具体的时间点，你都只能做特定的事情。

所以，我建议你根据情境对各种行为提示信息进行分类。根据情境分类不是无缘无故的，它是限制你的选择的第一道坎，让你避免想起自己做不了的事情。你外出办事，唯一真正要关心的是外出事宜清单和可以打的电话。你在飞机上，带着笔记本电脑，你可以做必须用到电脑的工作（无须联网即可）。当然，在飞机起飞或降落时，你唯一可做的是浏览“阅读/回顾”文件夹。我不是说你必须做这些事，我只是说，如果提示信息体现了具体的场合，你就会比较容易考虑到可选范围。

如果你和我一样，觉得必须客观地追踪必须采取行动的每项事务，就会发现自己几乎每时每刻都有150件以上的事情要做。如果把它们统统列在一张清单上，那么，如果你想趁着接女儿放学的几分钟打几个电话，在查找电话号码时，你会是什么感觉？你满头大汗地在外出事宜、要跟丈夫商量的事、要在五金商店购买的物品、要起草的电子邮件等诸多事项中搜索你的电话清单。如果这些事务已经根据情境进行了分类，找起来就会很轻松，你一眼就能看到上面列出的8个电话号码。

时间

第二个影响你能做什么、不能做什么的制约因素是时间。在员工会议开始前有15分钟的空隙，你不会着手一项必须不受干扰地花半小时才能完成的任务，不管这件事有多么紧急。通常，你要采取的一些极具战略价值的下一步行动，往往要求大段安静的时间。我在写第一本书时，是吃过苦头才明白了一点：为了写得流畅，才思泉涌，必须保证写作的时间。如果我想在不到两小时的时间内开展建设性的创意思考，就是白费力气、自讨苦吃，两小时内根本无法进入下笔如有神的写作状态。宁可不写，也不要强行把写作塞进一个不适当的时间段。

如果你只有 10 分钟的空闲，你想高效利用这段时间，最好选择你觉得可以在 10 分钟内轻松完成的任务。

显然，鉴于优先排序还要考虑其他因素，你还必须建立具体的结构，为需要时间保证的重要行动留出充裕的时间。这种考虑周密的计划倾向于发生在每周回顾模式中，即你把目光提高到 1 万英尺的高度，纵览了今后几个星期的事务，照顾到一部分已经修改的最后期限，也考虑到先后登场的无数其他要素。

这里的关键因素是，除了你身处的场合，你的选择还必须考虑到可支配时间和执行任务要花费的时间。

这显然是把手头的工作逐一列出的又一条重要理由。不管你有多少可支配时间，受什么条件制约，总有些任务是可以在制约条件下完成的。

精力

打算行动时要考虑的第三个因素是精力。你在某个时刻的脑力、心力和体力条件下，能有效地执行你准备做的那件事吗？即便你坐在电脑前，即便离下班还有一个小时，你有精力起草一个大项目的提案吗？如果你刚休息了一会儿，觉得精神焕发、情绪高涨、思维敏锐，当然可以……动笔吧。如果你刚开完会回来，会上与员工进行了唇枪舌剑的辩论，你的重感冒还没好，那么，你也许最好做些无须耗费太多脑力的工作。处理一下积累的电子邮件、更换一下打印机的墨盒，这些也许是积极参与、高效工作的可取选择。

对可能的行动保持一套完整全面的提示系统，精力也是一条理由，这样你就可以把手头的工作与身心状态相匹配，更多地处于“舰长和指挥官”象限。如果你接连出席了3场视频会议，每场会议都不得不绞尽脑汁、巧妙周旋，那么，你也许不想在散会后立即给上司打电话，商讨一个棘手的问题。如果你除了喝咖啡，还想做点别的，那么，可以打电话更改一下酒店预订，或者预租一辆汽车。在你精力不济时，总有些必须完成的琐事要做，而且你可以做好，这是很不错的选择。

当然，做小事是因为你能做好和做小事是为了逃避做难办的事，两者的分界线很模糊！不过，如果你反正要推迟处理某件事，倒不如享受一下眼前的闲暇时刻，优哉游哉地做一些建设性的琐事。虽然焦虑，还是做了点事，比什么也不做却忧心忡忡要好。只要你愿意建设性地投入工作和生活，任何行动都可以把你的能量引向正确的方向。你也许真的能重新获得强大的动力和充沛的精力，可以着手处理一个有点儿风险的项目，获得更高回报。

行动选择

与你决定采取什么行动有关的最后一组变量是，你是否对明确地列在行动清单上的事项、需要即刻执行的临时冒出的工作、可以抽时间整理的新情况和新信息进行后续追踪，以便全面更新可能的任务，重新列一张清单。

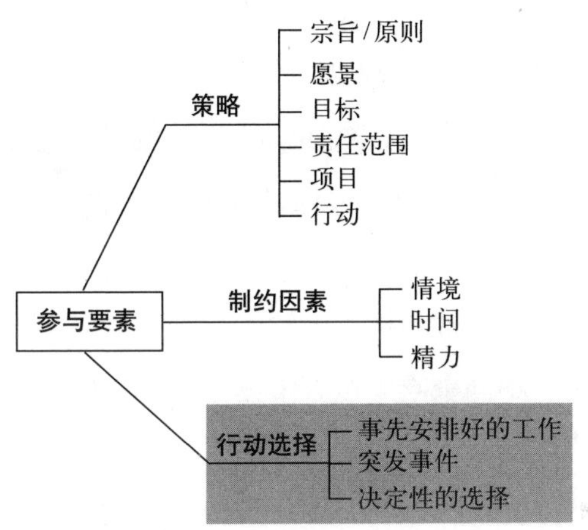

事先安排好的工作

“事先安排好”只是一种空想，但它却准确地描述了你的行动、项目、目标等清单上的内容。当然，你也可以只做行动清单上列出的事务。但是如果你明确了自己人生较高层次的追求，并把它们转化成了具体的下一步行动，那么，在上述清单上你就有不少事情可做（在我前面提到的制约条件下）。

在获得掌控的捕捉和明确意义步骤，相当一部分内容是明确你在各个层面的工作，它们的提示基本上都落在“下一步行动”

清单上。典型的职场人士坐在办公室里，也许有 15 个电话要打，有 30 件事要用电脑完成，有 12 件事要向老板汇报，有 7 件事要在办公室里完成，另外还有 3 件事等待落实。所以，假设他的时间和精力没有问题，那么，可供他选择的工作范围相当大。

突发事件

即便你的待办事务全都是预先定好的，生活也具有挑战性。但是，你可能认识到了，不管你的清单多么详尽全面，没有疏漏，还是会出现各种意外，它们都是清单未能覆盖的。

首先，有大量常规活动，无须预先计划或列在清单上，却必须在一天或一周内完成：取回干洗的衣物、遛狗、跟助理聊聊家常、查看股价、请同事吃午饭、午休等。仔细想一想，这类未经规划的事务的数量着实惊人。

第二类事务也许不会让你感到惊讶，即临时冒出、必须处理的事：突发状况。老板突然闯进来，交给你一项任务，要求你马上执行。你接到学校打来的电话，被告知儿子在操场上把胳膊摔断了。客户打来电话，说他弄到了一大笔额外的预算，准备交给你。

你碰到过这种情况吗，一天之内接二连三地出状况，列在清单上的事情一件也完成不了？太多了，谁都免不了。这是好事还是坏事？看情况而定。如果每件事都比你原本打算做或者不得不做的事情重要，那么，你的决策就是成熟老练的自我管理的结果。但是，如果你面对一大堆积压的面目模糊的任务和材料，心里隐隐不安，不知道自己能做什么、必须做什么，那么，意外的干扰和额外的要求只会加重你的心理负担，引发胃溃疡等不适症状。你不能自信地当机立断，调整事务清单上的优先顺序，而是被迫丢下一件事，马上转入另一件事，因为你不相信自己能把它抓住，暂时搁置，过后在更合适的时候再处理它。

怎么处理突发状况，你对自己的处理办法是否满意，基本上取决于你能不能总览全局，使手头的任务尽在掌握，取决于你能不能用可靠的清单系统来评价突发状况。如果你不得不在一条黑漆漆的走廊上摸索前进，那么，你绝不希望自己被前景不明的项目或处理不当的电子邮件分散注意力。一旦遇到意外状况，你希望调动全部的感官，轻松便捷地在事务的大小之间转换视角，在当前的处境下平稳地航行。

这就是你在无事可做的时候，最好清理积压事件的原因。无法预料的突发状况总会出现，一旦出现，你应该在心理上给它留有余地，不让待处理、未决定的材料把空间占满。当今时代，我们的生活似乎越来越多地充斥着意外事件和突然降临的机会。我的个人行动管理系统，90%的用处大概在于，一旦出现突发情况，我可以用方便快捷的办法与自己重新协商，停下手头一切其他事务，马上把它纳入系统。但是，如果我的清单不够全面，我先前的事务安排得不够明确，那么，我就不相信自己的判断是对的。

决定性的选择

第三个可能的工作重点是明确工作内容的行动：处理工作篮里的事务、清理电子邮件、清空语音信箱，这些行为能保证你在纷繁的工作中没有忽略每个应该考虑的细小环节。通常这些事每天要花 30~90 分钟。思考是要耗费时间的，但是要想明确和管理你的工作，就必须进行思考。

那么，我们这里讨论的 3 个选项，你怎么决定哪个是最佳选择？这就是创造力活跃、工作效率高的人们日复一日地面临的难题。这第三个层面——处理新情况——常常抢占先机，因为手头的工作没有止境。但是，实事求是地说，你多长时间不检查语音信箱，也依然知道你没有错过重要事件？你可以积攒多少封电子邮件不予处理，也深知自己此刻做什么、不做什么的判断是对的？

GTD方法旨在尽量简单、尽量详尽地明确工作内容，保证你用这套办法列出来的事务清单一目了然，便于查阅，而且你能自觉遵照。

如果我突然想小憩片刻，小憩是我近年来比较重视的活动，我准备躺下来的时候，对还有哪些事要做（但现在不做）知道得越清楚，就越安心，休息得也越好。我不是用睡觉来逃避变化无常的其他事务，而是因为此刻与做其他事情相比，睡觉是最佳选择。但我必须清楚地知道，“其他事情”是哪些事情。

长远看来绝对行不通的是你的生活和工作长期处于“紧急扫描”状态，即你的清单永远含糊不清，你永远不能充分、明确、迅速地与自己重新协商。如果你从来不知道自己必须做哪些事，就不得不耗费大量精力修残补漏，在事情突发时紧急救火。你在生活中就只能摸索企盼，做不到胸有成竹，因此也不能获得成功。

优先排序的难题

那么，把影响你选择的因素面面俱到地考虑在内以后，会出现一大堆问题：你是否知道自己的人生目标和核心价值观，并明白你积极效力的企业的宗旨和价值观？你是否对自己和企业的长远成功的愿景十分明确？你是否确立了今后一两年要实现的重大目标？你是否在工作和生活的一切重要的兴趣和责任范围内总结和评价了自己的进步？你是否明确了自己今后几个月内承诺要完成的数十个项目（它们的顺利执行必须经过 100~200 个“下一步行动”）？你要在执行上述任务的同时，不忘维持生活正常运转的上千件琐碎小事，而这一切都要在不可预见的突发状况随时可能出现的情境下巧妙地运筹。然后，根据你所处的场合和你的时间以及精力，你才能随时由衷地相信，你正在做你必须做的事情。

在这些方面，你做得怎么样？

每次我描述人们必须考虑的优先排序的决定因素时，听众大多表示出一定程度的惊讶和佩服。我从没见过一个人（包括我自己）可以坦白地说，一般情况下自己对上述问题全部心知肚明，所有方面堪称顺心如意。是我夸大了这些要素的重要性和复杂程度吗？我想没有。我再说一遍，依照我自己的标准，就探讨高效工作的最佳方法而言，如果它的模型与现在相比太简单或者不完整，效果就会大打折扣。简化或者不完整的模型在某些层面总有遗漏，人们对其效力的信任就会受到损害。我反复尝试，却不能把这个优选要素的模型变得更精练一些。我这里涉及的每个要素都会影响到行动的选择。如果你想取消其中的一项，比如行动要花费的时间、地点、关注范围（比如健康或个人理财）、核心价值观、明确的项目、具体的行动决策等，就会漏掉根本要素，到某个时刻，致使整个优先排序模型失效。

如果你一再逃避根据优先排序采取行动，拒绝承认它们的复杂性，或者你根本不知道它们是什么，那么，你必然会感到生活多多少少失去了掌控。如果你的事务同等重要，无所谓主次，这没有问题。但是，假如你想提升和表达自我，想改变现状，拓展自己的经历，你就必须做出优先选择。你有了方向，就要求具体的行动。如果你没有进步，没有达到目的，你就觉得“消沉”不是“振奋”。前进的方向和速度由你自己决定。随便指定一个时间点，你做某一件事都比做另一件事更可取。

说到底，你必须相信自己的理智与直觉相结合做出的判断。把全部信息一网打尽，再用逻辑和数学对它们做一番加减乘除，得出一个准确无误的答案，是绝不可能的。在现实生活中，影响行动选择的因素太庞杂、太细碎，大脑必须经过极其巧妙的整合，发挥联想和连续思维的功能，才能加工处理它们。

如果优先要素能够被系统地找到并予以支持，大脑这方面的能力就会大大增强。我可以肯定地告诉你，根据我多年使用这些模型的经验，我在这本书里描述的每一种方法，只要运用得当，都可以帮助你加强掌控，摆正视角，让你笃信自己正在做的事情是对的。

读者对我前两本书的常见批评是，因为我把重点过多地放在战术层面，强调掌控实时流入的工作量，而忽略了分清主次的问题。其实，我在这里告诉大家的基本原则在《搞定Ⅰ》（最新版）第 3 章也提到过，只是谈得不深入，也没有像读者期待的那样对这个问题予以重视，因为：（1）大多数读者的主要要求是获得掌控的战术方法，还没有达到思路清晰地安排优先事务的地步；（2）如果没有可靠的系统方法把重要事务转化成切实的行动，优先排序反而会给人造成压力和挫折感；（3）优先级的主题必须予以认真对待，要比简单的“每日待办事项”清单或者 ABC 排序法更深、更细。我又花了好几年，积累了不少经验，才把这个问题搞清楚，才能再写一本书（即本书）来详细阐述我的想法。

进展顺利的要素

有时候我想，我们对目标、规划和优先事务的态度应当放松一点，不必过于拘泥。尽量捕捉、明确和组织管理你发现的问题，在引起关注的各个层面与自己或其他重要人物开展基本对话以后，你只要行动起来即可。如果你发现自己偏离了正轨，马上纠正，继续往前走即可，永远如此。坦率地说，你以前一直都是这么做的，今后也一样。所以，在任何方面、任何时候，都不要给自己设定过于浪漫、过于理想的标准，不要奢望达到完美的行云流水的状态。

这也是人生要有一张地图（比如我在这本书里描述的地图）的主要理由。5 步掌控和 6 个层面的目的，都是让你在事情不顺利时回归正常。如果你知道自己有张安全网，就敢于去冒险，也可以没有后顾之忧地去探索未知世界。我这里提出的结构不该被视为制约条件。它们意图为你提供一个可靠的框架，让你在把工作当游戏、把生活当工作的过程中占领先机。

说来说去，行动是关键。是的，只要行动起来，哪怕这个行动“不正确”或者不是最好的办法，也比犹豫不决地悬在那里能让你产生更强的掌控感。我在学习武术期间明白了一个重要的道理：行动是高效的最佳状态。在动的过程中做 180 度转弯比由静而动、完成 180 度转弯耗费的精力要少。不过，这并不是让你忙到人仰马翻的地步。有时候，把节奏放慢，退到内省反思的状态也很有必要。其实这不是放慢节奏，只是舒缓身体和神经，让大脑继续保持高度活跃。

gtd

第 9 章　获得掌控：把GTD运用到工作和生活中

让我们来认识一下罗恩 · 泰勒。一天下午，罗恩发现信箱里躺着一封信，是由另一座城市的一位遗产代理律师寄来的。信中写到，罗恩失散多年的婶婶格雷西 · 科特去世了，给唯一的亲人罗恩留下了一小笔遗产。这份遗产主要是一家小店，名叫“格雷西的花园”，小店在当地小镇似乎仍在经营。信中要求罗恩与律师联系，决定处置小店的相关事宜。

罗恩前往小镇了解情况，看看这笔意外的遗产究竟是怎么回事。他租了辆车，经当地人的指点，按图索骥，在小镇郊区找到了“格雷西的花园”。

眼前是怎样一番景象！好像是个园艺用品店兼小型幼儿园，同时提供园艺景观设计服务；但是店里面空荡荡的，一个人也没有，看样子好像已经停业几个星期了。上千盆没有及时修剪、满是枯枝败叶的盆栽四处堆放着。罗恩用钥匙打开办公室的挂锁，映入眼帘的是四散的邮件，是从门口的细缝里塞进来的。小小的办公室内文件散落了一地。店内杂乱无章，肥料、种子、园艺用具和设备胡乱放置，乱七八糟。店面很乱，显然是一家无人料理的店。

那么，这种情况怎么处理呢？虽然接下来要做的事好像不外乎常识而已，但我还是要采用获得掌控的 5 步框架：捕捉、明确意义、组织整理、深思和参与。

掌控“格雷西的花园”

你也许会想到，接下来，罗恩自然而然的第一步是回答一个问题：他究竟想怎么处置这家店？当然，考虑这个问题没有坏处，他脑子里肯定想到了好几种处置办法。

不过，当务之急是掌控局面。如果你都不知道这家店是干什么的，经营状况如何，必然会严重地影响到对它的明智处置。

于是，罗恩抽出一个周末，卷起袖子埋头干起来。

捕捉

首先，罗恩很快绕着这块地走了一圈，搞清楚它的面积大小，考察了它的基本状况。接着，他收拾了堆在办公室的旧橡木办公桌上的杂物，放了一只工作篮，准备了纸和笔，然后又实地考察了一圈。这一次，他把自己注意到的问题记下来，把一些看似有用的纸质文件或者其他东西投进工作篮，还用办公室的几只空箱子充当临时收集点。哪些东西显然坏了？哪些东西还能用？哪些还不知道其用途，不过也许有用？

同时，他专门弄了个“垃圾”堆，把显然没用的东西、枯死的植物或者失效的肥料之类丢掉。

这些东西基本清理完毕，他认真地给这块地算了细账。资源、设备、可行的事项有哪些？有什么文件？这家小店的性质是什么？账本在哪儿？它现在和过去的顾客是哪些人？它现在和过去的买主、供应商、银行家、会计、律师和员工是哪些人？

在捕捉阶段的最后也是最难的部分，罗恩对“格雷西的花园”做了全面的现状评估。因为花店规模不大，他依次评估了它的市场、竞争地位、声誉、地方经济和环境等情况。

明确意义

现在，罗恩开始从大处着眼做决定。哪些资产值得保留？哪些产品和设备还有用？什么文件要保存？哪些供应商仍然可以合作？

对于各项事务的轻重缓急，他渐渐有了些眉目。他的目标是什么？他必须做哪些事情来了解情况，理顺头绪，才能做出处置这家小店的明智决定？不管把它卖掉还是继续经营，显然都要明确当下必须进行的几项工作。

对于这些工作，必须采取的下一步行动是什么（给园艺专家打电话、去五金商店买东西、在地里干活等）？

组织整理

然后，罗恩开始组织整理。他制定了项目和行动清单，整理了参考文件夹，为每个项目设置了单独的文件夹。如果他能跟以前的员工（现在仍然跟小店有关联）取得联系，他还可以画一幅简单的组织结构图，安排大家开几次会等。

深思

在这一切的起步阶段，罗恩也许必须在一周内几次停下来考虑自己了解的情况，以及已经完成和尚未完成的工作。这也是他跟朋友、顾问、律师、会计、地方官员和其他人商量的好时机，只要这些人能给出中肯的建议，帮助他对眼前的状况和自己的计划摆正视角。

参与

白天，罗恩忙着打电话、记笔记、填表格、查资料、买东西、开会和跑来跑去办杂事。这些源源不断的活儿都是由先前的步骤派生出来的。

罗恩 · 泰勒掌控了自己的生活

罗恩意外地继承了一家他一无所知的小店，在实际生活中，我们大部分人经常接到的任务也属于这种情况。一件出乎意料的事可能是好事，也可能是坏事，或者好坏参半。不管这件事到头来给人的感觉是喜是忧，它必然是新的、未知的，要求马上予以关注。罗恩在生活的其他方面已然非常忙碌，身不由己，再增添一件难办的大事，很容易使他的系统整个阻塞，以至于让他措手不及，慌了手脚。

现在，罗恩在一定程度上让“格雷西的花园”恢复了正常的经营。他知道，现在自己也需要恢复正常生活，因为这家小店把他原先的节奏打乱了。

于是，他很快又花了一个周末，回到家里和办公室，把积压的事务处理完毕，恢复了原先按部就班的生活。

捕捉

罗恩匆忙赶去打理婶婶留下的遗产时，家里和办公室积攒了很多事务没有处理，他花了几个小时把它们都收集起来。他清理了语音信箱，把留言笔记投进工作篮。他清空了公文包，把从“格雷西的花园”带回来的杂七杂八的文档投进了工作篮。然后，他拿起一摞纸，做了一次彻底的“大脑清扫”，把前几个星期忙忙碌碌中漏掉的零散事情一一列出清单。

明确意义

接着，罗恩清理了工作篮和笔记，想好了要做的事和要采取的下一步行动。他剔除了无关内容，把将来可能有用的和重要的参考资料分类保存好。

组织整理

然后，罗恩建立（或清理、更新）了自己要追踪的分类系统。他把“格雷西的花园”的未尽事宜纳入他的生活和工作其他事务的清单，做出适当的承诺并让它们有所归置，确保这些结构和清单条目分明，“格雷西的花园”的全部相关资料和提示信息各就各位。

深思

每隔几个小时，罗恩就觉得必须从紧锣密鼓的日常事务中抽身出来，认真想一想自己有没有漏掉关键的问题。到了周末，既然他已经了解了新情况，就抽出两个小时时间细致地总结所有的项目、行动和时间安排。他更新了所有内容，把一些项目的重要性降级，还产生了关于事务进度的更多想法和打算。

参与

这一切重新归结为罗恩每天忙忙碌碌地操办的诸多行动。

那么……

这个虚构的故事看似简单，却反映了一般情况下人们（不管个人还是企业）加强掌控、获得平衡感的常规行为。故事虽然是杜撰的，而且显然是对真实情景的高度浓缩，这里描述的步骤却体现了GTD方法的精华，凝结了我常年培训学员系统地梳理生活和工作层面的心血。

我把 5 个步骤的标题去掉，故事依然连贯。罗恩 · 泰勒有条不紊、一步一步地把“格雷西的花园”和自己的生活重新置于掌控之下，这一点也许很能说明问题。

的确，这个简单的案例再次表明了GTD模型的自相矛盾性：它是我们多数人在通常情况下高效工作的提炼。它是发乎本能、司空见惯、效果显著的做法。这个 5 步流程一直以来都是我们保持平衡和秩序感的方法。

人们不太熟悉的是，面对不明朗、无法自动纠错的新情况，怎么学习和运用这个模型。你已经掌握了在这个层面把工作当游戏、把生活当工作的奥秘，即你做到了娴熟地运用这个模型并取得成功。那么，挑战和机遇在于怎么凭借它的助力更上一层楼。

此刻，还有什么（你未能充分接受和认可的）问题在困扰你的内心，干扰你的企业或者家庭生活吗？还有哪些项目、事务、状况、关系需要进一步理顺，还有什么分散精力的事情需要摆到桌面上吗？

这些问题当中，就你打算采取的行动而言，还有你尚未明确、尚未想好处理办法的吗？

你脑子里的想法和眼前的现实之间，是否还存在脱节，可能无谓地消耗你的精力？

哪些项目你没有从头到尾追踪查看，以便完成一切必要的捕捉、明确和组织整理工作？你有没有抽出足够的时间开动脑筋，思考它们的前景？

哪些行动还没有实施，因为你没把它们想清楚，忘了提醒自己，或者你一直在逃避，因为你觉得自己不该那么做？

如果你觉得眼前的生活一团糟，那么，很可能是上述一个或者几个问题浮出水面，给你敲响了警钟。

我讨论的这些模型在生活按部就班、不出意外时显得平常而简单，而现实世界一旦出现新情况，立刻就会把它们打乱。在工作中承担新的职责、没能及时回复电子邮件，这些都有可能动摇你的有条不紊的感觉，你必须有意识地努力使一切恢复正常和平稳。

用捕捉、明确意义、组织整理、深思和参与来加强自主掌控的感觉，不管是安排休假还是管理团队工作，本身都不难。而学会运用这套方法，在合适的时候，以合适的方式消除不安全感，才是长期的挑战和机遇。

gtd

第 10 章　摆正视角

向前迈步时，不要埋头去试探脚下的道路是否坚实；只有目光紧盯着远方的地平线，才能找到正确的方向。

——达格 · 哈马舍尔德（Dag Hammarskjold）

一切事物都是上帝分两次创造的，首先是灵魂，然后是肉体。

——格雷格 · 安德森（Greg Anderson）

你必须全神贯注，否则稍一分神就会重重地撞到什么东西上。

——杰夫 · 戈登（Jeff Gordon）

获得掌控后，继续加油！

假设你读了这本书的前半部分，已把诸多事务置于自己的掌控之下。现在又有一个问题：你关注的焦点是什么？你获得掌控的最初目的是避免精力分散。但是为什么？精力被什么分散了？当然，好心情和清晰的思路本身也可以是值得追求的目的，心灵的了无滞碍、轻松飞扬完全可以是一个人矢志追求的最高境界。人们运用GTD方法以后品尝到了这种自由，所以，人们对它的常见观点是，它可以给人自由。但是，为了把这种平衡感保持下去，你还必须考虑你重点关注的诸多事务的性质。

掌控与视角的关系的极好例子是永远看不完的阅读材料，相信不少人对这个问题深有感触。你有过这种情况吗？你说，这本杂志我想看，这本书我应该读一读，结果，你身边到处散落着报纸、成堆的杂志、打印资料、宣传册、操作手册和商品目录……它们不经意间塞满了你的书架、堆满了你的书桌和咖啡桌，潜入你的抽屉、公文包和其他犄角旮旯的地方。

掌控这种情况的一个快捷办法是专门留出一个框、篮、架或者它们的组合，用作“阅读/回顾”类。单独辟出一块地方，把你能找到的符合这一类的资料统统收集起来，归在这一处。不要遗漏，全部收集起来。你一想到已经把它们彻底归置，放在某处，你随时可以翻看，就会感觉清爽利索。如果这是我教你做的（我多次教客户这么做），你也许很想请我吃顿饭表示感谢。即便你目前有成堆的资料要读，也照样能感觉到一切尽在掌握的惬意，因为你不但在心理和具体行为上对它们有了大致的掌握，还因为这类材料被一网打尽，别处再无潜藏。

但是要把这个问题彻底解决，还差一个步骤。你找到了所有该读的资料，其中有多少真的该读？这就要看你的视角了。在这堆材料当中，哪些东西你几天前还兴趣浓厚，现在兴致明显减退？哪些阅读材料对你是真正重要的？你还在收集某些用来打发时间的杂志吗？其实你对它的热情已经大不如前。哪几本杂志应该取消订阅？你该订阅哪几本新的杂志，因为你现在的想法和好奇心发生了变化？

这些问题当然应该好好想一想。不过，赢得比赛的最好办法是先获得掌控，再调整视角。如果你还没有把阅读材料收集和整理好，我就要求你回答：“鉴于你的人生目标和价值取向，哪些资料是你该看的？”你感觉如何？是不是觉得无从下手？

人们都想尽量给出一个妥善的答案，可是，因为阅读材料还散落各处，杂乱无序，他们根本没办法认真思考，理清头绪，自然也想不出多好的答案。最起码首先必须把阅读材料整理好，否则，询问他们哪些重要、哪些不重要就是白费口舌。

调整视角，保持掌控

如果你在处理阅读材料时浅尝辄止，即你虽然把杂乱的材料归拢在一处，获得了一定的秩序感，却没有区分其中的重点和主次顺序，它们就很容易再度失控。如果你疏于用适当的视角对它们加以遴选，它们就很容易重新散落在你生活的各个角落。如果你没有经常思考它们的意义，调整视角，去芜存菁，它们就很容易恢复到“材料”的状态。实际上，如果没有清晰的视角和着眼点，不能对各类书籍杂志的意义做出判断，你就做不到真正的掌控。你只能做到相对的掌控，做不到真正清空大脑。

掌控与视角关系紧密，视角却很容易被忽略，因为人们在获得一定的掌控以后特别容易飘飘然。我们在培训过程中发现，只要稍微建立起秩序感，即可显著地改善视角。清理积压的材料的确有助于理清思路。把掌握工作流程的 5 步模型走一遍，一切事务都会重点更突出，主次更分明。只要建立了一套稳妥可靠的系统性方法，就能在必要时达到更自由、更有信心的状态。达到了这种状态，夫复何求？

一度丢三落四的人的生活稍微变得有条理一点，他立刻觉得精神清爽愉快。与混乱、麻木、庞杂相比，那种心情别提有多美了。一旦他找到了清空工作篮和电子邮件的法宝，就觉得自己好像掌握了生活的钥匙！的确如此。不过要想达到“舰长和指挥官”

那般得心应手的状态，还有好多把钥匙需要掌握。

在多个层面获得掌控

在现实生活中，如果你切实履行了获得掌控的5个步骤，并做到了极致，就没必要更进一步。视角与有力的掌控如影随形——如果你认为理想的“掌控”指的是终极的平衡与和谐。如果你做到了在一切微妙的层面充分捕捉所有引起你关注的事务，并做到了定期明确意义和回顾每个层面的内容，那么，不管你在生活和工作中选择做什么，都能把自己的能力发挥到极限。

可是，现实生活中，往往有必要用专门的程序分别解决各个层面的问题。人生体验纷繁复杂，几乎没有人能一口气找到自己关心的方方面面的一切细节。即便他能做到，如此深刻的自我剖析也必然会让他捕捉到的内容发生变化。如此一来，视角就成了移动的靶子，一方面的探索会触动另一方面的思索和发现。比如，你在认真列举“项目清单”（1万英尺）时，可能想到一个跃跃欲试的目标（3万英尺），想到一直被你忽略的对家庭肩负的附加责任（2万英尺），想到必须尽快、即刻采取的行动（跑道）。

我们用这些模型对数万名客户开展培训所得到的经验是，一次只考虑一个层面为好。在思考的过程中，大脑的联想功能肯定会来回弹跳，而你也不愿意束缚它。反过来说，听任大脑天马行空，自由驰骋，再系统地把思考所得加以捕捉和整合，正是创造力活跃、效率高的表现。而一次只抓一个重点，才能起到最好的效果。

大脑的思绪变幻无穷，也总想开小差，它有时灵光闪现，有时陷入死胡同，这本身就容易让你分神。你在沉思默想时进入较高层面，揭开的疑问、不安全感和敏感问题也许令你不安。你想到自己长远的人生追求（如何、在哪里实现它）和最重要的价值观，很容易觉得不满意、不自在。你总想拖延，迟迟不肯正视自我表达和唤醒潜力的问题，因为它们触动了你内心深处的隐忧。

所以，在这些抓住重点的练习中，不存在情感上的安全港湾，除非你把问题彻底想透。只有在彻底想透，心情释然，自尊心提升以后，你才会纳闷，自己何以一直抗拒思索这些问题。但是，沉下心跨进未知的领域，思考人生的大问题，并不容易。让你不知为何一直逃避的问题浮出水面，得到彻底解决，你也不一定乐意。我们就曾经有过一位客户，当培训师要求他认可和捕捉他所承诺的一切事务时，他恼火地提出了疑问。培训师反问道："那么，您希望达到怎样的自觉程度？"

自下而上还是自上而下？

把生活和工作中方方面面的事务理顺和解决，这个任务异常艰巨，所以，从简单的入手，由简入繁，逐级向上，就成了合理的办法。另外还有两个理由：首先，在较低水平比较容易获得掌控；其次，如果你相信自己的执行力，再处理比较棘手的任务就更有积极性。

多年以来，我一直提醒人们，在跨进较高层面、深刻剖析和反思之前，首先获得一定的掌控感大有好处。的确，人们运用GTD流程处理一些基础事务，取得显著效果以后，常常并没有刻意努力，灵感就自然萌发。实践者对GTD方法的价值感触最深的不是零碎的小纸条、电子邮件和各类清单，而是领会了这套方法以后自然触发的各种宛若神助的创意思考。

我很少见到相反的情况，即先有灵感，后列清单。确定明年的奋斗目标必然让你雄心万丈，至少在场外会议的现场时会激情澎湃，却很少立即督促你行动起来，清理工作篮和电子邮件，清空大脑，更别提制定一套流程来使事情有条理了。在遭遇重大的现金流危机时，让高级管理层确立欢欣鼓舞的长远目标，几乎是痴人说梦。

伟大的心理学家马斯洛说得好：无论生活还是工作，必须首先解决生存问题，然后才能触及更高层次的问题。不过，心理上的生存不同于物质方面的生存，往往不那么一目了然。我本人见过不少客户，他们表面镇定从容，内心其实极度脆弱，动荡不安。让他们做全局性的统筹思考，必然是纸上谈兵。情势危急、自身不保是直观的、迫在眉睫的灾难，而过度承诺、分身乏术则比较容易忍受，因为它让人麻木，所以要隐蔽得多，很难识别。

我多次注意到，人们一旦相信自己有能力运用GTD的系统方法捕捉、处理、组织整理和整合所有事务以后，再谈论新的目标和挑战，态度会坦率很多。你由衷地相信，投进工作篮的每项事务，很快会分别转化成确切、易于执行的具体行动，你就有信心放心大胆地去解决更大的问题，而且会做得更好。（不过这也是你在实践GTD的过程中遇到的最大危险：你很容易飘飘然，以至于贸然接受超负荷的任务和职责，结果又让你掉进圈套！）

同样，我没见过顺序颠倒的情况，即先确立目标，再运用GTD方法进行梳理。你目光远大、目标明确，并不意味着在烦琐的操作层面，在具体执行时，你胸有成竹并游刃有余。

话说回来，不存在所谓的“万能”方法能契合所有层面，能帮你完成每个层面的思考。GTD方法的全面性意味着你不可能忽视它的某个部分，却指望自己仍然可以居于“舰长和指挥官”象限，使一切全速运转。如果你想先明确一下自己的工作职责，然后再清理电子邮件，可以。如果你想列出自己的核心价值观和生活理念，然后再明确手头必须执行的事项，也行。有时我们发现，高管最大的困扰是在 3 万到 4 万英尺，比如，他看不清企业的战略愿景，一想到这个问题就忧心忡忡。那么，显然他应该首先集中关注和思考这个问题。

如果你对引起你关注的事情视而不见，却把重点放在其他层面的问题上，这是浪费时间，起码效率不高。某些大问题、大项目已然到了不可收拾的地步，你不先处理它们，却开始着手“制定目标”，因为你觉得这也是应该做的。即便你在制定目标，也会心不在焉，或者干脆就是不干正事。只有在制定目标时不受其他方面失控局面的干扰和分神，你制定的目标才会更加统一连贯、鼓舞人心。

再说一遍，因为这几个层面内容的广度和深度各有区别，有时候也必须采用自上而下的顺序处理。某家大公司的一个部门运用我们的“6个层面”模型，在企业合并以后，想把两家公司的企业文化融合起来。两家公司的核心价值观被逐条指明，加以比较，新企业取其精华，兼容并蓄，从而提出了新的企业文化和理念。然后，参与者就企业发展的长、短期目标达成了共识。而如果他们采用自下而上的办法，也许不会这么快达成一致。

你也看到了，能把种种可能性一网打尽的万全之策是不存在的。我有一条指导方针，你可以用它充当掌控和视角的最佳指标，它就是：密切注意你最关心的事。只要把这一点牢记在心，你完全可以任意打乱顺序，把拼图游戏的板块排好。我的建议无非是，从你密切关注的地方入手，可以减少一时找不到的板块数量，尽快地、轻松地把拼图完成。如果对你或者你所效力的企业而言，这意味着必须自下而上，从具体执行层面逐级上升到宗旨和理念，也不要惊讶。

若干“关注层面”

后几章我要描述具体的各个关注层面、其内容范围、追踪和管理的相关格式和时间间隔，以及它们与摆正视角的关系。我把它们按照一般情况下效果最好的顺序排列：自下而上。

我用高度来打比方描述视角的不同层面，这个高度与相应关注层面的内容的内在价值并非完全对应，它只表示视野的广度。如果你要打的紧急电话直接关系到你的人生目标和核心价值观（5万英尺），那么，它本质上就跟你的人生追求的至高无上的理念同等“重要”。

本质上，高度越高，它提供的参照点的优先级就越高。企业的年度计划（3 万英尺）应该支持和辅助长远规划（4 万英尺）。“项目”（1 万英尺）应该为“责任范围”（2 万英尺）服务。但这些层面是彼此关联、相辅相成的。每个层面都是全局视角的组成部分，是一目了然地指向某个确定目标的地图。

gtd

第 11 章　紧急问题：下一步行动

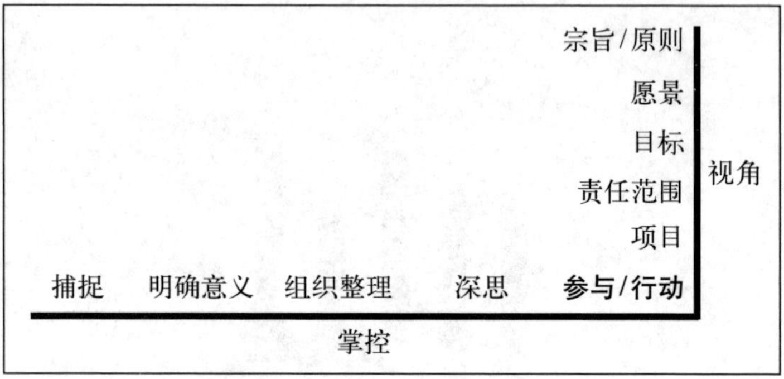

思想激励行动，就是有用；思想取代行动，就是妨碍。

——比尔·雷德（Bill Raeder）

最能说明问题的，莫过于行动。

——玛莎·格雷厄姆（Martha Graham）

范　围

紧急层面的问题：你要做什么?

洗车、给母亲打个电话、起草一项提案、跟老板谈谈新创意、上网搜索给弟弟买的礼物、去五金商店买钉子、检查语音留言信箱。

它指你能采取的一切具体可见的行动。它可以是项目或重大结果的后续事务，也可以是简单的一步到位的行为（由于兴趣使然或职责所系）。一旦关于这类事务的行动决定了，把它们作为“待办事项”列在清单上，大部分人随时都有100多件这样的事要做。

典型格式

一旦想好接下来的具体行动，即可：（1）马上执行；（2）交给别人执行；（3）把它暂时搁置，提醒自己及时追踪查看。在第6章“组织整理”，我描述了事务的分类，“下一步行动”是系统内的一大类，我还建议大家用尽量简便的方法进一步细分。它包括日程表事务清单（确定日期和时间的活动）；根据情境分类的事务清单，比如电话清单、电脑清单、办公室清单、家清单、外出事宜清单、不受情境限制的事务清单、议事日程清单（面谈或者开会）等。

如何、何时执行

你每天、每时每刻都要决定做哪几件事，每时每刻都要选择做事的方法。多数行动无须追踪，因为你一想起来或者一有必要就马上去做了，比如吃午餐、遛狗、给打印机装纸、跟秘书打招呼、查看电子邮件、更换刚刚坏掉的灯泡、接响起的电话、在员工会议上提出你的想法等。

还有些活动不会自动提示你，也不能自发完成，即你在日程表或其他行动清单上列出的事务。只要你不知道什么时间该去哪里办什么事，就可以扫一眼日程表；你可以一天看几次，也可以只看一两次，视事务的复杂和琐碎程度而定。只要你有闲暇时间，想知道有哪些可选活动，则可以随时查看行动清单。

紧急事项与优先级

如果你可以具体执行的行动清单相当详尽，你在做某件事时，感觉就会好得多。直白一点说就是：你告诉自己哪几件事必须做，就会增强对它们的意识。可选范围内的事务做起来越方便，你就越发自信。你知道自己会跟踪它的进展程度，在选择做什么、不做什么时也更有把握。

那么，既然这么方便，为什么许多人不肯创建和使用行动清单呢？我在培训课上，大多会给学员留出几分钟的时间，让他们捕捉、明确“下一步行动”并使之条理化。我问他们：“现在，在座的有多少人对自己的优先选择更有信心了？”几乎所有人都会举手。前后不过隔了 10 分钟。想象一下，如果他们花了几个小时练习（一般人花几个小时做这个练习足矣），感觉会有多大的变化啊。

各个“层面”都是同样的道理，彻底整理的效果较之于部分整理的效果可谓天差地别。缺憾在于，部分整理以后，感觉也不错，于是多数人就此止步，功亏一篑，领会不到彻底整理以后真正美妙的感觉。如果你的潜意识知道你没有把问题一网打尽，系统存在疏漏或者缺失，那么，你的信任、澄明和自由自在的感觉就会大打折扣，你就不能升到更高一级的层面。于是，不管你选择做哪件事（最佳选择），都不能百分之百地投入。你感觉到的是相对重要、比较可靠和澄明，却不是全情投入。全情投入的意思并不是说，用外在标准衡量，你做出了最佳选择，它只是告诉你，你已经尽力，在所有可选范围内做出了最明智的选择。

你也许很难接受这种理论，特别是如果你觉得自己工作效率不低且小有成就的话。理性的自我认识就包括一般情况下相信自己的决定。如果这方面问题不大，何必刻意绞尽脑汁，把所有事务逐项列举，无一疏漏呢？我只能说：试着做一次，然后再下结论。你也许会发现，“头脑澄明”的标准多了几个参照点。我还没见过一个人，把这个模型应用到极致以后，对我的结论提出质疑。

行动是前线

紧急层面也许是最难全面客观地把握的层面，原因很简单，它虽平常，数量和变量却最多、变化最复杂。我在第 6 章提到过，关注层面的级别越低，它的管理系统就越复杂，原因就在这里。

要把行动层面系统化，也许你必须在前期进行大量思考和探索，耗费不少时间运筹安排，调动顽强的意志以养成习惯，并把它长期坚持下去。我们举办为期两天的强化培训课，通常把 90% 的课程重点放在这里，因为人们对它的方法不熟悉，而待处理的材料又极其浩繁。

人们对 GTD 模型反响积极，基本上是对解决紧急层面问题的办法感到满意。“下一步行动”的思路立竿见影，把待办事务根据情境分类和提醒自己的方法新颖有效，这些是 GTD 方法在全世界最知名、最受欢迎的内容。我跟读者有缘相见时，他们通过我的处女作或者其他渠道接触到 GTD 方法，他们的反应经常是一上来就骄傲地向我展示他们的“下一步行动”清单。

业界也渐渐认识到行动层面的重要性。“执行”成了最时髦的商业用语，必将继续成为热门话题，成为管理和领导艺术的标准。执行不力常被认为是小公司创业失败的主要原因。但是，探讨执行问题的著作和培训课程大多把重点放在组织和管理方法上。概念和方法无疑是中肯的，也很宝贵，但往往落实不到具体的工作中，不能转化成人人可以执行的、明确的行动步骤。

我考察一个管理团队、一对夫妻或一个项目小组是否齐心协力，只用一条标准，即看他们是否就具体的“下一步行动”达成了共识，并对执行人和执行时间非常明确。只要达成共识，也许就不必继续捕捉、组织、分析、构想，不必再做别的事情以便获得掌控、抓住重点。如果存在分歧、偏差或疑问，不知道“下一步行动”究竟是什么，那么，必须把获得掌控或摆正视角的一个乃至几个步骤再走一遍。

任何情况下，只要把重点放在行动上，就是把精力用在实践中（好比电器接好了地线）。实打实的资源配置是企业一切崇高思想和决策的落脚点；你起身去干什么，也是你本人的承诺、意图和价值观的直接体现。你遭到质疑，不妨扪心自问一下：“下一步行动是什么？”有时很容易一下子抓住问题的本质。

如果读者看了我的书，运用了书中的方法，得到的收获仅仅是在重要关头多问自己几次“下一步行动是什么？”那么，我敢保证，你耗费的工夫也是完全值得的。

破解日常琐事的神秘性

在行动层面，掌控与视角胜利会师。不管你的思想、愿望和关注点多么高尚、成熟和智慧，它们必须转化成具体的行动，否则一切都是空谈。不管你获得了何种程度的掌控（捕捉、明确意义、组织整理和追踪检查），都必须采取行动，才能保持掌控。

在这个具体的执行层面（你决定明天上午11：36去做某件事），未知的可能性始终存在。也许这就是自20世纪80年代以来，有关时间管理和提高个人绩效的争论甚嚣尘上的缘故——没有普遍适用的方法，也没有放之四海皆准的标准能评价行动的对错。像宗教问题一样，辩争的激烈程度往往与模型的可行性正好成反比。

你认真地采纳和运用了我在本书列出的模型，借此加强了自主掌控，调整了视角，也许在一定程度上你做到了从容不迫。可是，无论你的进步有多大，都必须沉下心来，把它们落实为具体行动才行。你的掌控力越强，视角越正确，就越能减少风险，你也更加愿意迈步跨入未知的领域。

gtd

第 12 章　1 万英尺：项目

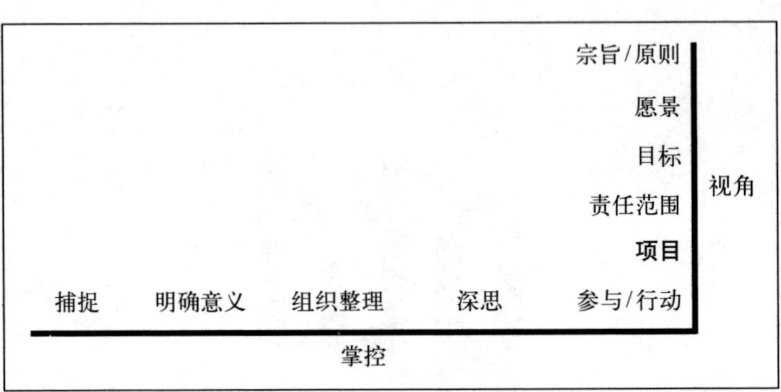

对自己、对身边的人要做到言出必行。对家人、雇主和雇员、朋友、房东、医生、牙医、债主等要做到言而有信。遵守诺言以后，你会惊讶地发现，生活是如此自由。

——约翰–罗杰（John-Roger）

范　围

在项目高度，基本问题很简单：我要完成什么？

从执行上升一级，到达项目层面，我们要做的很多具体工作都属于这个范畴。这里我所谓的“项目”指广义的项目，即必须分几步在 1 年内完成的结果。显然，很多事务都可以归入这一类，比方“修理洗衣机”或“完成收购‘埃克 · 布里克公司’”。就我的经验而言，在广义的项目范围内，如果把生活和工作方方面面的事务都包括进去，大部分人都有 30~100 件尚待完成的任务。

项目本质上是小目标，完成以后可以勾掉。以“1 年”为单位是因为你在 1 年内必须完成的工作，即便是大任务，也应该至少每周回顾一次。虽然项目的复杂程度不等，但当前处于“开放回路”状态的所有事务（从执行上升一级）都应该定期考察。

项目和目标一样，不是你实际去做的事情。你只能分步执行。只有你实施了恰当的行动，才能跨过预先设立的终点线，取得某个结果，然后才可以说该项目已经完成。你不可能亲眼看见一个人“休假”或者“完成了年度缴税任务”，你只看见他买了防晒霜、背起背包出了门，或者见他打开电脑填了表格。不过，实施了特定的具体行动以后，你可以说他“休假了”或者“纳税了”。

下列动词所搭配的宾语就是我所谓的项目：

最终完成
实施
研究
出版
分配
最大化
学习
制定
组织整理
创建
设计
安装
修改
提交
处理
解决

如果你想知道自己有多少个项目要完成，可以参照上面这些动词，用它们组词，看看有多少项活动。看看你现在有哪个项目需要最终完成、哪个问题需要研究、哪个计划需要修改……

典型格式

这个层面往往要求建立所有待完成项目的总索引，把制订和保存项目计划和辅助材料的工具收集起来，专门抽时间回顾这个层面的内容。

项目层面的极好工具是项目清单，即用一张单子列出所有事项，一行列一项，或者一页纸列一项（再把它收进文件夹）。它可以起到类似文件抽屉的作用，各个项目都有专门的文件，你只要扫一眼文件夹的标签，马上就能找到它。一张电话清单可以列出形形色色的通话对象和内容，同样，项目清单的内容也可能非常庞杂。不少人使用类似文件抽屉或者文件柜的索引方式，把每个项目专门列一个文件夹。不过，这种方法的缺点是，很多项目（根据我的定义）非常重要，你却觉得不值得专门用一个文件夹。人们往往觉得把“更换新轮胎”或者“与凯瑟琳去纽约共度周末”单列一个文件夹有点小题大做。还有许多人认为，类似“安排孩子的暑假活动”与“推出广告宣传”不是同等重要的任务，他们觉得系统当中应该只包括“工作”，“私事”不值得收入系统。可是，为了保持对项目的掌控和视角，所有项目都应该进行捕捉，定期逐项查看，而且不分主次。

如何、何时执行

这个层面应该分 3 个时间段进行考察追踪：

- 每周抽出一次固定的 1~2 小时独处时间，了解全部项目的进展状况
- 只要你觉得一部分项目滞后，下一步行动不能如期进行时
- 只要你觉得一段时间内似乎主次不分，轻重缓急不明时

我常劝大家做“每周回顾”，它已经成了运用一套系统性方法、使GTD行之有效的标志性的成功要素。它保证了这套具体程序“适时处理，及时更新”——最好在一周结束时做总结（当然别的时间也行）。它的作用是让你清空大脑，掌握最新动态，保持创造力。

“清空大脑”的目的是支撑系统，捕捉系统的内容，也就是把身边、大脑里积攒起来的松散线头收集起来，纳入系统加以整理和组织。包括清理电子邮件和公文包，整理口袋里和桌面上的票据、电话笔记、便笺以及收集在电脑里的其他零碎东西。

“掌握最新动态”的目的是更新“行动和项目清单”，把一周内未能按照计划完成的部分再做安排。时间一天天过得飞快，你很难事事考虑周全，以及对它们的进展状况和下一步行动了如指掌。我坐下来做每周回顾时，经常发现清单上有些任务我已经完成，却来不及把它勾掉。也可能过去几天出现了一些新情况，出

现一些必须执行的新项目，我却懵懵懂懂，直到回顾时才意识到。只要我知道自己的项目清单是最新的，我就必然把每个项目的下一步行动在系统中各有安置，通常要么列在日程表上，要么列在行动清单上。

涵盖新情况的典型范例，也许莫过于我们推荐的日程表总结，即浏览过去两周的执行和进展情况，提前设想后几周可能要承担的事务，以弥补疏漏。如果别人可能给你添加日程表事务，尤其应该进行每周回顾。

日程表是你安排时间的工具，把日程表与项目清单对照总结，你还可以及时注意到最后期限的重叠（这种情况在所难免），并根据情况灵活调整时间的分配。许多事务都有时间要求，不过，事事精确计划、周密协调的情况却极少，所以，一旦约见的时间有变，或者出现新情况，影响到你的轻重缓急的安排，你就可以进行灵活调整。你翻看日程表，想着几天来哪些事务有变。当你意识到，下周你可以抽出整整两个小时不受打扰的时间，能按时完成起草文件的任务，你就会喜出望外，原来焦头烂额、身不由己的感觉会大大削弱。

“保持创造力”也是每周回顾的组成部分，只要给它留出充足的时间，无须刻意为之，创造力自然勃发。如果你照我说的去做，把各项内容妥善纳入系统并逐一总结回顾，实用的想法和巧妙的点子必然会源源不断地冒出来。如果你不进行总结回顾，就想不到这些点子，或者只在万不得已、急中生智时才能想到。你想带妻子去旧金山庆祝生日，最好提前一个月考察一下在那里有哪些娱乐活动，不要等到已经抵达旧金山，才想起购买座位靠前的演出门票。

在这个层面，最好至少每隔 7 天瞭望一下全局。有些项目要持续关注、经常总结，特别是如果你在星期一才接到一个大项目，而星期五必须完成。有些项目比如计划 9 个月后休个长假，你也许可以不慌不忙地在几个星期内抽空完成。

GTD 模型支持“大脑延伸”，它不但可以减缓大脑中央处理器的压力，保证程序正常运行，还可以在你想到待办事务时，自动启动全速思考。换句话说，你列好项目清单，把任务妥善归置，轮流执行，一次处理一项，那么，就可以最大限度地发挥你的创造力，让它发挥最大作用。

“1 万英尺”不是单纯地把你想好的项目挨个列出。当然，逐项列举是它的核心部分，但它其实是站在更高的立足点对全局的综合梳理。它好比中场休息，让你喘口气，重新想一想比赛策略。这里，你要摆脱日常琐事的缠绕，抽出宝贵的时间来获得对日常琐事的掌控。因为很多人的状态是，工作时心力交瘁，周五下班以后如释重负，痛恨下周一再去上班。

站在较高的立足点进行总结，可以加强总体的舒适度和方向感。不过这个层面贴近日常事务，所以它是保持头脑神清气爽的关键。你可以短暂地摆脱手头琐事的困扰，却不能游离太远。从战术意义上讲，它是站在贴近生活的守望台而不是脱离实际的象牙塔的鸟瞰。

项目思考的威力

鉴于生活的广阔深厚和复杂多变，每周检查一次项目、行动和时间表，可以起到本能的“内心调整”作用。较高级别的层面都具有这个作用：只要你认真关注，可以大大有助于我所谓的“巩固直觉判断”，即凭直觉做出主观判断时，把准备工作做得更好。

我常半开玩笑地说，我每周只动一次脑子。这话不假。我每隔几天就做一次“每周回顾”，每次都要集中精神，心无旁骛，那才是真正的动脑筋。怀特海说过：“思想的运用就像打仗时骑兵连的冲锋陷阵，骑兵数量有严格的限制，马匹必须精壮强健，而且只在胜负关头冲上前去。”你在具体执行时就该一心一意，不应当同时思考该执行哪些事务。具体事务应该事先早已想好。你要每隔一段时间，总览一下全局，调整重点，并准备好根据环境情况的变化见招拆招，从容应对。

如果你没有认真执行全面的“每周回顾”（好比骑兵的厉兵秣马），不能有效地与自己协商，那么，你心里就会一直记挂这件事，却又始终不得要领。你要把问题想透，达到只需执行、无须再想的地步。

我曾师从一名商业培训师，请他为我培训了几个月。是他提醒我认识到，这条原则是放之四海而皆准的。这位培训师以前是美国橄榄球超级杯大赛的团队成员。他感叹说，GTD 很像职业球赛。你上场以后，裁判一吹口哨，就来不及多想了。你必须在比赛前6天完成思考、战略、计划和准备工作，并且要尽量周详严密。这样，到了紧张激烈的球场上，你才能凭直觉做出正确的反应。他的话让我感触颇深。竞技体育是多么奇特啊，运动员的绝大部分时间要花在准备工作上。而在通常的办公场所和家里，我敢说，很少有人在一个星期抽出一两个小时来对具体执行的行动进行评估和反思。

有位美国空军上将把GTD方法奉为圭臬。他告诉我，他把《搞定Ⅰ》发给下属，而且人手一本，原因是它可以刺激“情景意识”。战斗机飞行员只有具备这种意识，才能在枪林弹雨、变幻莫测的实战场合，在生死攸关、千钧一发之际做出明智的判断。把空战与办公室工作或者家庭教育相比也许有点言过其实，不过，也许本质是一码事！事实是，这位军官后来发现，GTD方法的“每周回顾”极具威力（他承认，他是过了些时间才领悟到它的威力），于是他要求下属每周提交一份现状报告，这就相当于要求他们每个人都做“每周回顾”，因为这样才能给出数据。

对项目层面的密切关注，人们告诉我们的例子可谓形形色色、不一而足。我们知道，有的经理在每周召开员工会议时，先给大家留出一个小时时间，让大家安静地回顾一下前一周的情况，把影响到团队工作的部分提出来。不少老板发现，让员工接受培训，学习追踪项目清单的进度，定期共同总结回顾，协调彼此的工作，可以显著地减缓压力，提高工作业绩。

在我们的企业内部GTD方法培训结束之际，某零售业巨头企业给参加培训的全体学员分发了一卷黄色的警用胶带。因为我们在培训课上经常开玩笑说，为了保证做每周回顾时不受打扰，如果你在开放的办公空间上班，就应该用警用胶带把自己的格子间围起来，表示“闲人免进”。这家公司明白了我们的意思，给大家分发警用胶带，表示它的企业文化允许员工偶尔停下手头的工作，稍做调整后再继续执行。

每周回顾达到理想状态的还有一个典型例子，是它可以让人们做到工作交接无缝隙。我知道一个案例，某财富 50 强企业的高管在公司的职位有所调整，她必须把工作交给素未谋面的另一个人。她跟继任者一见面，发现两个人都接受过 GTD 方法的培训。两个人都保存着最新的项目清单和详细的日程表，后续工作一览无余，于是工作顺利交接，互动也很积极，两个人都很高兴。

站在较高的视角看待各项事务，可以为生活增添光彩。一个极具启发性的例子是家庭每周回顾。养成这样的习惯，妻子或丈夫（孩子们）互相报告一周以来的活动，逐项总结每件事的进度，对照日程表事务，展望今后几天的活动，共同做出决定和制订计划，这是把生活当工作，体会一切顺遂的极好办法。

工作与生活、私事与公事水火不容的概念纯粹是一派胡言。生活就是工作，工作是生活的组成部分；而工作也是私人的事务。不过，工作与生活的对立很好理解。曾几何时，男人要赚钱养家，每天离开家去很远的地方工作。男人在工厂劳累一天，女人在家里忙碌一天，两个人都累坏了，没有力气及时更新项目清单。今天基本上也还是这种情形。夫妻俩一天甚至一周的大部分时间不在一起。不过，现在 GTD 方法提供了可以让两个人分担责任的方法。

前不久我们应邀去拉丁美洲为商界人士专门举办了一场研讨会。东道主有先见之明（或者魄力），纷纷携家人前来。研讨会结束时，夫妻彼此交换了项目清单，还定好时间，准备以后经常这样做。之后，夫妻之间加深了感情，加强了交流，都觉得很幸福。有家长问孩子："今天过得怎么样？"孩子几乎不会给出有内容的回答，让家长很有挫败感。这些家长应该反躬自省一下，自己在这方面是不是做了孩子的表率。当然，随时掌握身边发生的一切是很难的，即便它们距离你如此切近。

就我的经验而言，人们最容易忽略的就是1万英尺的视角，即比行动高一级，但相比目标更侧重战术的操作层面，很少长期坚持系统的追踪（虽然它紧接着就是2万英尺，即责任范围）。一定程度上，行动必须执行，因为它是生活要素中最明显、最迫切的事情：账单要付，电话要回，电子邮件要处理。人们虽然常常逃避确立目标，却对目标并不陌生；构想和长远规划也一样。信守原则和明确价值观也都好理解。人们似乎还没有认识到，每隔一周、每隔几个月重新想一想自己身边正在发生的一切，也有助于摆正视角。你要养成习惯，定期总结回顾这个层面，就会思维缜密而心智澄明，对于把工作当游戏、把生活当工作益处多多。

gtd

第 13 章　2 万英尺：责任范围

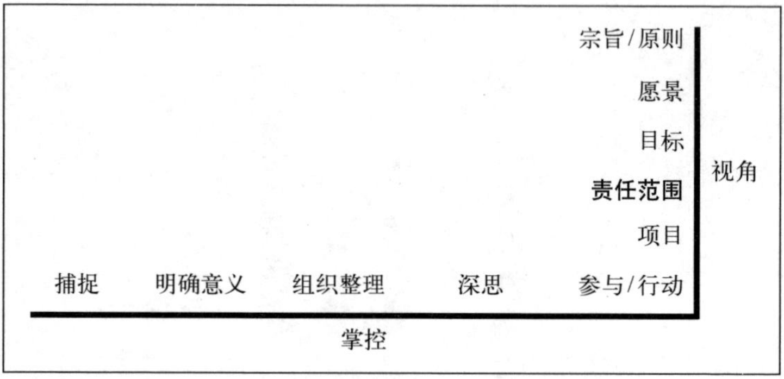

宗旨/原则

愿景

目标

责任范围

项目

视角

捕捉　明确意义　组织整理　深思　参与/行动

掌控

责任很好逃避，逃不了的是逃避责任的后果。

——E · C · 麦肯齐（E. C. McKenzie）

范　围

到了 2 万英尺的高度，你要扪心自问的相关问题是：你需要维持什么？

这个层面是对现实的提炼，是你的职责、兴趣、特殊关注（或者只为使航船不至于沉没，平稳航行）范围内高度关注的 10~15 类事务。你对它们做出了承诺，而承诺激励你积极行动起来，去执行项目。

比如，要想正常地工作和生活，你必须让自己的健康和体力保持在一个合理的水平，所以你要关心自己的身体（甚至还要关心影响身体健康的诸多微妙因素）。锻炼、刷牙、吃饭、睡觉和体检是这个范畴的常见活动。

如果你去上班，就必须明确你的工作内容，找到你负责维护或者必须擅长的 4~7 项职能。考察工作职能有个方法：假设到了年末，你要向老板或者董事会交代，总结一年来由你负责的各项工作的实施情况，你会怎么说。这些职能通常包括资产管理、员工发展、管理支持、客户服务、产品设计、质量控制、客户开发、一线绩效、员工士气、股价提升等。

除了少数特例，比如负责设置密码或者负责安保工作等，大多数员工都必须在工作中身兼数职。如果你自己开公司或者单干，那么，你必须同时处理企业的 7 类事务：行政、管理、公关、销售、财务、经营和质量。如果你是某家大公司的一名职员，那么，你要精通一个或者几个专门领域；在每一个专门领域，你也许还能把它（它们）细分成 7 类事务。

就企业来说，2 万英尺的层面可以体现为必须妥善管理才能顺利运行的事业、项目或者努力对象。举例说明，你要组织召开一次会议，就必须考虑到食品、音响、会议内容、公共关系、注册和预算等问题，并承担保障责任。

在生活中，泛泛地说，你可以把自己的兴趣和活动分成 7~10 类。一般来说，这些类别包括你的感情生活、家务活、子女教育、财务、自我表达、事业、服务和健康等方面。你扮演的这些角色和维持生活方式必须涉及的主要方面都属于 2 万英尺层面的考察范围。

你做的每件事、你的每个举动，都反映了你决心承担责任，把生活、工作以及对兴趣爱好的追求维持在一定的水平。要想找到你的关注范围内的相关类别，有个简单的办法：你认真地罗列出自己做的每件事，然后扪心自问："我为什么做这件事？它反映了什么兴趣，属于哪个职责范围？"

比如，如果你有一项任务是"为埃克 · 布里克公司安置新的电脑系统写提案"，那么，你在公司肩负的职责可能包括增加销售、客户开发或客户系统设计。如果你有个计划，是给姑姑办一次别开生面的生日聚会，那么，这表明你亲情浓厚，对亲人有爱心。

2万英尺视角的范例

工作	生活
资产管理	财务
质量控制	健康/活力
员工发展	家庭
规划	事业
系统设计	家务活
管理支持	子女教育
产品开发	夫妻关系
公关	休闲娱乐
客户服务	创造力
客户开发	自我发展
研究	服务/精神生活

典型格式

把关注范围做成核查清单十分有益，它可以保证各方面的平衡，把你的生活、某个项目或者某个部门的重要组成部分一网打尽。它的典型格式包括：

- 高屋建瓴的岗位描述
- 个人生活方式核查清单
- 组织机构图

- 部门结构图
- 项目构成核查清单

我在写作本书时，使用了下图作为核查清单。

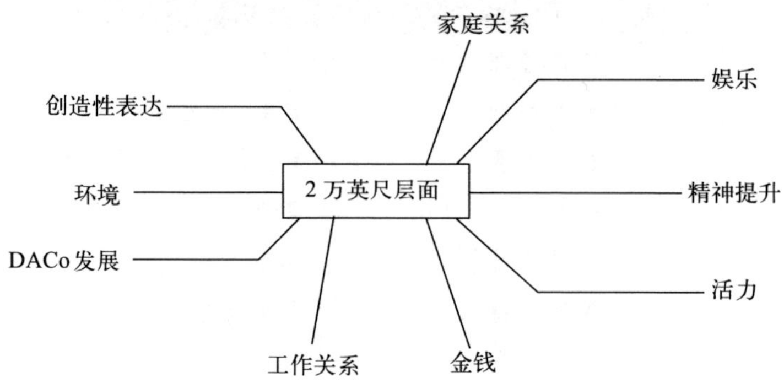

这些标题下还附有分得更细的具体事务。比如，我在公司的工作重点的标题（工作）下又分成几类：

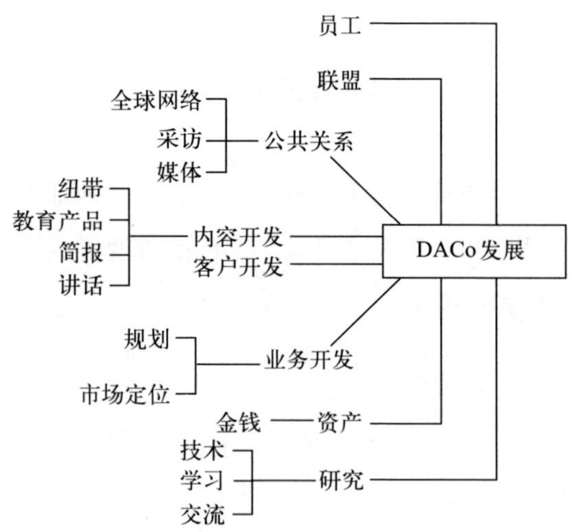

如何、何时执行

这个关注层面不必像“行动”和“项目”那样经常进行回顾。它的内容不是为了执行。它是你的生活和工作状况的长期标记，它引出项目和行动，引出许多临时决定的行为，它们都是为了让这个关注层面保持在令你满意的标准。

你会慢慢发现，每隔一个月看一遍这个提纲挈领的核查清单很有好处。坦白地说，一切能让你在埋头苦干时偶尔抬起头来，在某种情境下看待自己的生活和工作的，都是有价值、有意义的东西。

在一种情形下，你也许要格外用心地思考这个层面，那就是你的世界短时间内发生了重大变化，你觉得有必要重新理清思路。最常见的例子是工作或者工作岗位进行了重大调整。在大多数公司，很少有员工一直留在应聘时的工作岗位，他的岗位也许会经常变动，特别是在企业重大变革期间。时不时抬起头，纵览自己关注范围内的工作职能等各方面情况，确保遇到新情况时没有重大疏漏，这是大有好处的。

在一家公司，2 万英尺的层次可以体现为组织结构图。制定这个组织图，是为了反映公司的各个职能部门以及部门相关负责人，如财务、销售、经营、人力资源、管理、营销等。如果你是企业的经营者，总结“2 万英尺”时可以看着企业的组织图问自己：“这个部门的情况怎么样？一切都在正常运行吗？”

除了定期总结回顾，还有一个时候也应该站在 2 万英尺的高度纵览生活状况，那就是你觉得有必要加强平衡的时候。比如，很长一段时间以来，你全力以赴地投入工作，时间安排很紧张，几乎没空放松，那么，你也许要特意提醒自己关注生活中休闲娱乐的一面。如果你觉得最近思维有点儿僵化，缺少刺激，那么，你也许会列几个出席研讨会、参加培训的计划，给自己充充电。

就我个人的体验而言，在 2 万英尺这个高度，时不时画张图，列一张清单，都能明显地感觉到变化，即便我并没有自觉地经常进行查看。较高层面的思考都具有类似的功效：你只要用心想了，列出了清单，就自然而然地提升了自觉性，想法也会变得更成熟。

审慎地跨入战略领地

拜访高级别层次的好处是，你能发现有几个自己一直关心、却在行动中很少（至少此前没有）照顾到的重要问题深藏在心底。你一直打算让生活和工作向好的一面发展，但这变化很隐晦，不够成熟，也不会自动向前推进。它往往缓缓前进，悄悄潜入你的内心。

比如，我在培训企业管理人士的时候，把这个层次告诉他们，请他们总结自己在企业扮演的角色和肩负的责任。许多人认识到，一段时间以来自己一直在考虑“员工培训”的问题。他们可能读了一本管理自助书籍，也许听了商界大亨的一场演讲，谈到“培养员工”、“打造信任文化”等问题，迫切地感到自己应该做点儿什么，来激发员工的积极性以提高效率。这无疑是可行的长远战略目标，但它并不是酝酿完好的项目，所以必须捕捉、明确意义以后才能辅助执行。

“你知道，戴维，我一直在考虑……我们应该修改业绩的总结程序。”我常听到企业管理者说类似的话，都是他们从日常事务中抽身，退后一步，把“关注层面”整个做一番过滤以后想到的。他们坐在我旁边，郑重其事地整理自己用作提示信息的随便什么清单工具，再转向“项目清单”，在上面添上一条“研究制定新的业绩评估流程”。

你用这种方式，把一直在脑子里盘旋的问题告诉自己，进而把它转化成具体的项目，指明确切的下一步行动，就会产生神奇的效果，与世界实现积极的互动。其他办法很少能如此显著地增强你的自信，加强顺畅感。

我敢打赌，如果你现在就行动起来，对你的兴趣和职责范围做一番彻底的大扫除，你一定能找到这样几件事，按照你的价值观和个人及职业取向，你觉得很重要，却潜伏在大背景当中不被察觉。极其重大的项目就这样浮出水面，被明确、被启动，此种情况可谓屡见不鲜。比如：

- 定期抽出宝贵的时间陪伴孩子们
- 研究获得MBA学位的几种方法
- 养成每天锻炼身体的习惯
- 考虑把日常生活水平限制在预算范围内
- 重拾画笔，有规律地作画

"2 万英尺"的层面不会自动转化成具体的项目。相反，它可以提醒我们，可以充当意识的"闹钟"，即我们应该去做自己一直想做的事情，比如多读书、多锻炼、多关爱亲人、多参加公益慈善活动，自觉地关心健康、饮食和健身等。如果你不必、不想为它们安排具体的事项也行，但是你要想一想，有没有什么事情是你可以执行、可以完成的（即一个项目），它能切实改善你当前的状况。换句话说，什么项目一旦实施或完成，能让你如鱼得水、如虎添翼。比如你想学习绘画，就可以考察一下附近的水彩培训班授课情况，这样你有一个很好的切入点可以行动起来。

"2 万英尺"层面有点像"5 万英尺"层面，它点明了你特别注重的领域，不是为你设定目标或指出方向，而是给你划定一个活动范围。比如，你可以把"家庭"归入责任或兴趣范围，也可以把它归入核心价值观范畴。你在"2 万英尺"高度反思自己的生活时，想到"家庭"，很容易想起为孩子们安排暑假活动，为弟弟举办生日晚会等。而如果你是在"5 万英尺"（核心价值观）的高度反思自己的生活，那么，你考虑更多的也许是"考察信托基金的可选方案"、"定期抽出宝贵的时间陪伴萨拉"等。不管你在哪个高度，生活和工作的重要问题都要用心思考，照顾周全。

gtd

第 14 章 3 万英尺：目标

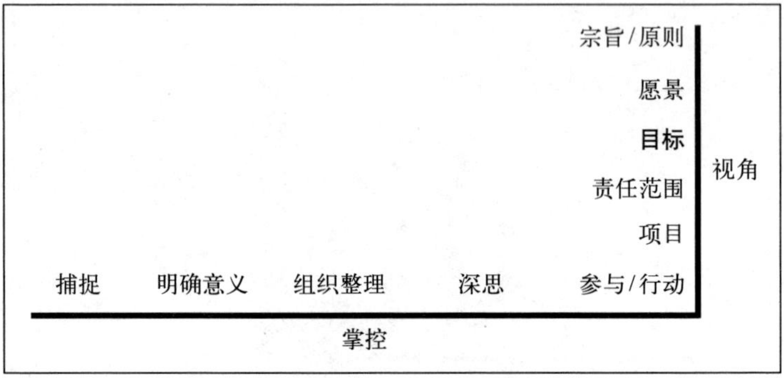

宗旨/原则

愿景

目标

责任范围

项目

捕捉　明确意义　组织整理　深思　参与/行动

视角

掌控

我们自觉自愿的行为，即便时间很短、断断续续，也意义重大，振聋发聩，影响到我们高贵或卑微的命运。

——威廉·詹姆斯（William James）

范　围

我想完成什么?

关注层面再上升一级，就到了目标层面，这是目标层面的基本问题。它指你在今后一两年内必须完成的事，你迫切希望取得的成绩。任何事项，只要可能需花费一年以上的时间才能完成，都应该归入这一类。之所以以一年为单位，原因很简单，你应该一年做一次总结，回顾自己取得的进步。如果你必须每周回顾一次才放心，那是我所说的“项目”，应该列在项目清单上。如果你由衷地认为，自己只需每个月、每个季度评估一次，那么，你也许想把它归入“3 万英尺”的层面，它也就是我们常说的“目标”。

和项目一样，目标也是在完成后可以勾掉的结果。重新设立组织结构、出版一本书、还清债务、送儿子上大学、开发新的产品线、参加马拉松比赛，这些都是你可以包括在“目标”清单上的追求和期望。

典型格式

上升到 3 万英尺的视角，结构就不那么复杂了，虽然它的具体内容也许很难划定，格式却变得简单一些。因为你梦寐以求的长远理想，往往可以用一张清单、一个轮廓甚至一个计划来覆盖。你停下来想一想自己到今年年底或明年的目标，也许只有十几条愿望。当然，如果你在负责一家大中型企业的战略和经营规划，那么，你也许必须制定较为复杂的规划文件，每个环节又分成数不清的结果和次要环节。不过，大多数情况下，一张清单或一份文件足矣。

典型范例就是企业一年一度的目标设定和规划会议，由董事、高管、合伙人等参加，往往在企业外部召开，以免受到工作环境的干扰。

如何、何时执行

至少每年思考一次年度或者长远目标是非常有意义的。很多企业召开年度计划和预算会议已经成了惯例，它可以在一个新财政年的开端举行，如果财政年与日历年不完全重合的话。每月或每个季度都总结年度计划的做法也很常见，为了在必要时纠正方向，调整定位。

除非你在日常生活中或者从事某项具体事务（比如竞技体育）时，已经养成了高度自觉的制定目标的习惯，3 万英尺高度的思考往往需要督促，如果你觉得有必要让焦点更集中。新周期（比如新的一年）的开端是个很好的契机，你可以暂时中断正常事务，后退一步，进行一番“3 万英尺”的斟酌。

我和妻子每年年底都要做一下这个练习。首先，我们用大约半个小时时间，罗列出一年内完成的工作和做过的有意义的事情。我们完成的大事、去过的新地方、经历的大事件，我们把它们挨个回想起来，列在一大张清单上。几年以前，我们就发现，这么做让我们觉得很有成就感，很振奋人心。然后，我们再用半个小时时间扪心自问，到明年年底，我们希望在清单上写些什么，于是再列一张清单确定下一年的目标。

显然，制定目标对企业也有好处，它可以明确资源的配置。任何企业的存在都要靠它建立和维持与社会的互动关系，所以它必须保持一定能量，并把能量指向正确的方向。它必须生产产品。要在一定时间内完成一定的产量，就必须对资源和结构有所要求。如果它没有目标，不准备实现或者保持什么，如果它四面出击，没有重点，那么，它很难正常经营，证明其存在的合理性。

对于个人，目标可以增强一个人内心的方向感；对于企业，目标有助于保持它与社会的良性互动。即便你一心一意只想达成一个目标，想好什么时候做到哪一步，对确立实用的决策标准也是有益的。如果你计划让公司的销售量翻番，即便你不确定 1 年内能否做到，它也会影响你制订的计划和对来年的展望；而如果你的计划是 5 年内让销售量翻番，你的计划应另当别论。

所以，把目光聚焦在 3 万英尺的高度，应该养成习惯长期进行效果才最好。它可以保证，只要你自觉精力不济或者力量太分散时，能回归原来的畅通道路。比如，你知道自己该理一理个人财务，那么，制定一个希望在 12 个月内达成的目标，你就会有动力着手解决这个问题（用捕捉、明确意义、组织整理和回顾的步骤）。这是摆正视角有助于掌控全局的典型例子。

放宽比赛视野

众所周知，效率高的个人和企业有个常见特点，即有一整套明确的书面计划。高业绩的关键是重点突出，书面目标当然也是重点突出的。

就我个人的经验而言，两种常见情况下要每隔一两年做一番评估：（1）原先的目标早已完成，新目标尚未确立；（2）雄韬伟略与现实严重脱节。前一种情况，你实现了既定的目标，还没有确立更具挑战性和诱惑力的新目标，就好比你驾驶摩托艇在水面上打转，螺旋桨还在转，却无人掌舵。就好比你此前的成功已把摩托艇发动起来，它仍有动能，只是苦于缺乏方向。你觉得自己还有余力，却不知道该干些什么；就好比你盛装打扮，却无处可去。

后一种情况是你规划了宏伟的蓝图，却没有付诸实施的基础，也缺少实现蓝图的战略。你想当一名成功的小说家，那么，为了实现这个目标，明年你应做到哪一步？你想赚钱，赚到腰缠万贯，退休后过另一种生活，那么，你最好制订一个什么计划在今后 24 个月内完成？你想让企业的赢利达到某个水平，在 5 年内保持吸引客户，那么，你短期内要制定什么可行的目标？

目标的悖理之处在于，它如此可贵，人们却常怀抵触心理。这是为什么？明确完成任务需克服的困难很简单，但只要下定决心执着于长远目标，就必须甘愿放弃熟悉的日常生活，冒险跨入未知的领域。我的目标实现不了怎么办？我的目标根本不对路怎么办？我要做出什么样的牺牲？你能否长期执着于美好的愿景，要看你对自己有没有信心，是不是相信自己能梦想成真，有没有足够的底气和毅力去完成这项任务。

有些时候，执着于高远的目标不是明智之举，它容易削弱而不是加强你的掌控感。你准备大动干戈、另起炉灶的时候，潜意识会告诉你，前途凶多吉少。如果你觉得掌控目前的局面已经有点儿力不从心，那么，瞄准更高目标也许难上加难。我自己的公司经历过几个发展时期。曾几何时，我们的目标仅仅是建立高级管理层和可行的管理结构，它们本身是基础的基础，必须各就各位，然后才能调高目标。如果你和你的企业温饱难继，现金流频频出现问题，意外接二连三，那么，你必须将全部精力投入完成短期目标的工作，直到压力减缓。

我发现和提出的GTD模型的基础其实很简单：人们不把琐事处理好，就不能放眼大局。有些时候，琐事让人忙得不可开交，制定目标就成了人为造成的沉重负担。

也许你当前的状况很好，无须确立目标或调整方向。不少成功人士推心置腹地说，自己从未刻意定过目标和计划，只是机会来了，就去做而已。他们说是这么说，我相信，他们其实牢牢地抱定成功的愿望和梦想，所以才能看到机会，及时行动起来抓住机会。当然，坚定的方向感和目标感不一定是苦苦思索的结果。

什么时候该确立目标，集中精力做一件事，什么时候应该接受现状，把它处理好，以期站稳脚跟以后再调整方向，承担更大责任，这问题实在不好回答。只有到了那一刻，你才知道答案。找到答案的关键，就在我提出的GTD模型的一条核心理念，即关注引起你注意的事情。

gtd

第 15 章　4 万英尺：愿景

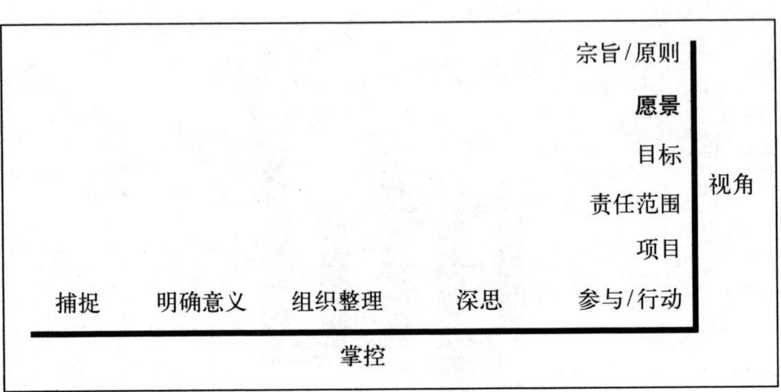

未来不是我们找到的，而是我们创造的。路不是原来就有的，是走出来的。创造未来、开辟道路的行动既改变了行动者，也改变了最后的终点。

——约翰·沙尔（John Schaar）

范　围

4 万英尺层面的基本问题是：长远的成功是什么样，它看起来、听上去和感觉如何？愿景是把目光放在横跨多个时间段、具有长期和短期影响的问题。对个人而言，愿景包括他的生活方式、事业目标和方向。对企业而言，愿景包括公司的性质、它的立业之本以及未来的发展图景。

这个问题还有一种简单的提法：你的长远目标（超过 2 年）是什么？更积极的问法是：如果你今后几年小有成就，你希望或者想象自己在干什么，是什么形象？

当然，“长远”是个相对的概念。14 岁的孩子和退休老人对未来的展望截然不同，航空公司和刚创立的软件公司或瓜果蔬菜店的长远战略也大相径庭。你或者你的企业变革的周期和速度跟你的愿景大有关系。如果你考虑的是探索外太空、规划一座城市，就必须具有几十年的前瞻性。如果你考虑的是建立一个共享软件查询系统，那么，想要它若干年以后还具有适用性都有点儿牵强。

典型格式

如同“3 万英尺”，适合陈述愿景的环境往往是管理层、管理团队、董事会和合伙人等召开外出会议。3 万英尺和 4 万英尺的区别在于关注点和自由度的不同，它超越了操作规划层面，是对未来可能性的各抒己见的发散思维。通常可以请外界的顾问和协调员参与进来，鼓励与会者打开思路，跳出传统思维的桎梏，提出新的方向和结构。

我在讲授“4 万英尺”层次的培训课上，多次发现让大家无拘无束地自由讨论，效果比规定刻板的讨论模式要好。不同的场景、学员与环境的不同组合等都会影响到他们对未来的畅想，影响到课上提出来的想法。

有时，直接提出的一个问题：“那么，从今天起再过 5 年，你希望自己在干什么？”就足以激起一连串的创意思考，目标也变得明确。随便指定一个未来的时间点，往往足以让大家打破日常生活的禁锢，开始发散思维。

有些时候最好只问一句：“对你（你的企业）而言，你最大的、最美好的期望是什么？”未来图景宛若出现在眼前时，就只看花多长时间让它梦想成真了。

不过，我们在前一章提到过，这种情景幻想对个人或者群体常常会构成威胁。原因很多，其中就包括个人或者群体在当前环境下与美好前景的反差。在机构初创、企业经历重大变革、危急关头（必须讨论方向、重点和动力）时，愿景往往成为心不甘、情不愿的强加内容。这些时刻都必须给自己打气，用辉煌的胜利来鼓励自己，哪怕胜利只在想象中。在一切正常、顺风顺水的时候，更容易开展积极的构想，效果也更好，虽然这时候展望未来也许会被视为多此一举："东西还没坏，干吗要急着修理?!"

不管哪种情况，用创造性的思考方法和模型打破僵局，让人们从熟悉的模式中走出来，在不知道怎么做的前提下先明确成功是什么，都是大有好处的。顾问用各种办法帮助人们打开思路，"人生规划师"的职业也应运而生，专门帮助人们构想未来的工作和生活，并寻找实现目标的方法。

"如果"和"假设"的情境是常用的练习。让团队写一篇重要的文章，发表在著名的全国或国际性刊物上，宣扬小组或公司即将取得的业绩（好像已经胜券在握），这办法能产生许多有趣的结果。虽然这项任务听上去很像虚张声势，招摇撞骗，我却屡屡目睹它产生了一连串雷厉风行的决断，指明了方向，取得了立竿见影的效果。

对于个人，写出自己理想的未来展望可以起到相同的作用，产生同样积极的影响。多年来我亲眼见证了数不清的例子：我认识的很多人（以及我本人）只是简单地列出了几件希望发生在自己身上的美好事情，比如美满的婚姻、舒适的生活环境、事业发展、身体健康和多多赚钱等，不知不觉中，它们真的变成了现实。

如果想把这种未来导向的思维开展得更深入，可以描述一番未来场景，就像写一篇小故事，讲述理想怎么一步步实现。如果你擅长视觉思维，可以画一张"藏宝图"，也能起到相同的作用。

绘画、表意图像、剪纸、拼贴和剪报，都有助于打开思想的禁锢，激发创造力，给自己注入强劲的动力。

下面这幅图是我于 1990 年 11 月随手画的一幅图的节选。当时我就觉得，坐下来好好想一想自己理想的生活方式是什么样子，也许有点用。于是我浮想联翩，把想到的都画下来了。20 年过去了，图上的各项要素基本上达到了我的预期，即便细节有出入，本质却基本吻合。我画图时完全是瞎想的。是的，现在我压根儿想不起来，自己当年怎么会产生这些念头。可是它却牢牢地在我心里生了根，成为我从事一切活动的背景，让我睁大眼睛留心不期而至的机会，并且敏锐地做出反应。而且我心里也有了坚定的信念：美好的未来就在前面！在它的鼓励下，我才敢冒建设性的风险。没有这张

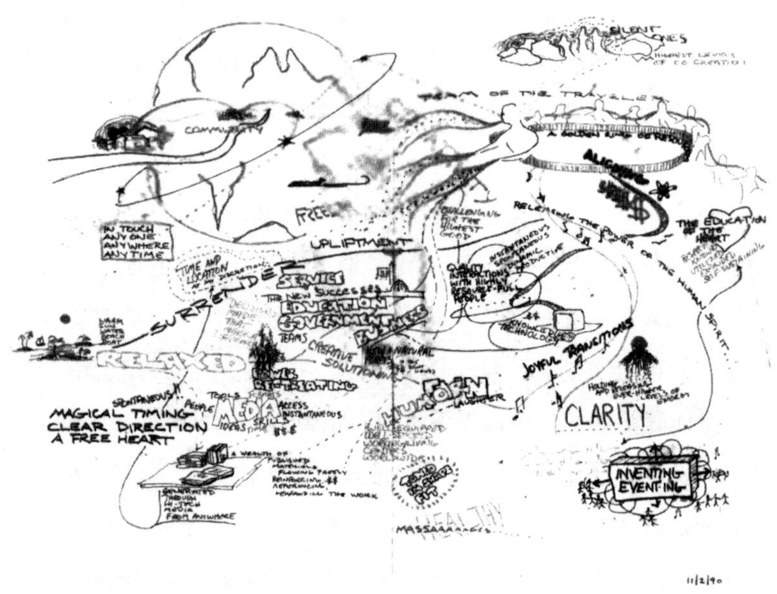

图，我是不会这么冒险的。（这张图有些地方模糊不清，不是为了营造朦胧的画面效果，而是不小心将水洒在了上面！）

如何、何时执行

和另外几个高水平“关注层面”一样，“4 万英尺”可以时不时地回访，让梦想保持活力；也可以只要情况需要，随时查看和思考自己 4 万英尺的构想。

很多企业把长远愿景作为一年一度的场外规划会议的固定议题，还有的每 2~3 年讨论一次。随着时间的推移，重点渐渐突现出来，鉴于积累的信息、变化的情况和当事人的逐渐成熟和阅历增加，也许必须有所改动或者重新调整。还有些时候，企业面临机遇或者挑战，必须在长远愿景中把新情况考虑进去，对未来的畅想也要重新思考。

以我本人为例，我和妻子达成共识：我们希望公司继续向前发展，以满足全世界对 GTD 方法的迫切需求，让它派上更大的用场，那么，我们必须考虑清楚企业发展壮大以后的具体前景。我们要吸纳新成员，扩大董事会，那么，我们必须进一步明确公司的业务范围和规模。

显然，人生或者企业发展的重大转折事件可以成为契机，促使你重新思考理想的未来。孩子们长大成人后自立门户、离婚或再婚、继承遗产、意外的工作机会、突发疾病或残疾、死亡，这些都是重新展望未来的契机。如果你的妻子得了癌症，一天晚上她又回家告诉你，她遇到一次梦寐以求的工作机会，不过上班地点是在东半球的某个国家，你们一去就得至少待上两年，那么，你们晚饭桌上的讨论恐怕不会低于“4万英尺”的高度！

社会变革显然也起着举足轻重的作用：政治、军事、商业、环境和经济状况的剧变势必会迫使许多人、许多群体把关注的焦点从日常生活转向思考重大的问题。公司实施志愿退休政策以削减人手，对可能接受退休条件的人士而言就是机遇和挑战，现在，他们必须重新全盘思考，想一想自己今后的人生怎么度过。美国“9 · 11”恐怖袭击事件发生时，我恰好在华尔街上班。我可以肯定地告诉你，大变故可以深刻地改变一个人看待问题的视角。至少在随后一年，我目睹身边许多人开始自觉地站在“4万英尺”（甚至更高）的视角看问题。切身体会到生命的短暂和脆弱以后，看问题的视角必然会提升。

生活和工作路线图中4万英尺的部分也许只在非常情况下才有必要进行全面反省，但也可以是任何时候，不光是上文提到的转折期，还有短期目标出现问题的时候。规划不久的将来要实现哪些目标的唯一办法是瞭望远景。有些时候，再次鼓起勇气向前冲的唯一办法，就是重新激活理想。

现在就是未来

目标和愿景的真正奥秘不在于它们描绘的未来，而在于它们对现状的改变。我从没见过未来是什么样，我总是牢牢地站在现在。但是，对未来的设想肯定在一定程度上影响着我当前看待问题的视角和对舒适区的考虑。

长远愿景的真正威力在于，你心里有了理想的图景，就会想象自己正在做一件大事，而不是一名无名小卒。我请你设想一下，5 年以后你成就斐然，比方说，你实现了富裕、自由和舒适，有了美满的家庭和信手拈来的机会，那么，你会度过一个怎样的星期天下午啊！可是，如果我让你把时间缩短到两周以后，你的兴头也许就不那么足了。

人们越来越认识到，一个人脑海中对自己未来的构想，会影响他的神经模式和自我认识，进而支配他观察事物的态度，主宰他对变化的适应性。这里有一点很有趣：人的大脑只喜欢保留他的一部分自我认识，即他认为自己实至名归或者将来能做到的部分。这就解释了人们为什么对目标设定和愿景有抵触心理。我发现，人们给自己确立的目标或者理想的自我形象必须至少具有51％的可信度，才能牢牢扎根。如果目标太低，就不足以构成挑战并带来显著的变化，不足以挑起让人跃跃欲试的欲望；但是如果目标高不可攀，人们就会下意识地轻视它，暗示它实现不了。

理想确定以后，再把它逆向回溯，由短期目标转化成可执行的项目，再由项目转化成下一步行动，一路走来，就可以实现惊人的效率提高。GTD 方法基本思路的戏剧性表达就是：结果是什么？下一步怎么做？当“解决全球饥饿问题”这样高瞻远瞩的目标转化成具体的下一步行动，比如“给约翰打电话，商量厨房提案”和“上网搜索粮食分配问题的研讨会情况”时，是相当令人振奋的。你会摩拳擦掌，马上行动起来。

说到这里，我的经验是，只要确立了愿景和长远目标，经常想着它们，它们就能产生结果。我自己的许多成绩，起因就是幻想或者偶然想到的主意。我一直放不下，把它列在“将来/也许”清单上，写在理想描绘的场景中，画在藏宝图里，一再强化自己的意识。即便我没有具体指明要执行的项目和下一步行动，它在我心里也走完了从量变到质变的过程，终于让我觉得不执行它就难受，进而努力去实现它。

所以，除了要在“4 万英尺”的愿景与具体操作之间建立适当的联系，你还必须有一个实实在在的愿景，这样，即便你没有主动实施它，它也会渐渐积累到足够的势能，于是你为了把它从脑子里排除出去，也会全力以赴地去完成。

向前看是人性使然，必要时站在适当的视角，自觉地把这种本能放在大背景下，更是让生活和事业双丰收的一把重要钥匙。

gtd

第 16 章　5 万英尺：宗旨和原则

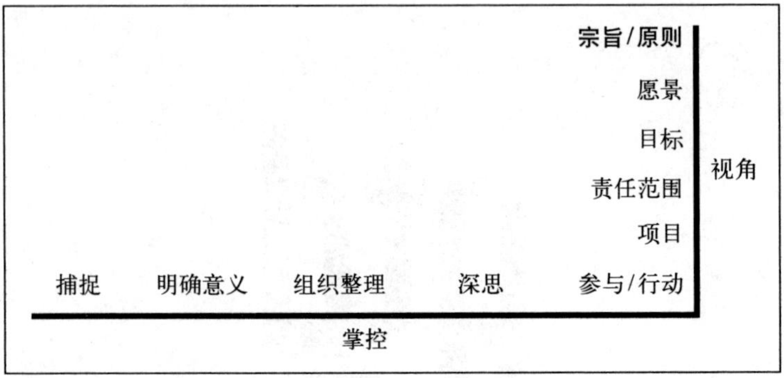

宗旨/原则

愿景

目标

责任范围　　视角

项目

捕捉　明确意义　组织整理　深思　参与/行动

掌控

没有什么力量比矢志不移的决心更能让人的心灵镇定，就好像灵魂把智慧的目光集中在这个志向上。

——玛丽·雪莱（Marry Shelley）

一个人应该使他的所作所为令自己满意，一切有始无终、不必要的追求都没有价值。

——理查德·斯蒂尔（Richard Steele）

这是视角最高的高度，在这里，我们要回答几个根本问题：我（我们）为什么是现在的样子？我（我们）怎么成了现在的样子？（这里的“怎么”不是指具体的方式，而是指我们生而为人的意义和本质。）

5 万英尺是视角的最高层面，宗旨和原则被一视同仁地放在这个高度。宗旨提供了生存的最终目标和方向，原则体现了人生道路上要始终坚持的核心价值观。

宗 旨

范围

简单有力的问题“为什么”的答案，是 5 万英尺视角的事项的来源。做某件事、追求某个目标的原因是什么？为什么做它？我们抱有什么希望，想取得什么成就？

宗旨可以指一个项目、一种行动或努力的最终目的。在这个意义上，它可以被看作结果的动力来源。你开展培训课程，教客户正确地使用你的软件，是为了增加客户满意度，提高客户忠诚度。你给弟弟理查德打电话，是想对他获得晋升表示祝贺。你在教堂旁边多建一间侧室，是为了让人们在教堂内有更多的机会进行交流。这些例子中的目的可以达到，完成以后可以勾掉。

宗旨还有另一层深意，指事物的本质、它存在的根本原因。在这个意义上，它一般不指尚待完成的任务，而是指一项事业的根本定义和投入主要精力的方向。当实实在在的重点、能量、表达与它所描述的预期相吻合时，它才得以实现，才能说“符合宗旨”。如果一家企业的宗旨是在特定领域提供最好的产品和服务，那么，它可以（而且应该）每时每刻都遵照这条标准。换句话说，宗旨的贯彻是持续的。

一个人可以在多个层面同时信守多条宗旨，本人却浑然不觉。我写这本书的原因很多，多想一想“你究竟为什么要写这本书”总没有坏处。最后我行动起来，写了这本书，是为了履行对自己的承诺，我的承诺又出自我的愿景，而我的愿景则体现了我生而为人的宗旨。在这个环环相扣的框架内，宗旨可以体现在多个层面的体验中。

典型格式

决定、确立或回访企业宗旨是高水平的活动，往往与使命、愿景、价值观及长远目标的商讨和确定紧密相关。同样，宗旨也常在传统的外出会议上，由主要领导者、企业老板、创始人和股东共同提出。它的常见形式是“使命宣言”或“宗旨宣言”。

从 5 万英尺向下，各部门、项目、产品或流程机构都可以提出并肯定自身存在的理由："我们做……是为了……"，"我们共同努力是为了……"，"该软件的作用是……"，等等。

就个人而言,"使命宣言"可以是人生目标和意义的最高标准。"生而为人，我将致力于……"在接近日常生活的层面，它可以明确你成家立业、打理花园、出任地方商会的委员、为本地慈善机构组织面包义卖活动的目的。每做一件事，都可以客观地描述它的目的，只是关注层面有所不同而已，无论聚会、休息、健身还是学习音乐课。

这些结果和目的很少有郑重其事的表达，也没这个必要，只要事情进展顺利，没有冲突，就不需要更明确的表述。如果参与面包义卖的人们对面包的售价没有异议，就没必要开会阐述举办义卖的重要意义。如果策划义卖活动的委员对每块面包该赚多少钱存在分歧，那么，就要把目光放长远一点，将分歧解决掉。

何时执行

除非你正在做一件事，否则根本没必要搞清楚为什么去做。触发 5 万英尺思考的情况往往是，你不知道自己怎么介入以及为什么介入一件事，必须好好想一想怎么分配有限的资源。宗旨是你判断一件事是否重要、评价自己是否成功的终极标准。如果你深信举办一场盛大的婚礼是让疏于联络的亲朋好友欢聚一堂，向自己关心的人表达亲情和友爱，那么，你就很容易想好婚礼的预算和程序。婚礼结束后，你的满意度会由于它成功地达到了目的而进一步增加：人们果真利用了这次机会，相互表达了温暖和关怀吗？

有时候，倾听自己内心的声音，倾听他人的意见，探究一下这件事的深刻目的是什么，对我们有好处。开始对话的最好时机是开始做事的那一刻。明白了最终目的，你就能抛开顾虑，多方思考达到目的的巧妙方法，在权衡各种方法的利弊时也有了标准。

开展5万英尺思考的另一种情况是，人们对某件事、某项事业的可用资源存在分歧和悬而未决的问题。如果你有用不完的时间、花不完的钱，就没必要谨慎地算计它们的分配。只有在预算有限、时间紧迫（这问题更要紧），你必须做出选择时，宗旨和目的才成为当仁不让的讨论话题。

我们是否应该收购“埃克合伙公司”？是否应该把大量预算用于研发？是否应该在旧金山新建一家分厂？

就个人而言，我应该去拿个学士以上的学位吗？我应该抓住这次难得的职业机会吗？我们在这个年龄要领养一个孩子吗？我应该跟这个人结婚吗？

你在做一件事之前，在别的办法都不管用的时候，最好问一下自己：“我（们）为什么要这么做？”只要你犹豫不决，缺乏动力，无法前进，就可以想一想这个问题。三思而后行很有必要。

宗旨的终极（长远）威力

说实话，我坚决赞同明确终极目标，因为它是决定事情轻重缓急的首要标准。如果你不知道自己为什么而生，此生有何追求，那么，你随便走什么道路都可以。可是，如果走哪一条道路对你而言很重要，你就必须知道自己前进的方向。当你反躬自省，当企业重新定位、把目光放远评价现状时，都可以取得很好的效果——它看似微不足道，实则影响深远。

屡见不鲜的实际情况却是，在缺乏积极性、尚未全身心投入之际，就劝个人树立人生目标，让企业确立发展愿景，这样反而会造成不必要的压力。而先做出根本的自我（企业）定位，再妥善分配精力和资源，以支撑这个不可动摇的定位，才是运用高效模式、兼顾生活工作，把人生顺利向前推进的正确办法。

但是如果你还没做好心理准备，不清楚自己的一生将如何度过；如果你还在摸索，还在涌动的激流下探路，不知道你的作为、兴趣和专长会把你引向何方——那么，最好的做法是接受现状。武断地、纯理论地、概念化地追问自己的人生意义没有好处，勉强的结果还会适得其反。如果你或者你身边的人尚未做好准备，尚无能力来表达、理解或建立它们，就不要勉强去做。

除非你做好了承担责任的准备，否则还是顺其自然为好。要从你的丰富体验中汲取教训。我为何来到世上，这问题很容易让人栽跟头，产生含糊的、语焉不详的自我意识，进而远离人群、缺乏安全感、沉溺自我的浪漫想象中。“远大前程”既可以成为一个人的立身之本，也会变成他逃避现实的借口。

我还没有见过一家企业，创立不到 5 年，就能自信、自觉、准确而清晰地表达自己的使命和宗旨。宗旨肯定一开始就有，它存在于创业者“激情燃烧的梦想”中，他誓不罢休，一定要实现它。但是，要让它在意识层面变成理性、清楚的表达，通常必须经过漫长的岁月，获得丰富的经验，经受长期的考验，才能理解推动企业发展的根本原因，并把它推而广之。同理，如果你找到了不枉此生的立命之本，发现了它所意味着的高尚情怀和显赫业绩，值得所有人终其一生为之上下求索，那么，我会奉你为真正的大师，毕恭毕敬地聆听你的教导。

不过，就我的经验而言，我爱与之打交道的偏偏是那类抱有“健康的怀疑态度”的人。他们的怀疑态度体现为，他们质疑一切模型或理论的可靠性，如果它不能很快证明其有效性，他们就马上把它丢开。他们通常怀着热诚的希望，乐于敞开胸怀检验新的观念、模型和人们提出的好办法，保证让自己了解和掌握对实现目标有帮助的每种东西。

问问你的孩子们，他为什么做出现在的选择。有时孩子有一股本能的力量，能看破一切虚伪的事物，能穿透对大脑的束缚，因为他们还没有在年深日久的潜移默化中被程序化。对你提出的问题，他总能给你一个直截了当的回答。

想一想“为什么”，这个问题对任何人、任何事在任何时间都管用。如果这个问题不管用，那么事情本身也许根本就不值得浪费时间去做。还有，这个问题也不必急于解决，因为问题的答案往往跟时间无关。

原　则

范围

你所持的价值观与宗旨处于层面的相同高度，对你明确优先级、分配时间和精力具有同等重要的作用。你选择某条意大利之行的路线，也许是为了增进历史知识，提升人文素养，而在此期间，你希望获得收获的标准可以衡量你是否一直在用心体验。这次旅行有意思吗？我的收获和学习达到我的预期了吗？我的钱花得值吗？

在这个“原则”高度，我要指明的标准是你或者你的企业固有的价值观，它是标准的根本。每个人都有原则，这些原则在生活中指引着我们，它们提供了情感、智力、物质和精神方面的参照点，决定了我们能接受什么，不能接受什么。

如果我问你：“哪些情况下，你不在乎自己在哪里工作，或者不在乎做什么工作？”你会怎么回答？不管你怎么回答，它们都体现了你对工作和工作方式的核心价值观。还可以在你生活的其他方面再提几个类似的问题，比如：“什么情况下，你不在乎自己在哪里生活？”甚至“什么情况下，你不在乎跟谁结婚？”。只要你肯直言不讳地做出发自内心的回答，你就在寻找你在某个特定层面的基石了。

在职业和企业层面，这个层面可以帮助你纠正你认为对企业的成功至关重要的行为。你认为企业要取得成功，客户服务、质量控制、全面沟通必须达到什么水平？不管企业是否把这些标准作为价值观、标准尺度、指导方针、行为准则逐条列出，它们都是客观存在的，少则3~5条，多则30~50条。企业还可以把超越客户预期、支持员工发展、为股东创造更大价值、合法经营、为社会做贡献等作为目标。我还记得小时候参加童子军，组织对队员提出了一些重要的原则性要求，即“可靠、忠诚、助人为乐、友爱、礼貌、仁慈、服从、快乐、节俭、勇敢、整洁和诚敬”。在我的公司，我们也用提问的方式提出了几条核心价值观：什么情况下我们做到了最好？我们给出了20多条答案，其中包括：

- 我们建立了重要、持久而广泛的关系。
- 我们工作起来雷厉风行，效率极高。
- 我们用开放的系统，接受新观念，及时更新和明确问题，实现充分沟通。

把目光集中在关注层面最高水平的原则上，可以回答企业的性质和价值观以及你身在其中的职责等问题。它也体现出你对每天要与之打交道的骨干成员的表现是否满意。据统计，员工跳槽的主要原因不在于工作性质，而在于老板的作为。员工即使不喜欢老板也无妨，他们完全能够做到建设性地与并不投缘的上司合作；换工作是他们觉得老板的行为和标准违背了自己深信不疑的价值观。

如果你把自己的核心价值观逐条列出，也许有10~20条之多：

- 诚实

- 不断提升自我
- 爱护身边的人
- 服务社会
- 做事光明磊落
- 回报社会，帮助困难群体
- 经常反躬自省，完善人格

典型格式

考虑这个 5 万英尺高度通常是在跟企业的主要负责人一道明确企业的宗旨和使命的时候。谈论结果往往是列出几条原则，制成小册子，发给全体员工。在侧重操作性的层面，项目小组也可以把这些价值观作为指导方针，校正自己在某些领域的作为。

有的企业在执行“360 度反馈”政策（每位员工都对自己身边的同事做出评价）时，还经常使用调查问卷，请员工表达什么是关键行动和正确行为，再由上司做出评价。“此人是否信守约定？”就是一条根据企业的宗旨对他做出评价的参考标准。

就个人而言，你可以列出几条自我肯定的价值观或信念，时不时看一看，以获得启迪和激励。从 20 世纪 80 年代开始，我列了 30 多条有关自我行为和形象的准则。我发现，它们对我坚定信念、严于律己很有好处。比如，“顺其自然，率性而为，抽出时间享受生活中简单而深刻的快乐”。

家庭以及其他团结紧密的小团队，比如会员机构、社交俱乐部等，也可以建立一套“行为准则”，以促进人与人之间的合作，明确预期，避免今后产生误解和发生不必要的冲突。

何时执行

在一项事业、一个项目启动之初就对根本原则展开讨论大有好处，特别是当参与者交往不深、尚不熟悉时，或者在必须明确共同合作模式时。在新人加盟，要传达领导的预期和标准、传达企业文化时，根本原则的讨论也很有必要。

当公司的骨干只有我们夫妻二人时，其实用不着煞有介事地明确我们的重要准则：我们从朋友、同事变成夫妻，而且相伴多年，彼此对对方的办事准则和经营理念可谓了如指掌。我们的标准是，只要客户打来电话提出请求，必须立刻给予答复，密切关注客户关系的每个细节，把有意继续合作的客户留住。后来我们开始聘请帮手，就发现必须把我们对如何处理业务的想法和感觉告诉他们，事后我们对某些行为表示赞赏，对某些行为表示批评时，员工就不会觉得意外。从事培训多年，我见过数不胜数的事例，就是人们从不谈论核心原则，直到双方对标准的认识存在极大分歧，引发激烈的矛盾时，问题才暴露出来，这时候再想心平气和地谈话和解决问题，为时已晚。

在关系缔结之时就明确价值观和交接原则，可以达到事半功倍的效果。在企业合并、小组整合时，在谈判建立战略合作伙伴关系时，在你招聘一名新助理，甚至在你的侄子、侄女来跟你们一起欢度暑假时，一开始就用下面的话题表明立场，是再合适不过的时机：

- “在我们的日常交往中，我们最看重的是……”
- “我想告诉你，我的办事原则是……”
- “这次联合，我们最担心出现的问题是……”

有一次，我在一年一度的外出计划会议上遇到一名高管。他在给部门经理讲话结束后放了一组幻灯片，题目是“我对下列行为极度不满”，然后逐条列举了一些他认为导致工作效率低下的行为，是它们削弱了团队成员处理棘手问题的能力。如果他接着再放一组幻灯片，强调正确的行为，效果会更好（但他没这么做）：“我对下列行为非常赞许！”不过，他至少点明了问题，告诉别人他对不够敬业的行为的个人意见，对这一点我表示肯定。

我与之打交道的还有一家公司，它列出了 3 条对企业的成功至关重要的原则，还指定了一名人力资源经理，专门负责在企业文化中贯彻这些原则和标准。经理经常根据自己据此制定的指标考察员工的表现。有一条标准是“让客户满意”。如果你在自己的企业执行这种做法，下次总结时，给每个员工打分，然后根据得分情况给他们升职或者降职，结果会怎么样？

一般来说，关注地图上这个 5 万英尺层次的绝好时机，是在必须规定可接受的行为标准，以便个人、团队甚至整个企业恪尽职守、履行职能的时候。它的内容可以很广泛，从员工查看电子邮件的时间间隔，到由哪个国家起草“人权宣言”等。

产生分歧和行为失当时，也要参照原则进行处理。认为身边每个人都跟自己拥有相同的价值观是人性使然，所以，只有别人违背了你的价值观，你才会意识到自己的价值观。如果在关系缔结之初，就让各方明了和认可双方共同的价值观，那么，在关系发展过程中遇到棘手情况时，才容易解决，不至于情况愈演愈烈，最后一发不可收拾。

一般来说，你对自己人生的根本要素、根本特点想得越深刻，想得越透彻，你在面对艰难抉择时的参考标准就越坚实、越牢固。这个决定符合我的一贯原则吗？它的性质跟我真正看重的东西一样吗？5 万英尺高空层面视角可以让你在急流险滩、惊涛骇浪中也能心意坚决、岿然不动。

gtd

第 17 章　摆正视角：重访“格雷西的花园”

我在前几章论述了6个高度的层面，每个层面都可以继续深入；要说我已经涵盖了所有的基本层面，实在有些大言不惭。这些基本层面涉及多个层面的思考、交流和决定，却并不能万无一失地保证你在处理一切事务时摆正视角，做出轻重缓急的决定，从烹饪一顿美餐，到解决一个希望独立的新国家的亚文化问题。不过，有效的框架不可能比我这个由原则/宗旨、愿景、目标、责任范围、项目和“下一步行动”的一路贯串的模型更简单。如果比它更复杂，就会损害我们的生活体验的全面性，而且有把重点过多地放在海市蜃楼上的风险。

所以我一直说，要尽量简单，而不是比较简单。

工作重点

我们回过头来，再看看罗恩和他继承的婶婶格雷西的小园艺店。当时小店一片荒芜，他稳住阵脚以后——先是打理小店，然后是恢复接受这家小店后他自己的生活——接下来要做什么？要想很好地自我管理，必须突出重点。

假设罗恩读了前面6章，并把其中关于摆正视角的内容牢记在心，融会贯通到自己对小店的思考和决策中。也许，与格雷西花园的重要股东抽出周末时间见一面，会产生下面一份文件。

格雷西的花园——企业概况一览

宗旨

提供高质量的园艺设计和园艺用具，竭诚为零售和批发客户服务。

原则

牢固而持久的客户关系

环境友好型产品

支持员工

业务赢利和可持续发展

愿景

在邻近三镇赢得“一流的园林景观商店”的声誉。缔造富于趣味性、创造性和知识性的观光购物点，长期吸引有钱且有时间的客户，满足他们的特定需求。将小店打造成园艺爱好者和园艺设备购买者的首选地。实现赢利，开设分店。

目标

未来12个月内：销售额增加15%，利润达到20%，成立批发业务并实现赢利，扩大零售业务占地空间，建立管理团队（包括销售经理、办公室主任、控制员和经营经理）。

责任范围

行政、管理、公共关系/营销、销售、财务、零售经营、批发经营、园林美化服务和教育。

项目

成立批发部

整理文档

招聘销售负责人

最终完成“埃克景观”的合同

修理/更新 HVAC 系统

推出客户 VIP 项目

下一步行动

为批发部门制订计划

给桑迪或汤姆发一封电子邮件：请求推荐簿记员

给布兰多打电话：安排午餐会议

搜索/查阅同类商家的网上广告

给克里斯打电话：讨论到意大利出差的事宜

摆正个人视角

罗恩经过深思熟虑，马不停蹄地召集格雷西花园的员工和投资人开会，安排好后续事宜，就回家去了。在处理家里的一堆事务时，他一会儿愁眉苦脸，一会儿满怀憧憬，一会儿六神无主。

现在，他已经把“格雷西的花园”打理一新，安排好了不久的将来要进行的各项事务，就着手用“6个层面”处理他的私事。他花了一整天时间，与妻子和一名私人教练一起明确现状。

宗旨

表达自我，度过充实的人生，不断为自己和他人谋福利。

原则

- 诚实坦率，体谅他人
- 关心爱护家人和身边的亲朋好友
- 不断地自我省察、提高修养，实现自我成长
- 平衡而可持续的生活方式

愿景

经常旅行，前往美好有趣的地方。达到理想体重，保持精力充沛，制订计划按时锻炼身体。我的核心价值是自由支配时间和金钱。在“格雷西的花园”达到可观的利润以后把它出售，卖给负责任的业内人士，使之继续发展，使其品牌与业务焕发新的活力。

目标

- 为“格雷西的花园”成立高层管理小组，使成员齐心协力

- 制订长远投资战略
- 达到可以熟练地用西班牙语交谈的水平
- 装修厨房/小书房

责任范围

事业、健康、精神生活、家庭、个人发展、家务活、创意表达、服务、资产、休闲娱乐。

项目

- 安排好“格雷西的花园”的外出计划会议
- 给iPod安装学习西班牙语的CD
- 聘请做装修的建筑师
- 去墨西哥度假
- 考察附近的健身房

下一步行动

- 给苏珊打电话，询问他们请的建筑师如何
- 网上订购西班牙语学习资料
- 起草外出会议的议事日程
- 把自行车送去修理
- 上网搜索最新的投资类书籍
- 给乔纳森打电话，祝他生日快乐

舰长和指挥官

如果生活中真有一位罗恩 · 泰勒，他果真继承了一家小店叫“格雷西的花园”，他用获得掌控的 5 个步骤和摆正视角的 6 个层面，让自己和小店的业务重新步入正轨；那么，这个人就是你效仿的榜样，你可以借鉴他的做法，处理自己遇到的问题。

他接纳了生活中发生的一切，并进行了捕捉、明确意义和组织整理。在具体范围内，他对自己为什么做某件事进行了成熟的思考，他在用稳扎稳打的具体目标一步步接近自己的愿景。他构建了身边的环境结构，使重要内容无一疏漏，得以正常维持，项目交由可靠的专人负责，当前的行动明确以后，再转交给正确的执行者。他明确了个人行动并使之条理化，使每项职责都得以明确，达到可操作的水平，而且与整个体系相吻合。

如果你在现实生活中遇到一个人达到了这种状态，那么，你可以感受一下他的专注、放松、自主和明晰，感受他在生活的方方面面怎样左右逢源、游刃有余。

gtd

第 18 章　实际运用

人们不关心你遭遇了怎样的惊涛骇浪，只关心你的航船有没有顺利抵达港口。

——劳尔 · 阿姆斯托（Raul Armesto）

这本书提出的流程在日常生活的实际运用中效果怎样？“格雷西的花园”显然是现实生活中类似案例的提炼和浓缩。各种各样的模型向来都是完善、规整的，实际生活则不然。我们在生活中遇到的事情五花八门，形形色色（毫无秩序和规律可言），案例研究和比喻、寓言根本无法涵盖。你读到这里，也许会觉得，你目前的生活就变幻莫测，好像雾里看花，根本不像我在书里描述的那么清晰。我自己也常有这种感觉。不过，我在书里描述了几个稳定不变的参照点，你可以用它们来检验，你是不是一直在进步，而且一以贯之。

我试图描述怎样一步一步获得掌控和摆正视角，它们的先后顺序是基于我的经验得出的，我觉得这样最容易取得效果。捕捉、明确并把引起你关注的事务条理化；在活动所涉及的各个层面逐项追踪和总结它们；果断执行，采取当时看起来是最好的办法的举措；这个流程几乎不会错。作为一整套配合默契的思考和行动方式，它有助于你在生活和工作中达到并保持“舰长和指挥官”的境界。

有难度

你也许意识到了，很难一直保持平衡、放松和专注的状态，因为事情是复杂多变的，出乎意料的新问题让人应接不暇。鉴于这种情况，这个理想的自我管理模型的完整性和稳定性很快就会受到干扰。虽然一大早你比往常快半拍，但是上午一连接了 3 个紧急电话、得知一个重大项目发生了意外、咬了一口硬饼干把牙冠撬松了、收到得花一上午才能处理完的电子邮件以后，节奏就变成慢半拍了。你发现，你不得不想办法把千头万绪集中起来，为下午的工作理清重点。意外也可能是你的人生伴侣得到一次发展事业的机会，要求你更换工作，于是，你不得不重新思考多个关注层面，才能重获平衡；或者你发现自己怀孕了。

要想生活、工作齐头并进，遥遥领先，并不是让一切事务井井有条，纹丝不乱，而是熟知人生地图的横向和纵向坐标，一旦遇到突发状况，能够马上重新找准定位，为自己指明接下来的前进方向。

你知道什么时候该马上处理电子邮件，什么时候可以暂时将其搁置？什么时候该召开员工会议（安排哪些事务），什么时候开会是在浪费时间？什么时候该陪孩子散步，什么时候该一个人出去走一走？什么时候该回头总结一下项目笔记，补充新资料，而不是接着起草长篇大论的提案？人们一直在面对和处理这些问题，每天要做出上千次决定。你每想到一个问题，都把它想得比其他事情更要紧。做出明智选择的奥秘在于铺好一条道路，沿途做好标记，让你能一路上目标明确，行为妥当，最后取得最好的结果。

为意外做好准备

若是你跟我一样，大概不觉得自己一贯聪明、自觉、情绪饱满。有时你机智敏捷，有时则迟钝呆板，畏首畏尾。问题在于，你在思维敏捷、精力旺盛的时候，很容易失去时间感，以为这种状况会一直持续下去。真正的聪明人明白，这种状态持续不了多久。他们有这种意识，就会自觉地建立一套流程和结构，让自己在精力涣散的时候，也能明智地做事。只有不聪明的人，才不会未雨绸缪，提前为脑子不灵光的时候做准备。

使自我管理难上加难的是，最该做的事往往是你觉得最难做到的事。你需要制订计划，却根本抽不出时间。你需要休息，却压力极大、必须全力以赴。你该处理一些鸡毛蒜皮的生活琐事的时候，却必须持续关注“战略性”问题。

现实生活很少符合你在某个时刻的心情，所以，建立一套方便好用的结构，把掌控和视角的因素面面俱到地处理好，用它使自己的内心和外部世界保持平衡，才是明智之举。

运用工具和窍门——启动系统

再没有比顺手的工具、舒适的环境、简单的行为指导更能让你提高效率、如虎添翼的了。在宜人的工作环境中，依靠灵巧的习惯和程序，以适当的工作节奏执行事半功倍的举措，也容易赢得竞争，让企业的经营取得成功。

换句话说，你要有个好的系统。我有位朋友是某大型制衣公司的质量和研发主任。他告诉我，他们的研究表明，业绩提高的举措绝大多数源自系统的改善，额外的激励和提高智力水平长远看来对绩效的提高可以忽略不计，效率提高几乎全都是改进工具质量、采用新流程的直接结果。他在评价GTD方法的价值时提出了自己的观点：企业的制度改进虽然可以提高机械的工作效率，GTD方法却是高效思考步骤的首创。

我只能同意他的话。每个人（不光是行政人员）必须通过行政方面的思考来创立能确保工作顺利的流程，流程一旦被认识和领会，就必须加以强化和程序化。

最近某全球知名企业启动了一系列运用GTD方法开拓的项目，对象涉及领导层、他们的直接下属和助理。他们把获得掌控的几个好办法介绍给大家，特别强调了电子邮件、会议和工作流程管理，就在每天的工作中节省了不少时间，显著提高了决策、规划和创意思考的质量。人们并没有因为培训变得更聪明（虽然大家觉得学会了把脑力用对地方），工作也没有更卖力。他们不过是运用了捕捉、明确和组织整理等步骤（都是GTD系统的组成部分），消除了导致精力涣散的因素，消除了未经处理的“材料”对心力的消耗而已。

这些掌控和视角要素看似简单轻巧，养成习惯长期坚持下去好像也并不费力，真正做起来却不见得那么容易。是的，虽然把工作当游戏、把生活当工作，让两者齐头并进的最佳计划是微妙的内心思考的结果，利用现成的最佳结构，引发明智的思考和专心致志的执行，却能起到事半功倍的效果。

建立系统的结构

根据多年的经验，我们注意到有几个关键要素与轻松地运用这些步骤取得预期效果关系重大。每个要素都能显著地帮你克服下意识的抵触情绪，养成自觉运用的习惯。你在忙得不可开交的时候（比方说一个紧张的工作日的上午，比方说你要同时照顾两个孩子，一个 3 岁、一个 6 岁），很容易把所谓的流程忘得一干二净，因为你必须自觉地开动脑筋，必须刻意努力。你的自我管理法必须具备思考和组织的硬件和空间，它们的品质越高，用途越大，方法越简便，你就越容易获得掌控和摆正视角。

一定要用方便好用的捕捉工具

你要把源源不断地出现在脑子里的想法、信息和事务抓住，客观地加以陈述；要尽可能地让这个过程变得简单有趣，并养成雷打不动的习惯。这些年我打过交道的人为数不少，绝大多数成年人在改变行为模式时，遇到的最大、最难的问题是学会把必须处理的一切事务写出来，再用一套程序加以处理。这个习惯（也许你还没有养成，赶快行动起来吧）可以产生惊人的效果，因为它是GTD方法全套宝典的入门法则。

现在你手边有什么东西可以用来写字或者录音吗？你手头

常备有这样的东西，以便晚些时候再对里面的内容进行处理吗？如果没有，我建议你准备一个笔记本和一支钢笔，袖珍录音机也可以，把它们随身携带。家里、办公室的电话机旁边也要常备一个笔记本。不管在家还是在办公室，你在书桌前坐下来的时候，要有一个翻开了新的一页的笔记本。在你动脑筋想问题、在你会见别人的地方放一块白板。考虑买一个心灵地图、能描画轮廓或其他格式灵活的头脑风暴软件。考察一下有没有可以把电话信息转换成电子邮件的誊写服务。一定要把你看着舒服、用着顺手的工作篮摆在你的工作台前或者家里合适的地方。在你的公文包里装一个塑料或者聚乙烯文件夹，专门用来捕捉你想到的念头。

生活中，我要随时保持大脑处于清空状态、事务有条不紊，最重要的工具莫过于可以放进工作篮、随写随撕的即时贴，从不离身的袖珍记事本和公文包里随身装着的红色文件夹。

我把这些东西看得很牢，没有一样东西落在外面，它们始终是我重要的掌控手段。随着年龄的增长，我经常在一些毫无关联的地方想出妙点子（这是成熟而不是衰老的迹象！）。我在研讨会的间隙喝咖啡的时候，想到 6 个月后的大项目。我在项目会议上，想到要去商店买几样新奇的小玩意儿，以备几天以后招待客人用。我知道，我在这些场合捕捉到的一切都各有归属，在合适的时候将得到妥善处理，那感觉真是太棒了。

我的经验是，你在工作和生活中的资历越老，责任越大，你在工作场合以外想到工作中的好主意，在家庭范围以外想到与家庭有关的妙点子的可能性就越大。你的责任多了，在履行这些责任时，更要抓住重点，主次分明。你在全力以赴处理一件事的时候，没有工夫操心别的事。大有深意的奇思妙想往往是在最奇怪、最离谱的时间和地点想到的。养成良好的习惯，善于利用工具，在它们一冒出来时就牢牢抓住，并尽快做出处理，是标志性的“舰长和指挥官”型体验。

建立日程表和行动清单

你也许已经习惯了在工作中用日程表记事。一定要保证它的标记和提示信息全面而准确，你能信任它，看到它就一目了然，它显示的时间表一览无余。

如果你还没有这么做，就请你想一想怎么归置提示清单，如电话、外出事务、电脑事务、家庭事务、“等待”清单等。如此分门别类以后，就可以用文件夹、活页笔记本、行动软件和文件夹软件轻松进行管理。如果你此前没有接触过这套方法，想试试看效果如何，我建议你用简单的、用得顺手的工具来安排这些提示信息，并使之条理化。

设立专项事务清单

你希望设立和保存无限量的清单，能随时找到自己想查看的内容。你想把自己在每个关注层面想到的念头一一捕捉，比如目标、年度计划、长远愿景、个人价值观等。而为了便于查阅，必须把它们条理化。

这种专项事务清单使用纸质规划书效果很好。你也可运用各种格式的多种软件，比如微软Outlook的Notes功能或Lotus Notes的Personal Journal数据库。只要它能让你创建条目，把问题分门别类地整理好就行。

设立参考系统

数字和纸质的参考资料可谓浩如烟海，你需要把内容庞杂的资料整理好，做到用起来便捷舒适。如果你没有建立参考系统，没有使它发挥作用，"材料"就容易大量堆积，其他条目的提示清单和资料也很难一直保持井井有条、条理分明。

在办公室、家里和中间地带建立有效的工作台

要想赢得工作（作为游戏）和生活（作为工作）的这场竞赛，你要做一项重要投资，即准备好一个工作台，用于思考和处理各种事务。你在办公室和家里都要准备一个工作台（如果你不是在家工作），还要准备一个可以随身携带的微型工作台，以便你在出差或出门在外时保持专注、条理和高效。

最能督促你保持自主性，最能刺激你的创造性思维的，莫过于有个舒适而一应俱全的地方，能让你施展拳脚，处理各种事务。工作台给你的感觉应该像是飞行员的驾驶舱，操作和通信工具、任务提示、辅助和参考资料、激发创意思考的玩意儿尽在眼前，触手可及。如果你没有这样一块地方，或者你的工作台乱七八糟（以你的标准），乏善可陈，那么你将不得不花费一定的时间进行

收拾整理，而不能一走进去就真正用它做事。你必须能够随时进入工作状态。

你还应该在办公室和家里有自己的一块专属领地，由你安排和掌控，在你埋头工作时不受其他人干扰。可用的空间不必很大，但它必须是你的，由你做主。

当然，如果你有一间虚拟办公室，也就是一个收纳处、一套工具，可起到类似移动办公桌的作用，也能大大提升自由感，加强你专心做事和自主掌控的能力。一个好用的公文包或者提包就成了必备品，我有几只款式和功能不同的手提包，满足我在不同时间、不同地点的需求。

把系统充实起来

把结构和系统安排就绪是一码事，让它帮你卸下心理包袱，起到记录和提示的作用，派上大用场却是另一码事。系统的内容如果不充实、不全面，大脑只好继续费力地追踪诸多事务，收集各种信息。

完成大脑清扫工作

如果你是刚刚起步，想试一下我建议的办法，首先要彻底捕捉残存在你的大脑、潜伏在周围环境犄角旮旯里的一切。你要在生活和工作的地方做一番全面的现场检查，把引起你注意、需要加以处理的一切事务牢牢抓住，整理好提示信息。

既然你现在还没有养成几十年如一日的习惯，那么，你要借助外在的工具，把残留在脑子里的想法撬动，使之外化。附录 1 中的“未完成事务提示清单”可以为你提供有益的帮助。有了好的捕捉工具，就迈出了重要的第一步，但是，养成常年坚持、牢不可破的习惯，才真正难得。如果你在阅读本书的过程中，脑子里冒出了什么主意，我希望你已经用一些办法把它抓住，保证不让它溜掉。

用项目和行动来改进你的系统

你是否还可以做点什么，让系统更完善？你会想到一些极好的项目和行动，它们能改善你的流程。如果你决心落实，一定要把它想得很具体，比如“最后完成自我管理系统的设定”。把它作为一个开放的项目列在项目清单上，经常评估，把它不断向前推进，直到满意为止。

为整理腾出时间

整理要花时间。我在第 5 章“获得掌控：明确意义”中提到过，光是处理每天收到的新问题、新情况，每天就得花一个小时左右时间。这是高效率的时间分配，你要趁这工夫思考、决定、执行简单的事务、筛选资料、沟通、明确和有条理地安排新的工作。你不可能在绞尽脑汁地完成艰巨的任务或开会时进行这番梳理。不少管理者发现，留出上班的第一个小时处理这类工作很有好处，却很少能抽出时间不被打扰。有的人工作环境稳定，可以上班第一件事、下班前最后一件事做清理战场的工作，不过，很多人也许只能“抽空”整理自己的工作篮——他们一整天都很忙，只好忙里偷闲。

关键要明白，它要花时间。如果你一整天会务繁忙，分身乏术，那么，整理工作至少会滞后一小时。这种情况本身没有错，只要你心里知道这件事必须“加急处理”。但是，许多人似乎不认可、不接受这个现实，徒然地设法弥补失去的时间，却劳而无果，备感挫折。这就好比抱怨冲个澡占用了你的时间！有些人知道整理需要投入时间和精力，养成了在工作和生活的紧张间隙腾出时间的习惯，而不是喋喋不休地发牢骚。

每周回顾

每天的整理很少能做到板上钉钉、丝毫不差。每周回顾却不然，如果你还没有养成习惯，最好把它记在日历上。每周回顾一次，你可以对自己的世界重新做一番瞭望，这对你明智地分配时间、精力专注、顺利执行自己选择的工作至关重要，它的好处不言而喻。[①]

我建议你抽出连续两个小时的安静时间。我确信，你会好好利用这段时间，即便你的每周回顾用不了两个小时。如果你留出了专门的时间，知道自己可以把滞后的工作做完，就会在整个一周里保持轻松的心情。

执行关注层面高处的活动

要想给予足够的重视，2 万到 5 万英尺高空层面摆正视角的

---

① 参照附录 4 做这个练习。

商谈、交流和决策基本上都要专门抽时间进行。部门总结年度计划，与人生伴侣到风光秀美的地方商量未来的生活方式目标，与老板一起对工作做一番总结，这些谈话很少是即兴想到的。你必须自觉重视，主动计划，专门安排时间。

如果你想在更高层面摆正视角，就必须考虑采用什么形式，请谁参与，并在日程表上标记执行时间。

使用这个系统

设立你的系统，把各项内容填充就绪，顺理成章的第三件事是把它付诸运用。一切结构的最终目的不外乎给你的生活和工作提供便利，使之顺风顺水。

你在多长时间内搁置那些可能有意义、有价值的事务不予处理，却不影响你的自主掌控感和适度的专注，当然全在你自己以及你的具体情况。关键是看你是不是一旦决定整理，就能尽快把它们整理一新，并且对结果很满意。这也是GTD方法让人气定神闲的原因所在——你不必加快脚步，不必更加卖力地工作，却知道一旦情势所需，你能做得很好。造成失控感的是悄悄潜入你的生活和工作中的不明事务，它们噬咬你的神经，造成焦虑感。

下列方法可以帮助你树立一旦情势所需、自己能够担当的信心。

使用和及时清空工作篮

现在，这个办法应该是不言自明的（如果你还没有行动起来），你要养成使用工作篮的习惯，用它来营造掌控和放松感。工作篮的作用不是把东西放进去即可，你还必须再把它们全取出来。有一条标准需要不断强化，直至你习以为常：把你用于收集的一切工具全部清空，包括电子邮件、便条纸片、语言留言机等。目的是每 24~48 小时，让工作篮达到清零状态。任务积压的出现在所难免，但这种情况应该是例外而不是常态。

每周回顾

我必须再次重申，要想掌控引起你关注的事务，最好的办法莫过于每隔几天做一次回顾，及时处理新问题。你要督促自己这么做，并长期坚持下去，这是可以让你终身受益的好习惯。

经常重新评估和更新你的系统

一切东西都会过时。你的生活在变，责任在变，你某方面的能力在加强，另外一些方面在减弱，你的兴趣爱好也在发生转移……变化永无止境。只要你知道自己一定会回过头来，对当前事务做一番彻底整理，心情就会大为释然，也肯放远目光，信心十足地大胆探索。

这种总结回顾和重新调整可能也是你希望定期做的：清理文件归档系统，重新思考清单的管理和现在可以尝试的新方法、新技术等。

做这番总结的一个好办法是定期搬迁：办公室、家、电脑系统等。不管什么时候，只要你必须连根拔起，再重新安置——家庭或者办公地点迁址或者数码资料大转移，你都可以以此为契机（有时候是十分必要的），对资料和系统做一番彻底整合。如果你不可能经常搬家，也做不到定期转移数码资料，那么，你定期检查（至少也要对此持开放态度）自己的系统也好。这是实践那条基本告诫的好地方：关注引起你注意的事。如果你觉得，文档过期、储物间杂乱不堪、电脑资料很难查找、花园小屋里的园艺用具到处乱丢，这些让你心神不定，那么，你该赶快创建新的项目和下一步行动，让你的结构再次焕然一新。

我每解决一个问题，并把它从清单上勾掉，都会如释重负，并且马上冒出关于另一件绝妙的事情的念头，来取代它的空间。我还发现，问题不在于你身边有多少件事等待处理，而在于你心里对这些事是什么、分别该怎么处理有没有谱。

那么……

你也许注意到了，我上面描述的设立、充实和运用这个自我系统的步骤不外乎常识而已，你对它们并不陌生。但是，我希望这番对获得掌控、摆正视角的探讨能让你在大背景下理解它们的用途，掌握它们的结构和行为模式，进而激励你行动起来，提高自己的工作效率。关键在于去掉妨碍它们发挥作用的因素，让你能够在必要时回归“舰长和指挥官”的模式。

如果你自觉应接不暇……

你怎么知道自己该收集、处理、组织和总结呢，还是简单地执行？究竟哪一步最重要？答案又回到了本书的主旨：什么引起你的关切？这 5 步中哪一步比其他步骤更要紧？它们是相辅相成、共同作用的，一般来说在重要性方面没有先后，只在特殊情况下你才可以问：“这个链条中最薄弱的环节在哪里？”虽然你的工作篮里堆着大量待处理的材料，但是也许你该执行某些重要任务，因为它比清空工作篮更要紧。有些时候，把众多事务安排妥当，使之各就各位是当务之急。不过也有些时候，首要工作应当是后退一步，总揽全局。

如果你不知道自己此刻该干什么，我建议你清理一下工作篮，把积压的工作处理完。这么做有几条理由。首先，它有助于清空残留在你大脑里的材料，让你敏锐而清醒地进行思考。其次，它把你的可选行动一网打尽，明明白白地摆在你面前。再次，它可以充当一道维护和预防的关口，让你能够随时接纳难以预见的新情况。然后，你知道自己在游戏中稳操胜券，明白自己能清空大脑、取得进步、想出创造性的高效的新做法，那感觉再好不过了。

如果你必须有个重点

我提出的 6 个层面各有对应的范围、内容、格式和活跃程度。我也描述了你应该在哪些典型情况下回访各个层面。获得掌控的步骤是环环相扣的，同理，原则上，各个层面之间也没有高下之分，哪个最让你忧心，哪个就最重要。

如果你觉得工作情况变了，你的工作重心也得跟着变，但是你不知道老板对你调整重心的看法如何，那么，进行一次2万英尺层面的谈话也许是你可以采取的战略举措。如果你刚接手一项新工作，那么，当务之急也许是搞清楚正在执行的项目的现状，让自己站稳脚跟，以便顺利地掌控局面（1万英尺）。如果你新搬了家，东西还没收拾好，那么，在日程表上标记必办事宜，去五金商店购买清单上的物品，可能就是你最佳的着眼点。如果生活给你出了一道大难题，逼迫你在家庭和事业之间做出艰难抉择，那么，你也许必须深入剖析自己，在5万英尺高度探究自己的核心价值观和宗旨，才能找到方向，做出满意的选择。

摆正视角的关键在于在几个层面之间穿梭自如，必要时能把自己在不同层面的发现串联起来。你为之努力的愿景，从生活方式的角度看，是否与你的宗旨和价值观相吻合？为了靠近它，你正在执行正确的项目吗？你想好的项目有没有相关的下一步行动？它是否可以帮助你完成本年度的目标？

在某个时间点，你必须直面、解决所有这些层面的问题。生活不会放过你。如果你抗拒改变，就是倒行逆施。当然，大多数变化要求你必须转换视角，才能参透它们，并继续前进。无论你是中了大奖，还是断了一条腿，是醉心油画艺术，还是年迈的父母提出的要求让你措手不及，你都必须重新调试，抓住重点。要想赢得工作（作为游戏）和生活（作为事业），就必须未雨绸缪，在出现变化时能够随时接招。

你的准备工作可以是主动、积极地参与各个层面的活动，不要等到迫不得已的时候。就我的经验而言，每个高度的层面都有 3 个办法可以让你积极参与；你用得越娴熟，它们作为你的人生地图就越实用，效果也越好：

- 指明并明确你目前的事务范围
- 总结并提醒自己关注它们
- 处理你的事务

你也许想给每个关注层面单独创建文件。不要担心格式“对不对”，只要它能把你在各个层面凝神思考所产生的内容放进去即可。你想在今明两年把什么梦想变成现实？你 5 年以后理想的生活方式是什么样？你坚持信奉的价值观是什么？你认为自己生而为人必须取得什么成就？

这些问题，也许你已经为自己、为企业做出了回答。你可能希望想办法把它们与其他纲领一道加以概括，让自己对它们的相互关系多一重视角。但是，如果你还没有专门抽出时间，独自（或者与配偶一起）认真思索，追问内心的答案，我建议你行动起来试试看。人们很容易对这么做产生抵触情绪，这些问题往往一想起来就让人很不自在。我的建议是只把它看作“试运行”、看作可能性的探讨；而不要看作板上钉钉的承诺，必须“准确无误”。只要你为这番思考铺平了道路，思考就是会随之发生，必要时你就能做到找到自己在人生地图上的位置。

除了创建文件，你还要考虑安排时间定期进行回顾。你可以在日程表或者备忘系统里写一条提示信息，每隔 3 个月回顾一次年度目标。我本人是把愿景的藏宝图保存在备忘文件夹里，隔几个月就看一看。每当我看到它，就能加深印象，让我对未来的憧憬更加渴望。对于重要的信念和激励我前进的价值观宣言，我也是保存在文件夹并定期查看；这样，我就能根据它们自觉地校正自己的行为，强化意识，这比心不在焉地想起它们的效果更好。

最后，你还要具有足够的灵活性，随着你的改变，相应地改变它们的内容。你可以向我学习，把它们以概要的形式放在手边方便查询，这样，你就能不时提醒自己，该重新制定工作职责、修正长远目标、为成功愿景添加更多内容了。

恢复“全力以赴”的状态

这套办法旨在付诸生活实践，把所有的心事从你的脑子里转移出去。“心如止水”是可以做到的，它并不意味着脑子里空空如也，一片死寂；而是只要你有意识地努力，就能随时做到心无杂念。我发现，当一切喧嚣悄然平定，剩下引起你注意的事情就是你该全神贯注、全力以赴的。这就好像把杂乱的音符组合成一曲优美的抒情乐曲，接下来，自然就会产生流畅自如、踌躇满志的感觉。

gtd

第19章 尾声

那些一心面对现实、不受过去羁绊、不为未来发愁的人们活得充实，而且他们的人生很圆满；他们发现了知足常乐的秘密。

——奥尔本 · 古迪尔（Alban Goodier）

如果说人生是一段旅途，不是一个终点，那么，GTD方法就是要指引你前进，让你做出明智的举动。换句话说，就是教你学会有始有终，做事把握方向，摆正视角，体现自主性。它没有给出具体的答案，也不是万全之策，而是一套可以运用的方法。而你参加比赛最重要的东西恰恰在于方法，而非最后的得分。

如果说难就难在“全力以赴”，即在工作和生活中积极地、建设性地表达自我，经历人生，那么，有没有一套具体明确的办法，可以让你学会，可以用它来达到圆满的结果呢？我希望你读了这本书以后，能做出肯定的回答。在如水般流淌的岁月中，的确有些好办法可以用来处理生活中的新情况、新问题，达成我们的意图。这些方法虽说能被人理解，而且普遍适用，却不会自动起效。形成一定意识，适当地、系统地加以运用，能够显著地改善办事效率，不过，前提是你的系统必须管用，而且你必须自觉地运用它。

我用一本书的篇幅阐述了我们在生活中获得掌控、摆正视角的各个步骤和层面，目的是说明和探讨相关的具体内容，强调在不同的时候、不同的情况下必须采用不同的工具、方法和手段。其实，我们处理生活和工作问题时经常是抓到什么用什么，很少遵照一套条分缕析、规整有序的程序。

虽然我熟知掌控的各个步骤和层次，却很少有什么时候刻意想到它们。我尽量只留意那些最让我操心的事，尽量将它们又快又好地解决，让大脑重获清静。不过，我训练自己掌握了GTD模型以后有了信心：我可以用一套正确的行为和思考模式来处理面对的复杂情况。

之所以要对这套方法孜孜以求，是为了确知，必要时你有能力运用正确的工具和方法。虽然你有能力主持召开小组和家庭会议，商量长远目标，却觉得处理电子邮件有些力不从心，那么，你的控制力就会大大削弱。你能果断地执行具体的任务，却不清楚怎么向老板进言，提出改进战略的主张，那么，你就无法始终保持“舰长和指挥官”的状态。

好在这些难题都可以用5步掌控法和6个层面加以解决。我要重申，我虽然想把这个模型变得更简单，却做不到；如果模型再复杂一点，又会损害它的普遍适用性。我尽力避免把它简单化（以防削弱功能），也避免把它复杂化（以免超乎必要）。

有意思的是，人们贯彻了这套原则以后，发现工作压力大大减轻，进而把它们推而广之，用于就事论事地处理生活方面的问题，从而验证了这本书的副标题的正确性。这并不意味着他们朝九晚五的生活变得支离破碎，也不意味着他们处理家庭事务时成了冷冰冰的机器。只不过他们明白了一切道理都是相通的，找回了把工作当游戏的乐趣，也在私人生活中获得了更大的自由和主动性。

我希望这本书可以教你掌握一些没有时间性、放之四海而皆准的方法，从而收获累累硕果。也许我论述的这些道理，你本来就明白。但是我想，只要书中有些内容是亘古不变的真理，即便再次相逢，依然能够拨动你的心弦。我可以肯定地告诉你，在本书写作期间，我对这套方法的认识大大提高，感触也更深了。我也是跟大家一样，还得继续学习。

某大学的一名管理者用下面的话描述了他的感受：

> 我深信我还没有彻悟，因为每次我满以为已经掌握了它的精髓，结果却总是再听一遍后又有新的收获。我还自认为是善于学习的人呢！我每听一遍，都觉得悟性更强了，理解得更深了。有意思的是，我心目中重点关注的对象一直在变——我参透了一个层面，另一个被我忽视的层面又冒出来，把我吸引。那感觉相当奇妙。我回想起来，你曾说过会出现这种情形，但我当时没料到这么奇特。

所以，我鼓励你在将来某个合适的时候，再把这本书的内容读一遍，总结一遍，体验一遍。

运用GTD方法，尽量检验它，看它有没有用。要把它运用到一切需要加强掌控、摆正视角的场合，把这些原则和方法教给孩子们，在市镇会议和董事会上运用这套办法，劝你的妻子（丈夫）、上司或秘书也来学习这套方法。把它们融入你的日常交流中，变成你的口头禅吧。

“你最操心什么？”

“你希望达到什么结果？”

“下一步怎么行动，把它继续推进？”

“你对某事产生兴趣，真正看重的是什么？”

“你用什么来追踪这件事？最好把提示信息放在哪里？”

……

请你把从《搞定Ⅲ》（最新版）中获得的心得体会与大家分享。让我们共勉：这些办法效果越好，用得越多，我们大家参与社会生活就越积极，越轻松。操作电脑、召开员工会议、了解孩子们的新动向、起草提案、在街上散步等，乐趣就更多。一切尽在掌握是个纯粹的方法问题，方法近在手边，圆满的结果自然水到渠成。

gtd

附　录

附录 1

未完成事务提示清单

什么引起你的关注？

工作方面

已经启动、尚未完成的项目
需要启动的项目
需要“调查研究”的项目

对他人的承诺

老板、合伙人、同事、下属、机构中的其他人、其他专业人士、客户、其他机构

要做的沟通

电话、电子邮件、语音留言、传真、信函、备忘录

要撰写或提交的书面资料

报告、评估报告、回顾、提案、文章、促销材料、说明书、总结、会议记录、编辑和修改的材料、现状报告、谈话和沟通记录

会议

即将召开、要求主持或应邀出席、要听取汇报

阅读/回顾

书籍、期刊、文章

财务

现金、预算、资产负债表、损益表、最高赊账限额、应付账款、应收账款、小额现金、银行、投资人、资产管理

计划/组织

目标、下一步目标、短期目标、企业规划、营销计划、财务计划、即将发生的事件、发言、会议、例会、出差、休假

组织发展

组织结构图、重新调整、上下级关系、岗位描述、设施、新系统、改革动议、领导风格、接班计划、文化

管理

法律问题、保险、人事、员工、政策/步骤、培训

员工

招聘、辞退、总结、员工发展、沟通、士气、反馈、报酬

系统

电话、电脑、软件、数据库、办公设备、打印机、传真机、档案、储存、家具、修理、装饰、办公用品、名片、文具、个人组织用品

销售

客户、未来客户、大客户、销售流程、培训、关系建立、报告、关系追踪、客户服务

营销/促销

促销活动、材料、公共关系

等待事务

信息、委派的项目/任务、项目要件、沟通的答复、提案的反馈、问题的回答、提交物品要求反馈/报销、票据、继续执行或完成项目的必要的外部行动……（决策、变化、实施等）、订购

职业发展

培训、研讨会、要学的知识、要了解的情况、要培养或练习的技能、要读的书、研究、正规教育（资格证书、学位）、事业研究、简历

着装

职业装

未完成事务提示清单

什么引起你的关注？

个人方面

已经启动、尚未完成的项目

需要启动的项目

项目－其他组织

服务、社会团体、志愿者、公益机构

对他人的承诺

配偶、伴侣、孩子、父母、家人、朋友、职业人士

要做的沟通

电话、电子邮件、传真、卡片、信函、感谢信

即将发生的事件

生日、周年庆典、婚礼、毕业、外出游玩、假日、长假、旅行、宴会、聚会、招待会、文娱活动、体育活动

家庭

与配偶、伴侣、孩子、父母和亲戚的项目/活动

管理

家用办公用品、设备、电话、语音留言机、电脑、网络、电视、DVD、家用电器、消遣物、归档、储存、工具

休闲娱乐

书籍、音乐、录像带、旅行、要去的地方、要看望的人、网络搜索、照片、运动设备、业余爱好、烹饪、消遣

财务

账单、银行、投资、贷款、纳税、预算、保险、抵押、会计

法律

遗嘱、信托、资产、法律事务

等待事务

邮件订购、修理、报销、出借物、信息、对请柬的答复

家庭/家务事

不动产、修理、建筑、重新装修、房东、取暖和制冷、下水道、电、屋顶、景观、车道、车库、墙壁、地板、天花板、装饰物、家具、公用设施、家用电器、电灯电线、厨房用品、洗衣机、要清洗/打扫/整理的地方和储物空间

健康

保健、医生、牙医、验光师、专科医生、体检、饮食、食品、锻炼

个人发展

上课、研讨会、教育、培养、事业、创作

交通

汽车、自行车、摩托车、维护、修理、上下班、票据、预订

衣服

职业装、便装、正装、运动装、配饰、行李、修补、定做

宠物

健康、训练、用品

外出事宜

五金商店、药店、百货商店、银行、洗衣店、文具店、购物中心、礼品店、办公用品店、杂货店

社区

邻居、服务工作、学校、社会活动

附录 2

自然式计划模式

1. 宗旨/指导原则

- 为什么要做这件事？“符合宗旨”究竟是什么意思？
- 做出决策和执行该项目的重要标准是什么？要遵守什么原则？
- 原则和宗旨是项目决策的指导性标准。

2. 使命/愿景/目标/成功的结果

- 大功告成是什么样？怎么知道已经大功告成？
- 各利益相关方对圆满的结果有何看法，感觉如何？

3. 头脑风暴

- 这件事在我身上体现为哪些情况？现状如何？我知道什么？不知道什么？我该考虑哪些问题？我没有考虑哪些问题？（见“项目规划提示清单”）
- 要全面，要坦诚接纳，不做评判，克制批评性的分析。
- 从多个角度考虑。

4. 组织整理

- 指出构成因素（项目细分）、先后或重要性排序。
- 事情要想顺利进行，必须发生什么？
- 提出概况、公告清单或组织结构图，用于回顾和掌控。

5. 明确下一步行动方案

- 明确当前各个独立构件的下一步行动。（下一步做什么，交给谁做？）
- 如果必须再做计划，明确做计划的下一步行动。

> 必要时改变项目关注点的级别：
> 如果项目需要进一步明确，就把关注点上移。
> 如果项目需要进一步执行，就把关注点下移。

> 计划要达到什么程度?
> 如果项目不再困扰你，说明计划已很充分。
> 如果项目依然困扰你，就需要进一步计划。

附录 3

项目规划提示清单

资源

你需要听取谁的意见？

你可以采纳谁的意见？

以前做过类似的事吗？

从中汲取了什么教训？

从中获取了什么经验？

你拥有什么资源？

你可能需要什么资源？

行政问题

它与战略规划有什么关系？

它与别的工作重心、方向和目标有什么关系？

它将对你的竞争地位产生什么影响？

管理

项目的成败由谁负责？

沟通路径

汇报方法

你需要什么结构？

可能还需要什么计划？

你要怎么重新分组？间隔多久？

你需要哪些人？

当前的人员部署是什么？

要招聘新人吗？

分包商、顾问是谁？

你的参与程度如何？

要具备什么技能？

谁要了解执行的方法和内容？

你需要什么培训？

怎么接受培训？

你要进行哪些其他的沟通？

执行期间要向谁汇报？

哪些政策/流程会受到影响？

士气如何？工作有趣吗？

财务

成本如何？

你怎么获得投资？

哪些情况可能影响成本？

你需要额外融资吗？

可能的回报（利润）是什么？

支票由谁签署？

操作

时间怎么安排？

最后期限是什么？

什么可能影响时间表？

由谁来执行？

怎么确保顺利交付？

质量

如何监督项目进度？

如何知道项目进展顺利？

什么时候需要哪些信息？

什么时候、向谁、做什么报告？

政治

你要征得谁的同意？

怎么征得？

考虑股东

董事会

股东

员工

卖家

客户

社区

法律

问题是什么？

有哪些规章制度？

空间/公共设施/设备

什么需要占地方？

怎么找地方？

要用什么工具？什么时候？

电话/电脑

调查了解

你也许要了解什么情况？

公关

让别人知道，对事情好不好？

怎么做？

风险

可能发生什么情况？

你能处理吗？

创意思考

谁关心项目的成功？

他们会说什么话、提什么问题、给出什么意见是你尚未执行的？

这件事你能想到的最坏结果是什么？

（反过来，最好的结果是什么？）

这件事最令人愤慨的是什么？

它何以独树一帜？

对它你还有什么没想到？

附录 4

掌控工作流程

1. 捕捉

- 用有形的“桶”（工作篮、电子邮件、笔记本、语音信箱）等捕捉引起你关注的所有事情，不要遗漏。把它们从短期记忆中转移出去（用“未完成事务提示清单”让自己“卸载”）。
- 用尽量少的收纳工具，照顾到尽量多的需求。
- 定期组织和整理，把它们清空（见后面）。

2. 明确意义

- 处理收集起来的事务（想好每件事的具体意义）。
- 如果不可以行动，就要丢弃，或保存以备今后执行，或存为参考资料。
- 如果可以行动，想清楚具体的下一步行动：执行（如果不超过两分钟）、委派别人（在“等待”清单上追踪）或者延后（列入行动提示清单或收入行动文件夹）。如果某个行动不能完成，那么，把它的承诺视为项目，列入项目提示清单。

3. 组织整理

- 把整理结果进行分类，以便及时查看追踪。行动可分为四大类：

  项目（你承诺要完成的事）

日程表（必须在指定日期或时间进行的行动）

下一步行动（要尽早做的事）

等待事务（应由别人执行的项目和行动）

- 把这些清单再做细分，使之方便好用（电话、跑腿活、家里、电脑等）。
- 在清单上添加长远目标和对你具有影响的价值观。
- 必要时添加有用的对照表（岗位描述、事务提示清单、组织结构图等）。
- 把无须采取行动、但可能回访的信息和资料保存为一般参考档案。
- 把稍后可能采取行动的提示信息保持为“持续关注”系统（“将来/也许”清单、日程表、备忘录）。
- 保存项目的辅助材料系统，以备万一（可以保存在参考系统或急迫事务中）。

4. 回顾

每天回顾日程表和行动清单（也可在执行时随时查看）。

养成每周回顾的习惯，保持大脑清空、最新和具有灵活性（见“每周回顾”）。

必要时经常查看目标、价值观和愿景等长远关注的清单，保持项目清单全面、最新。

5. 执行

根据能否执行（场合）、可支配时间和精力以及关注重点，做出执行的选择。

建立可随时查看、面面俱到的行动提示系统，相信自己出于本能的决定是对的，保持灵活性。

选择：

（1）执行先前确定的事务

（2）临时事务一旦出现立即执行

（3）花时间明确自己的工作

（整理和组织必须做得充分，才能使你确信对临时事务的处理办法是对的。）

长期持续关注工作重心，确保正确的直觉选择（“我执行X而非Y，是出于什么样的价值观考虑？”）。定期回访、重新调整你在生活和工作各个层面做出的承诺（见附录7：“关注层面”）：

- 跑道—当前行动（每天）
- 1万英尺—当前项目（每周）
- 2万英尺—当前职责（每月）
- 3万英尺—1~2年目标（每季度）
- 4万英尺—3~5年目标（每年）
- 5万英尺—事业、目标、生活方式（1年以上）

附录 5

每周回顾

保持清爽

收集零散的文件和材料

把积累的名片、收据和庞杂的纸质材料收集起来，放入工作篮。

清空工作篮

把待处理的纸质材料、日志、会议记录、语音信箱、献辞和电子邮件等彻底清理。

清空大脑

写下并处理一切未捕捉的新的“项目”、“行动”、“等待”、“将来/也许”清单。

保持最新

查看行动清单

把已完成的项目勾掉。查看下一步行动的提示信息并做记录。

查看翻过去的日程表事务

查看翻过去的日程表事务，寻找遗留的行动和参考资料等，把它们转移到日程表新的一页。

查看即将发生的日程表事务

查看即将发生的日程表事务（长远和短期），捕捉它们所引发的行动。

查看“等待”清单

记录应当后续追踪的行动。勾掉已收到答复的事务。

查看项目（重大结局）清单

逐一评价项目、目标和结果的现状，确保每个项目都有可执行的当前行动。纵览手头项目的项目计划、辅助材料和其他材料，列出新的“行动”、“完成”、“等待”等提示清单。

查看相关的对照表

用来提示新的行动。

发挥创造性

查看“将来/也许”清单

查看当前也许可以执行的项目，把它转移到“项目”清单上。勾掉不再感兴趣的事项。

发挥创造性，体现魄力

你的系统还要补充什么新奇、巧妙、疯狂、冒险、别出心裁、发人深省的点子吗?

附录 6

工作流程图——组织整理

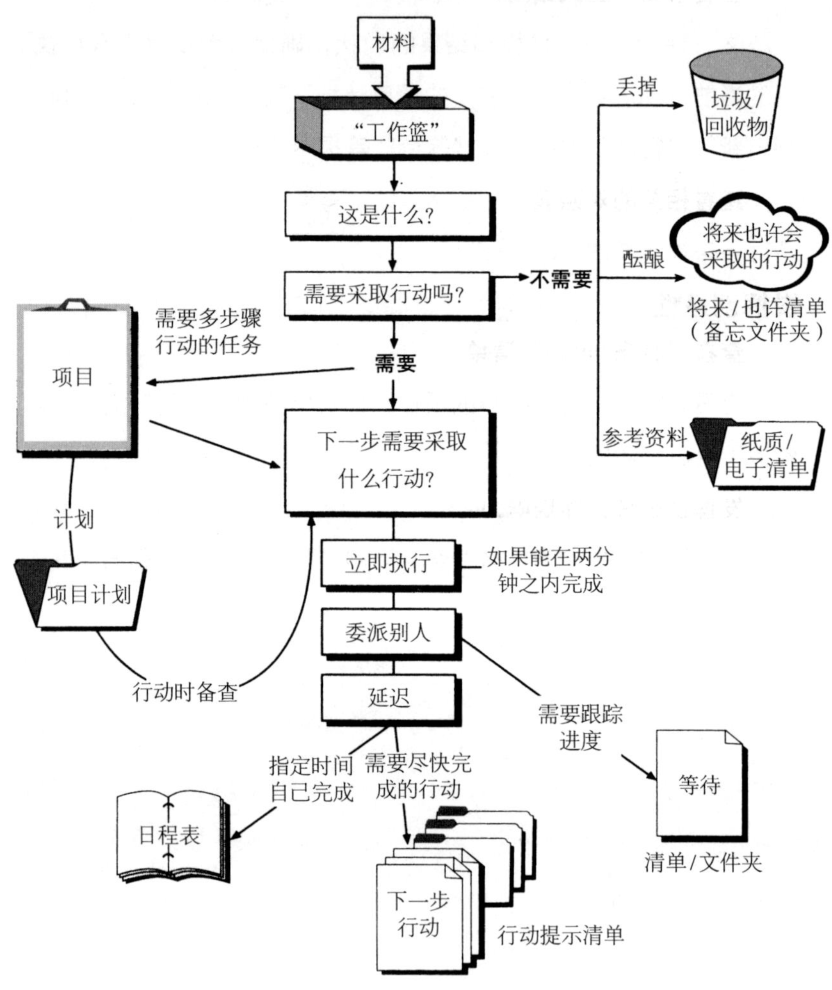

附录 7

关注层面

高度图

“工作”至少要在6个层面被定义和管理，它们分别对应视角的不同高度，涵盖了从根本意图（对一件事、一项事业、一种生活的意义和价值的理解）直至日常琐事（由意义和价值观引发、推动事务发展的具体下一步行动）。如果你能对自己在多个层面参与社会生活的行为做出评价，妥善地分辨、捕捉和执行各种承诺和事务，就能做到心思澄明，减少精力的无谓消耗。多个层面的和谐可以使办事效率达到最高水平。

优先级自上而下排列，也就是说，你的宗旨和价值观决定你的愿景，构想导出具体目标，具体目标构成关注和职责范围。它们共同引出项目，项目要求通过行动来完成。明确、顺利执行各个关注层面的事务是同等重要的，但是，你在各个层面的思考内容和承诺却有所区别。你人生的根本动力也许是帮助别人实现梦想（宗旨），它体现为你要成为世界级的运动员和发言人（愿景）；要实现这个愿景，你必须先取得国家队候补队员的身份（目标）；要成为国家队队员，你必须坚持高强度训练（关注范围）；为了接受训练，你知道必须聘请私人教练（项目）；为此，你要给大学教练打个电话（下一步行动），请他推荐合适人选。

高度图可以指出在特定的时间点，你在哪个关注层面进行怎样的内省和外在交流价值最大。它可以是某个高度的关注层面，也可以是它们的综合。你也许知道自己的长远目标，却不知道具体该做什么。你也许怀有愿景，却不知道怎么行动、由谁来执行等。在所有高度保持活跃的思考是个动态过程。生活在变，你的观念也在变，相应的，关注范围也必须不断更新。

下面是关注层面的几个高度及其典型格式和查看的最佳频率。（范例取自虚构的店铺“格雷西的花园”）

5万英尺——宗旨和核心价值观。某事物的安身立命之本及其成功标准。我们为什么做这件事？主要行为是什么？

- 格式：与合伙人、董事会、团队、家庭召开外出会议；对即将启动的项目、会议、整个企业的初步讨论以及人生规划
- 频率：有必要进一步明确和指明方向，协调努力、激发动力的时候

（格雷西的花园：“提供高质量的园艺设计和园艺用具，竭诚为零售和批发客户服务。客户关系牢固而持久、环境友好型产品、扶助员工等”。）

4万英尺——愿景。顺利落实的感觉如何，看起来、听上去是什么样？长远结局和理想图景。

- 格式：与合伙人、董事会、团队、家庭召开外出会议；对即将启动的项目、会议、整个企业的初步讨论；人生规划；每年重新思考企业的方向；提出理想情景；个人藏宝图

- 频率：有必要进一步明确和指明方向、协调努力、激发动力的时候

（格雷西的花园：“在邻近三镇树立‘一流园林景观商店’的声誉。缔造富于趣味性、创造性和知识性的观光购物点，长期吸引有钱有闲的客户，满足他们的特殊需求。”）

3万英尺——具体的长短期目标。为了实现愿景，我们在今后12~24个月希望实现什么，必须实现什么？

- 格式：与合伙人、董事会、团队、家庭召开外出会议；战略规划；每年召开目标设定和规划会议；人生和家庭计划
- 频率：每年；每个季度总结和重新调整

（格雷西的花园：到年底销售额增加15%，利润达到20%，成立批发业务并实现赢利。）

2万英尺——关注和职责范围。生活和工作中必须维持在一定标准之上、使生活正常运转的重要领域。

- 格式：岗位描述、组织结构图、员工手册、个人生活方式对照表、家庭责任目标；项目对照表
- 频率：业绩总结，每月个人总结，工作和生活发生变化，有必要重新评价自己的责任的时候

（格雷西的花园：行政、管理、公关/营销、销售、财务、零售经营、批发经营等）

1 万英尺——项目。我们想实现的结果，要求分步执行、在1年内完成。

- 格式：全部项目的总清单，项目计划（项目细分很明确）
- 频率：每周回顾；下一步行动的内容滞后的时候

（格雷西的花园："成立批发部、整理文档、招聘销售负责人、最终敲定'埃克景观'的合同、修理/更新HVAC系统"等）

跑道——行动。要对项目或其他预期结果采取的具体的下一步行动；要执行的单次行动。

- 格式：日程表、行动清单（如：电话、外出事宜、家、办公室、与老板商谈……）；行动文件夹或文件簿（如：阅读/回顾、要付的账单）
- 频率：每天多次；只要下一步做什么的问题被提出

（格雷西的花园："为批发部门制订计划；发电子邮件给桑迪或汤姆，请求推荐簿记员；打电话给布兰多，安排午餐会议；回顾埃克公司的购买记录；搜索/查阅同类商家的网上广告"等。）

GTD问卷：你处于什么位置

免费回答GTD问卷，看看现在的你在掌控和视角的矩阵中处于什么位置！

请登录网站www.gtdiq.com，即可在5分钟之内收到中肯的反馈和具体的建议，它们将根据得分情况为你量身定制，帮助你用好办法进一步跨入“舰长和指挥官”模式。

你可以随时免费自测，次数不限。注意得分的变化情况。GTD问卷工具和它的相关支持和教育是成功道路上的领路人，它可以持续帮助你，让你在工作和生活中捷足先登。如果你有意采用《搞定Ⅲ》（最新版）中的好方法、好点子，GTDIQ.COM就是个不错的起点！

请登录GTDIQ.COM，遵照简单的指令，回答免费的GTD问卷。你的得分即时呈现。

感谢我的妻子兼合作伙伴凯瑟琳，感谢她对我始终不渝的爱、鼓励和支持。

感谢我的客户、员工、同事和朋友，感谢他们的配合，并为这本书献言献策。

感谢全世界的GTD实践者为我提供了运用这套方法的反馈意见和犀利的洞察力。

感谢我的顾问，特别是迈克尔·海斯（Michael Hayes），感谢他提醒我保持与直觉和大背景的紧密联系。

感谢代理商多伊·库弗（Doe Coover），他的勤奋为我的写作奠定了坚实的商业基础。

感谢我在维京出版公司（Viking）的编辑里克·科特（Rick Kot），他知识渊博，耐心细致，并不厌其烦地帮我润色书中的文字，才使这本书最后得以出版。

最后，我还要感谢所有给予我启迪的人，那些我认识的朋友，以及许多我不认识但默默支持我的朋友。

GTD®是Getting Things Done®（搞定）商标缩写，即戴维·艾伦独创的工作–生活管理系统，旨在帮助人们从高压和不确定状态提升到无压高效的整体状态。

在管理承诺、信息和沟通方面，GTD®是一种高效的方法，集结了30年的经验，包括在全球范围内向数百万人提供咨询服务、私人指导、培训和组织项目。它在个人和组织效率领域被称为“黄金标准”，为众多寻求最大化效率和创造力、最小化压力的团队所使用。

ThrivinAsia是戴维·艾伦公司（David Allen Company）在中国的唯一指定合作伙伴。我们的团队和专家致力于帮助您或您的组织在工作和生活中全面而高效地实施GTD方法。

我们提供由戴维·艾伦独创的国际认证GTD®精通工作流培训和教练项目，40%的世界500强公司、创业家和创业项目、政府和非政府组织、教育机构、高科技公司都在使用我们提供的方法。它不仅能够提升你的工作效率，还能释放你的创造力，并引领你走向无压的生活状态。

如需联系我们，了解GTD®在中国的最新活动信息，欢迎访问www.gtd.asia